Caja Thimm (Hrsg.)

Das Spiel: Muster und Metapher der Mediengesellschaft

Caja Thimm (Hrsg.)

Das Spiel: Muster und Metapher der Mediengesellschaft

VS VERLAG FÜR SOZIALWISSENSCHAFTEN

Bibliografische Information der Deutschen Nationalbibliothek
Die Deutsche Nationalbibliothek verzeichnet diese Publikation in der
Deutschen Nationalbibliografie; detaillierte bibliografische Daten sind im Internet über
http://dnb.d-nb.de abrufbar.

1. Auflage 2010

Alle Rechte vorbehalten
© VS Verlag für Sozialwissenschaften | GWV Fachverlage GmbH, Wiesbaden 2010

Lektorat: Barbara Emig-Roller

VS Verlag für Sozialwissenschaften ist Teil der Fachverlagsgruppe
Springer Science+Business Media.
www.vs-verlag.de

Das Werk einschließlich aller seiner Teile ist urheberrechtlich geschützt. Jede Verwertung außerhalb der engen Grenzen des Urheberrechtsgesetzes ist ohne Zustimmung des Verlags unzulässig und strafbar. Das gilt insbesondere für Vervielfältigungen, Übersetzungen, Mikroverfilmungen und die Einspeicherung und Verarbeitung in elektronischen Systemen.

Die Wiedergabe von Gebrauchsnamen, Handelsnamen, Warenbezeichnungen usw. in diesem Werk berechtigt auch ohne besondere Kennzeichnung nicht zu der Annahme, dass solche Namen im Sinne der Warenzeichen- und Markenschutz-Gesetzgebung als frei zu betrachten wären und daher von jedermann benutzt werden dürften.

Umschlaggestaltung: KünkelLopka Medienentwicklung, Heidelberg
Satz: Tobias Bürger, Bonn
Druck und buchbinderische Verarbeitung: Ten Brink, Meppel
Gedruckt auf säurefreiem und chlorfrei gebleichtem Papier
Printed in the Netherlands

ISBN 978-3-531-16459-5

Inhalt

Einleitung

Caja Thimm
Spiel – Gesellschaft – Medien:
Perspektiven auf ein vielfältiges Forschungsfeld 7

I. Theoretische Zugänge

Udo Thiedecke
Spiel-Räume: Kleine Soziologie gesellschaftlicher
Exklusionsbereiche 17

Caja Thimm/Lukas Wosnitza
Das Spiel – analog und digital 33

Heidemarie Schumacher/Leonhard Korbel
Game Studies und Agency: Ein Forschungsbericht zu ihrem Verhältnis
und ein Vorschlag zu einer neuen Forschungsperspektive 55

Martin Sallge
Interaktive Narration im Computerspiel 79

II. Spiele – Form und Inhalt

Britta Neitzel
Spielerische Aspekte digitaler Medien –
Rollen, Regeln, Interaktionen 107

Christoph Klimmt
Das Medium der Spaßgesellschaft: Offene Fragen der
Unterhaltungsforschung über Computerspiele 127

Karin Bruns
Höchste Zeit für Mr. Hitchcock. Spiel als Wissenstechnik
zwischen Zeitmanagement und Game-Engine... 151

Tobias Bevc
Visuelle Kommunikation und Politik in Videospielen:
Perspektiven für die politische Bildung?... 169

Caja Thimm/Sebastian Klement
Spiel oder virtueller Gesellschaftsentwurf?
Der Fall Second Life... 191

Winfred Kaminski
Wenn Computerspiele und Spieler aufeinandertreffen.
Oder: die Veränderung des Spiels durch die Spieler................................. 215

Verzeichnis der Autorinnen und Autoren.. 243

Spiel – Gesellschaft – Medien:
Perspektiven auf ein vielfältiges Forschungsfeld

Caja Thimm

Spiel als Thema des öffentlichen Diskurses

Der Zusammenhang zwischen Spiel und Medien umfasst ein Spannungsfeld, das in der massenmedialen Berichterstattung zumeist dann aktualisiert wird, wenn es im Kontext problematischer und konfliktärer gesellschaftlicher Ereignisse auf der Medienagenda steht. Die zerstörerischen Gewaltausbrüche jugendlicher Amokläufer führen regelmäßig zur Hinterfragung der gesetzlichen Rahmenbedingungen von Computerspielen und sind Anlass für ein sich wiederholendes Muster in der öffentlichen Debatte: Starke Schuldzuweisungen aus Politik und Teilen besorgter Elternschaft und nicht minder heftige Verteidigung des Rechts auf Spiel durch Tausende nicht-gewalttätige Spielefans.

Bei dieser begrenzten Sichtweise, die die Debatte um das Computerspiel seit längerer Zeit dominiert, ist jedoch die Frage nach dem Grundsätzlichen und Musterhaften, das das Spiel im Kontext des menschlichen Lebenslaufes auszeichnet, nur selten thematisiert worden. Beinhaltet, so eine der eher kritischen Fragen, das Spiel die Möglichkeit und das Risiko sich aus der sogenannten Realität zurück zu ziehen - ist es also u.U. Mittel zum Eskapismus? Oder, ganz die gegenteilige Position, erzeugt es nicht viel mehr durch die von vielen Spielen geforderte Teamorientierung soziale Gemeinsamkeit und Teamgeist? Und: lehrt nicht das Computerspiel neue Fähigkeiten der Abstraktion, Reaktion und Strategiekompetenz, sowie dies ja dem Brettspiel auch zugewiesen wird? Oder ist, anders gefragt, das Spiel im digitalen Umfeld nur Hinweis für eine zunehmende Virtualisierung sozialkommunikativer Strukturen und damit Symptom und Zeichen eines einzigartigen gesellschaftlichen Umbruchs, der durch die Onlinemedien erzeugt wird?

Nimmt man letztere Perspektive an – und diese ist handlungsleitend für den vorliegenden Band – so wird das Spiel mehr als „nur" das Computerspiel – es wird als Muster medialen Handelns und als Metapher für eine gesellschaftliche Entwicklung gesehen, in der das Spielerische als ein zentrales Grundmotiv des menschlichen Handelns anzusehen ist. Damit käme dem Spiel als Organisationsform, als Element des freiwilligen Handelns und als Typus und Modalität der Konstitution sozialer Interaktion im digitalen Feld der Spiele und im zunehmend dominierenden Web 2.0 eine hohe gesellschaftliche Wirksamkeit zu.

Betrachtet man einige der Entwicklungen der globalen Vernetzung im Social Web so entsteht nun eine neue Dimension des „globalen Dorfes", welches McLuhan ja noch als über das Fernsehbild transportiert sah. So wird heute beispielsweise die Plattform Twitter, die zunächst als Ort des überflüssigen Geschwätzes und Nutzungsform einer gelangweilten Jugend, die sich mit spielerischem Unsinn die Zeit vertreiben musste, angesehen wurde, als ein ernsthaftes Kommunikationsmedium anerkannt. Erst die zweckhafte Informationsfunktion in einer blutigen politischen Auseinandersetzung brachte die weltweite Akzeptanz und den Durchbruch in nicht-spielerische Kommunikationskontexte. Twitter, zunächst als Zeitvertreib und soziale Unterhaltung konzipiert, wurde in diesem Konflikt zur veritablen digitalen Brücke der Regimekritiker aus dem Iran in die Weltgemeinde. So hat sich ein digitales Medienangebot aus der reinen Lust am sozial motivierten sinnfreien Zeitvertreib zu einem ernsthaften Kommunikationsmedium entwickelt.

Solche digitalen Spielwiesen, die bis zur Entstehung einer gesellschaftlichen Problemlage, für die sie plötzlich eine Lösung anbieten, eher unterschätzt werden, sind nur ein Beispiel dafür, wie Formen des Spielerischen zu milliardenschweren Unternehmenskonzepten entwickelt werden können. Auch die Vielzahl an virtuellen Welten, die sich – von einer breiteren Öffentlichkeit bisher zumeist unbemerkt – als Kontakt- und Spielfläche entwickelt hat, bezeugt eine zunehmende Durchdringung des Alltags durch das Spiel. Damit aber wird die Bestimmung des Spiels zunehmend komplex und Spieleraktivitäten immer mehr als Element der Konstitution alltäglichen Handelns ersichtlich.

Gegenstand „Spiel"

Wenn wir Spiel im Sinne dieses Musterhaften beschreiben wollen, so ist zunächst anzumerken, dass der Begriff „Spiel" sowohl theoretisch als auch umgangssprachlich sehr unterschiedlich gebraucht wird. Man bezeichnet mit „Spiel" die Spielhandlungen von Kindern, Erwachsenen sogar Tieren, aber auch ganz differenzierte Ausformungen, Inhalte, Strukturen und Ziele von Spiel. Oft geht der historische Charakter des Spiels verloren, denn ein Spiel muss nicht im Zeitverlauf erhalten bleiben bzw. Spiele die heute aktuell, waren früher u.U. noch nicht existent. Auch wird das Spiel als Moment des Sich-Entfernens aus dem genormten Alltag und aus einer gesellschaftlich zunehmend regulierten Umwelt gesehen. Dies gilt besonders für die Computerspiele, die eine Welt erzeugen können, in der sich das Subjekt als autonomer (Gegen)Spieler des Programmcodes konzipieren kann. Damit wird das für die Autonomieentwicklung des Einzelnen so wichtigen Momentes des Widerständigen zunehmend in das digitale Spiel verlagert. Auch hier werden Ohnmacht und Unterlegenheit erlebt, können aber in der nächsten Spielrunde neu konfiguriert und neu erlebt und bearbeitet werden. Somit könnte man das Spiel auch als Option des Aufständigen im Kontext persönlicher Entwicklung ansehen.

Die Beiträge in diesem Band folgen dieser breiten Fragestellung und thematisieren aus ganz unterschiedlichen Perspektiven heraus, welche Muster das Spiel im Zeitalter von Web 2.0 auszeichnen. Was sind Konstanten des Spiels – über ihre medienspezifische Ausprägung hinweg? Welche Spannungsfelder eröffnen Spiele für den Einzelnen? Und natürlich – welche gesellschaftliche Kraft und Funktionalität wohnt dem Spiel inne, welche psychologischen und kulturellen Codes werden aufgegriffen und aufgebrochen.

Die Ringvorlesung, die den Rahmen für die nunmehr publizierten Beiträge bereit hielt, führte zu lebhaften Diskussionen über Rollen und Funktionen des Spieles für die gesellschaftliche Entwicklung, die mit diesem Band – wenn möglich – weiter befördert werden sollen.

Die Beiträge im Einzelnen

Eine allgemein gültige Spieldefinition gibt es wie ausgeführt nicht, je nachdem welchen Betrachtungswinkel man zugrunde legt, ist eine andere Spieldefinition aussagekräftig. So sind auch die Perspektiven, die hier auf das Spiel eingenommen werden, ausgesprochen vielfältig. Die Beiträge in diesem Band vereinen nicht nur Perspektiven der Medienwissenschaft, sondern versuchen, den Bogen in andere Disziplinen zu schlagen.

So beginnt Udo Thiedecke mit einem soziologisch fundierten Blickwinkel auf „Spielräume". Er sieht diese Spielräume weniger, wie zumeist üblich, aus der Perspektive der Handlungserweiterung, sondern vielmehr als Begrenzung: die Exklusion ist gleichzeitig die Freiheit und die Begrenztheit des Spielers, der sich innerhalb von Spielrahmen bewegt, die ihm Grenzen auferlegen. So kommt er zu dem Schluss, dass es vor allem die Entgrenzung von Normalitätserwartungen ist, die das Spiel bestimmt. Damit, so Thiedecke, symbolisiert die Form des Spiels einen abgegrenzten Wirklichkeitsbereich, einen „Spiel-Raum". Die dadurch bedingte Exklusion beschreibt das Online-Gefühl im konkreten Handeln. Exklusion als Ausgangspunkt für Intimität und Vergemeinschaftung und als handlungsbezogene Vergemeinsamungsstrategie, die durch das Digitale auf globale Strukturen ausgedehnt werden kann. Wenn wir die mit den Spielen jeweils entstehenden Spiel-Räume, wie oben behauptet, als Exklusionsbereiche der Normalität verstehen, dann fällt auf, dass sie erst dann als gesellschaftliches Phänomen aufzutreten scheinen, wenn Inklusion und Exklusion zu Problemen gesellschaftlicher Differenzierung geworden sind.

Auch Caja Thimm und Lukas Woisnitza verfolgen die Thesen, dass das Spiel im Zeitalter digitaler Onlinewelten keineswegs nur als Komplementärphänomen zu betrachten ist, sondern als eigenständige kulturelle Bestrebung gelten soll. Dies wird anhand eines historischen Blickes auf das analoge und das digitale Spiel entwickelt. Ausgehend von der These, dass das Spiel als formative Kraft der Kultur zugrunde zu legen ist und sich Kultur im Spiel entfaltet, stellen sich die Autoren die Frage, wie sich der Übergang zwischen analog und digital aus der Sicht der Kulturbezogenheit des Spiels formulieren lässt. Sie folgen dabei der Hypothese, dass das tatsächlich Neue digitaler Spiele deren Hybridcharakter ist. Damit ist nicht nur eine neuartige und kreative Verbindung der beiden Konzepte Spiel und Medium gemeint, sondern vor allem das, was aus dieser Verbindung entsteht und über diese hinaus geht – eine neue, emergente Form, die in keiner der beiden zugrunde liegenden Strukturen allein vorstellbar oder realisierbar war. Versucht wird, drei Aspekte des Wesens digitaler Spiele näher zu bestimmen und so das Eigenständige zu bestimmen: die spielerischen, die medialen, und die hybridhaften Eigenschaften digitaler Spiele.

Ebenfalls mit grundlegenden Ausgangsfragen beschäftigen sich Heidemarie Schumacher und Leonard Korbel. Ihnen geht es um die Frage nach der Rolle und Bestimmung von „agency", der Handlungsdimension im Spiel. Dabei steht die Frage im Mittelpunkt, wie sich Mensch und Maschine gegenseitig im Sinne der Konstitution eines gemeinsamen Handlungsraumes ergänzen, wie also Programmcode und Handlungsoptionen sich in einem Konstrukt der Handlungsräume einbinden lassen. Einerseits, so die Autoren, gibt es keine Linearität im Verlauf, da auch die Spielerin nicht weiß, wohin ihre Handlungen führen, andererseits ist der Avatar als sinnstiftendes Element Teil eines Identifikationsprozesses. Dieses Spanungsfeld zwischen Handlungskontrolle und Ohnmacht bzw. Ausgeliefertsein an die Regeln der Spielwelt gehört zu den grundlegenden Momenten des Spiels und bildet auch einen möglichen Blickwinkel auf die negativen Spielerlebnisse, wie z.B. dem Spielfrust.

Wie stark die Perspektiven auf das Spiel von Grundhaltungen beeinflusst werden zeigt Martin Sallge in seinem Beitrag. Er verdeutlicht die konträreren Postulate der ludologischen bzw. narrativen Positionen und zeigt, dass eine von beiden „Schulen" gezeigte Verengung des Blickwinkels letztlich auch zu einer eingeschränkten Sichtweise auf das Spiel als Ganzes führen muss. Er verdeutlicht nicht nur, wie stark die beiden Positionen als ideologisch aufgeladen erscheinen, sondern auch, dass sich die Kategorie der „Spielerwahrnehmung" als eigenständige Kategorie und Analyseebene bisher noch zu wenig berücksichtigt wurde. Am Beispiel seiner empirischen Untersuchung kann er belegen, wie stark die Nutzer/innen in ihren Wahrnehmungen und Einschätzungen differenzieren. So kommt Sallge zu dem Schluss, dass eine rezeptionsseitige Trennung der Wirkungsebenen zwischen Gameplay und Narration unterschieden werden kann und dass die Story, zumindest aus Nutzerseite, als ein zentrales Argument für die Kaufentscheidung herangezogen wird. Basierend auf diesen Ergebnissen legt er ein „integrativ-funktionales Modell" vor mit dem Ziel, die beiden divergenten Perspektiven stärker aufeinander zu beziehen.

Eine für das Spiel in jeglicher Form zentrale Kategorie, nämlich die Frage ihrer Regelhaftigkeit, erörtert Britta Neitzel. Sie geht von der Hypothese aus, dass das Spielerische an der Technologie ein entscheidendes Kriterium für die Durchsetzung eben jener neuen Technologien ist. Das Modell der Enkulturierung geht davon aus, dass das spielerische Moment der Technologie das Einschränkende und Furchteinflössende nimmt und so die Reduzierung der Maschine mit sich bringen kann. Dies wiederum, so Neitzel, wird durch das Regelhafte des Spiels ermöglicht. Diese Regelhaftigkeit sieht sie durch konstitutive und regulative Regeln bestimmt. Dabei wird der kreative Prozess der Spielkonzeption durch die das Spiel konstituierenden Regeln beschreibbar, während der normative Gehalt durch die regulativen Regeln bestimmt wird. In ihren Ausführungen verweist Neitzel auf den wichtigen Aspekt der Partizipation, der heute durch die vielen partizipativen Web 2.0 Angebote als handlungsprägend für die gesamte Netzkultur anzusehen ist und damit auch für die Spielkultur relevant wird. Das Moment der Partizipation lässt sich anhand der Spielereinflüsse auf die Modifikation von Regeln aufzeigen. Hier nämlich öffnet das Spiel den Spielenden eigenständige Handlungsoptionen, die ihrerseits eine Vertiefung der Spielerbindung an das jeweilige Spiel nach sich ziehen können.

Eine weitere Grundlage, allerdings hier aus Nutzersicht, diskutiert Christoph Klimmt in seinem Beitrag. So postuliert er den Spielspaß als eine Grundkonstante des Spiels, ohne die sich weder Handlungszüge noch Spielerleben begründen ließen. Aus seiner Sicht würde vor allem den Computerspielen ohne Spielspaß das Motivationspotenzial fehlen, aus dem heraus auch exzessive oder gar suchtartige Spielnutzung erwachsen kann. Klimmt sieht Spielspaß als „das Werkzeug, das Optimisten ausnutzen wollen, um mit Computerspielen die Gesellschaft voranzubringen" und das sich in den „Serious Games" als eigene Spielform finden lässt.

In der Fortführung dieser Position zeigt Karin Bruns, wie man das Spiel im Kontext von Wissensprozessen einordnen kann. Sie weist dem Computerspiel im Zusammenhang mit der Wissensgenerierung eine Stellung als „Optimierungsformat der Wissensgesellschaft" zu. Dabei gilt ihre besondere Aufmerksamkeit der Erfahrung von Zeitlichkeit in der Eigenzeit des Spiels. Damit, so ihr Argument, geht eine Form der Zeiterfahrung einher, die Einfluss auf grundlegende Aspekte von Effizienz und Selbstmanagement haben kann. Somit sei das Spiel über eventuelle Momente des Erzieherischen hinaus bereits durch seine innere Organisationsform als Teil der Wissensmedien zu verstehen.

Auch Thomas Bevc stimmt in diesen Tenor ein. Er zeigt, wie stark das Bildliche im Spiel den Informations – und Bildungseffekt beeinflusst. Dies bezieht er vor allem auf die Rolle des Spiels für die politische Bildung. Am Beispiel ausgewählter Spiele aus dem Bildungskontext verdeutlicht er, dass im Zusammenhang mit politischer Bildung durch Massenmedien das Spiel eine neue Rolle und Funktion erhält. Bevc lenkt in seinem Beitrag zudem den Blick auf ein bisher eher vernachlässigtes Forschungsfeld, nämlich der Frage, welche Form der Visualisierung für die jeweiligen Spielzwecke relevant wird. Er kann anschaulich deutlich machen, dass Spiele hohen Wissenswert haben, selbst wenn dieser aus Spielerperspektive nicht sofort ersichtlich ist. Bestätigt wird hier auch die vorgängig formulierte Position von der Rolle der Spiele als „Wissensmedien".

Das Wissen, das als gemeinschaftlich konstruierte Sinnwelt nunmehr in Form der „Mega-Universen" neuen Eingang in die Debatte gefunden hat, wird von Caja Thimm und Sebastian Klement in ihrer Abhandlung über Second Life diskutiert. Leitend ist für die Autoren jedoch die Frage, inwieweit eine virtuelle Umgebung wie Second Life als Spiel anzusehen ist, obwohl weder Spielregeln noch Spielkonstrukte wie Freund/Feind Zuordnungen erkennbar sind. Die Verfasser argumentieren, dass virtuelle Welten genau deswegen auch nicht als Spiel definiert werden können, sondern vielmehr als eine Form der spielerischen Erprobung einer digitalen Gesellschaft. Avatarbevölkerte virtuelle Welten wären damit digitale Weltkonstruktionen, die eine Plattform für die Nutzer selbst darstellen. Weniger das regelgeleitete Agieren im Wettbewerb gegen Ko-Spieler und/oder die Maschine, sondern vielmehr das soziale Gemeinschaftserleben in einem durch die Nutzer selbst erschaffenen Universum bietet eine neue Form von spielerischer Unterhaltung. Es ist die Autonomie der Handelnden, die ihre Avatare als Persönlichkeiten konstruieren, die sich als zentrales Moment der virtuellen Welten ansehen lässt.

Spielerbindung und Nutzungsoptionen werden im abschließenden Beitrag von Wolfgang Kaminsiki in die Debatte gebracht Sein Augenmerk gilt den pädagogischen Fragen im Verhältnis von jugendlichem Spieler und dem Spiel. Nach einer grundlegenden Diskussion um Medienkompetenz und Medienwirkung kommt Kaminski zu dem Schluss, dass das Spiel zwar die Möglichkeit eröffnet, Dinge zu tun, die man normalerweise nicht tun würde oder könnte, dass dies aber kein Freibrief sein könne. In einer Phase der Medienentwicklung, in der usergenerated content zunehmend Erwartung und Verhalten beeinflusst, heißt dies, dass die digitalen Medien neue Maßstäbe der Konstruktion von Realität setzen und als eine Fläche gesellschaftlicher Aushandlungsprozesse gelten müssen. Damit, so Kaminski, müssten diese Medien auch eine besondere Aufmerksamkeit auf die Wahrung der Menschenwürde legen. Er verbindet diese Beobachtung mit dem Plädoyer, das Spiel als Produkt einer gegebenen Gesellschaft anzusehen und entsprechend auch dessen Form und Inhalt als eine Reflexion dessen, was diese Gesellschaft auszeichnet zu gewichten. Konsequent fragt der Verfasser abschließend nach dem „Verbleib der Moral".

Er schließt damit den Band mit einem durchaus intendierten Appell – wenn nämlich, wie durchgängig von allen Autorinnen und Autoren betont, das Spiel als ein wichtiges kulturelles und soziales Muster in einer durch Technologie zunehmend geprägten Gesellschaft anzusehen ist und damit ein Zeichen für die Kultur der Moderne darstellt, so schließt dies zwingend auch eine neue Perspektive auf die Rolle des Spiels mit ein – nämlich die auf eine Verantwortungskultur von Machern, Nutzern und Politik.

Bonn 2009

I. Theoretische Zugänge

Spiel-Räume:
Kleine Soziologie gesellschaftlicher Exklusionsbereiche *

Udo Thiedeke

1 Spiel und Spielräume

Im Alltag bereitet es uns keine Probleme, ein Spiel zu erkennen. Wir wissen intuitiv, wann ein Spiel beginnt oder endet, wer mitspielt und wer nicht. Wir wissen, Spiele werden alleine oder mit anderen gespielt, wobei die Mitspieler willkürlich am Spiel teilnehmen oder ausgewählt werden. Spiele haben einen eindeutigen Anfang und ein eindeutiges Ende. Manchmal werden eigens zum Spielen angefertigte Objekte benutzt oder es werden beliebige Objekte durch das Spiel mit ihnen in Spielobjekte verwandelt.

Gespielt wird häufig an speziellen Orten, auf Spielfeldern, Spielplätzen oder in Spielzimmern. Das Spiel gehorcht selbstbezüglichen Regeln, die nur für den Sinnzusammenhang des Spiels gelten. Dieser Sinnzusammenhang erscheint gegenüber der gewohnten Wirklichkeit verfremdet. Er umschreibt z.b. imaginierte Personen, Inhalte, Zeiten und Orte, wirkt in seinen willkürlich manipulierten Bedingungen (vgl. ähnlich Sutton-Smith 1978, 64) und beschränkten Konsequenzen ‚unernst' und ‚spielerisch', manchmal auch ‚verspielt'. Im Vergleich dazu scheint ‚das Leben' von Unwägbarkeiten, mangelnder Selbstbestimmung, Unwiederholbarkeit und endgültigen Konsequenzen bestimmt und alles andere zu sein, als ein Spiel.

Kulturanthropologisch liegt es daher nahe, die ganze Gattung als ‚homo ludens' zu charakterisieren (vgl. Huizinga 1956, 205). Im selben Atemzug wird meist behauptet, das Spiel und das Spielen seien eine sich selbst genügende, zweckfreie Tätigkeit (vgl. Heckhausen 1963/64). Beides scheint für eine soziologische Betrachtung der gesellschaftlichen Bedeutung und Entwicklung des Spiels und seiner Spiel-Räume allerdings unergiebig.

---

* Das diesem Text zugrunde liegende Vorlesungsscript basiert auf einer umfangreicheren Studie zur Thematik, die in: Herbert Willems (Hrsg.): Weltweite Welten. Internet - Figurationen aus wissenssoziologischer Perspektive. Wiesbaden, 2008, S. 295-317, erschienen ist.

Die anthropologische Deutung macht das Spiel zur Eigenart der Gattung, die keiner weiteren sozialen Bedingungen bedarf. Und die Deutung der Zweckfreiheit verkennt, dass wir mit dem Spiel sehr wohl Zwecke, wenn auch eigene Spielzwecke, verfolgen. Da wir in der Regel zudem in sozialen Situationen die wirklichen Handlungsintensionen der Spielenden nicht kennen, schlage ich vor, dass wir soziale Beziehungen mit Niklas Luhmann als soziale Kommunikationssysteme auffassen (vgl. 1984, 225ff.) und beobachten, wie mit dem Spiel eigene Kommunikationen innerhalb der Kommunikationen der Gesellschaft entstehen.

Wenn wir von ‚Spiel' oder vom ‚Spielen' sprechen, dann meinen wir eine Form der Kommunikation, die eine willkürliche Unterbrechung erwarteter Normalitäten (z.B. der Bandbreite des Verhaltens, der sozialen Positionsfestlegung, der Reziprozität, aber auch der Grenzen von Raum und Zeit, der Endlichkeit des Lebens etc.) nach eigenen Regeln symbolisiert. Dort, wo gespielt wird, verändert sich die Normalität und sei es nur für eine kurze Zeit. Spielen muss also nicht zweckfrei sein. Es kann ganz eigenen Zwecken und Gesetzen folgen, grenzt dann aber einen Bereich willkürlich manipulierter sozialer Wirklichkeit ab – ‚Spiel' erscheint so als die Form, diese Entgrenzung der Normalität durch Abgrenzung zu unterscheiden und zu kommunizieren.

‚Spiel' soll daher meinen: *eine symbolische Kommunikationsform der Entgrenzung von Normalitätserwartungen, die als willkürliche Handlung des Spielens zugerechnet werden kann.*

Erst die symbolische Form macht es möglich, in der Kommunikation eine Unterscheidung von Spiel und Ernst zu kommunizieren, d.h. zu wissen, dass man spielend eine Wirklichkeitsgrenze überschreiten wird. Wenn man also davon spricht, dass man spielt, symbolisiert man diese bewusste Grenzüberschreitung hinüber in eine Normalität, die für den „Ernst des Lebens" weitgehend folgenlos bleibt.

Die Form des Spiels symbolisiert so einen abgegrenzten Wirklichkeitsbereich, einen ‚Spiel-Raum'. Mit diesem ‚Raum' ist weniger die Lokalität, als vielmehr der Sinnbereich gemeint, in dem die Normalität außer Kraft gesetzt wird und so Freiräume des Erlebens und Handelns entstehen – hier ist alles, was der Fall ist, nur ein Spiel.

Soziologisch erscheinen Spiel-Räume somit als durch eigene Kommunikationen und eigene Erwartungen definierte Kommunikationsbereiche, die sich von anderen Kommunikationsbereichen abgrenzen lassen. Mit den Spiel-Räumen entstehen Enklaven der Kommunikation und d.h. Enklaven des Sinns.

Von der Sinnperspektive der gesellschaftlichen Normalitäten aus betrachtet etablieren sich mit den Spiel-Räumen *Exklusionsbereiche*, d.h. Ausschließungsbereiche gesellschaftlicher Kommunikation. Sie schließen z.b. alltägliche Normalitätserwartungen aus und ersetzen sie durch spielerische Normalitäten. Sowohl wenn wir Spiele und Spielende betrachten, als auch wenn wir selbst spielen, bemerken wir, dass hier etwas anderes vorgeht als gewöhnlich – gelegentlich sprechen wir auch davon, dass alles ‚nur ein Spiel' sei, um diesen Wirklichkeitsübergang zu kennzeichnen.

2 Gesellschaftliche Exklusionen und gesellschaftliche Differenzierung

Da es hier um eine Soziologie gehen soll und damit man die Entwicklung solcher Exklusionsbereiche beobachten kann, muss man sich allerdings die Entwicklung der gesellschaftlichen Differenzierung ansehen, in deren Zusammenhang sich Exklusionen verändern (siehe auch Tab. 1 auf S. 10).

Hierzu ist zweierlei festzustellen: Zum einen der Sachverhalt, dass ‚gesellschaftliche Differenzierung' nicht nur die Einteilung einer Gesellschaft in Schichten- oder ‚Zwiebelmodelle' meint, die sich anhand von Bildungsgrad, Einkommen, sozialer Mobilität etc. unterscheiden.

Wiederum Niklas Luhmann folgend (1997, 601ff.; 609ff.) lässt sich behaupten: Wenn wir Gesellschaft als Gesamtzusammenhang aller Kommunikationen verstehen, dann meint gesellschaftliche Differenzierung die Art und Weise, wie Unterschiede kommuniziert und soziale Kontakte entlang dieser Unterscheidungen hergestellt, vermittelt oder abgebrochen werden.

In einer nach gleichen Segmenten untergliederten, segmentär differenzierten Gesellschaft, zu denen wir empirisch z.B. die Stammesgesellschaft rechnen können, ist die Hauptunterscheidung *gleich/ungleich*. Alles, was gleich ist, gehört dazu und sollte auch möglichst gleich bleiben. Das Ungleiche gehört nicht dazu, ist damit fremd und grundsätzlich feindlich, im besten Fall ein mit Vorsicht zu genießender Gast.

In einer an Schichten orientierten Gesellschaft, die wir Soziologen ‚stratifiziert' nennen und die wir uns empirisch etwa als Adels- oder Feudalgesellschaft vorstellen können, orientiert sich die gesellschaftliche Normalität ganz selbstverständlich an der hierarchisch gedachten Unterscheidung von *oben/unten*. Es ist hier ganz normal, dass es innerhalb der Gesellschaft zwei fundamental verschiedene Wirklichkeiten gibt. Wobei diejenigen, die der Oberschicht angehören, ebenso selbstverständlich dafür sorgen, dass die Hierarchie der Wirklichkeiten erhalten bleibt.

In der an Funktionen orientierten, funktional differenzierten Gesellschaft, wie sie sich mit der modernen Gesellschaft ausgeprägt hat, gibt es hingegen keinen Primat des Oben und Unten mehr, da sich innerhalb der Gesellschaft höchst unterschiedliche Kommunikationssysteme, wie etwa die Wirtschaft, die Politik, die Wissenschaft, die Kunst, aber auch die Gruppe, Familie oder Zweierbeziehung gebildet haben. Auf keines dieser Teilsysteme kann verzichtet werden, da jedes eine spezifische Wirklichkeitsperspektive kommuniziert.

Wir merken das im alltäglichen Umgang schnell: Wer zahlt, liebt nicht, wer glaubt, weiß nicht, wer vertraut, herrscht nicht und im Recht wird nach einem anderen Code kommuniziert, als in der Religion etc.

Die fundamentale Unterscheidung einer solchen Gesellschaft läuft daher entlang der Grenze von *einheitlich/abweichend*. Die Gesamtgesellschaft wird als ein Konglomerat aus Differenzen wahrnehmbar, als „Einheit des Uneinheitlichen" (vgl. Luhmann 1997, 776), zu deren Bezeichnung wir Begriffe wie „Pluralisierung", „Multikulti", aber auch „Clash of Cultures", „neue Unübersichtlichkeit" oder „Postmoderne" erfunden haben.

Diese Erfindung von Begriffen, um gesellschaftliche Wirklichkeit zu benennen, zeigt Versuche an, das Lebensgefühl und die gesellschaftlichen Realitäten kommunizierbar zu machen. Neben der Gesellschaftsstruktur, also den Beziehungsstrukturen, verändert sich mit der Differenzierung auch die Semantik einer Gesellschaft (a.a.O., 887f.). D.h., die kulturellen Möglichkeiten, Normalitätserwartungen zu reflektieren und zu symbolisieren, verändern sich.

So hat in den Stammesgesellschaften der Mythos eine zentrale Funktion für die gesellschaftliche Integration, mit dem man versucht, das Fremde zu einem Teil der Alltagswelt zu erklären. In stratifizierten Gesellschaften wird der Mythos durch Herrschergenealogien und ein religiöses Pantheon von Göttern sowie bspw. den Vorstellungen einer idealen Heilsgemeinschaft oder „Umma" überformt. Die moderne, funktional differenzierte Gesellschaft beschreibt sich selbst hingegen in Termini der „Gleichheit", „Freiheit", des „Fortschritts" und der „Kritik".

Zum anderen und eng damit verbunden ist hinsichtlich der Entwicklung gesellschaftlicher Exklusionsbereiche festzustellen, dass wer von Exklusion sprechen will, von *Inklusion* nicht schweigen kann.

In der hier vorgestellten Fassung einer auf Kommunikation gegründeten soziologischen Beobachtung meint „Inklusion", nicht in erster Linie Teilhabe oder Integration, so wie man mit moralischem Unterton von „Teilhabe am gesellschaftlichen Leben" oder der „gelungenen Integration von Migranten und Migrantinnen" spricht. Inklusion meint den kommunikativen Einbezug vor allem von Individuen in die gesellschaftliche Kommunikation (vgl. a.a.O., 618ff.; Bohn 2006, 7).

Das erfolgt entsprechend den Differenzierungsformen wieder unterschiedlich. In der Stammesgesellschaft sind diejenigen inkludiert, die zumeist qua Blutsverwandtschaft oder Einheirat dazugehören und die sich selbst als „Menschen" bezeichnen. In der stratifizierten Gesellschaft ist das schon komplizierter, da man individuell nur der alles umfassenden Traditions- und Heilsgemeinschaft als Geschöpf der Götter oder Gottes angehört. Ansonsten gehört man nicht als Individuum, sondern als Schichtvertreter einem Haushalt oder Haus an, dessen Rang sich nach hoch und nieder bestimmen lässt. In der funktional differenzierten Gesellschaft wird auf Parties nicht mehr danach gefragt, woher man kommt, sondern was man macht. Man gehört hier vielen Teilsystemen zugleich an, was sich in mannigfaltigen Rollen-Sets (Merton) ausdrückt. So kann man zugleich Vater, Sohn, Betriebsratsvorsitzender, Konsument, Wähler und Geliebter sein, um nur eine Auswahl anzusprechen. Man kann glauben, was man will, beruflich versuchen zu erreichen, was man will und kaufen, was man will. Inkludiert sind hier Personen, also Individuen, die als sozialisiert kommuniziert werden (vgl. Luhmann 1991). Sozialisiert erscheinen sie dann, wenn ihre unwägbaren (kontingenten) individuellen Verhaltensmöglichkeiten sozial so kompatibel gemacht wurden, dass ein normales Verhalten erwartet werden kann.

Entsprechend variiert auch die Exklusion. In der Stammesgesellschaft sind alle aus der Gesellschaft exkludiert, die nicht dazugehören. Es gibt im Grunde kein Exklusionsproblem. Wer aus der Stammesgemeinschaft herausfällt, verschwindet aus der Gesellschaft und kann zurückgelassen, vergessen, getötet oder aufgegessen werden.

Wer in der stratifizierten Gesellschaft seine Schichtzugehörigkeit verliert, der sinkt evt. zum Bodensatz der Gesellschaft herab, verbleibt aber in der Rangordnung der Gesellschaft, was auch daran festzumachen ist, dass diese ‚soziale Mobilität' als Normalität der Traditions- und Heilsgemeinschaft gilt (Bohn 2006, 37). Erst die Exkommunikation unterbricht alle Kommunikationsbeziehungen und macht die Betroffenen zu sozialen Nichtwesen, zu „Infami". In dieser Gesellschaftsform tritt also erstmals ein gesellschaftliches Exklusionsproblem auf, man muss sich Gedanken machen, wie man das Nichteingeordnete in der Gesellschaft platziert und was das für die Ordnung der Inklusionen bedeutet.

Die funktional differenzierte Gesellschaft kennt hingegen vor allem Inklusionsprobleme (vgl. Luhmann 1997, 625ff.), d.h. hier stellt sich permanent die Frage, wie alle, überall Mitglied oder Teilhabende sein können. Mit dieser Tendenz zur Totalinklusion geht aber Totalexklusion einher. Wenn alle überall potenziell zugehörig sind, dann sind sie nicht mehr durch Zugehörigkeit definiert, sondern nur noch dadurch, wie sie mitwirken können. Und deshalb ist für uns heute der Individualismus und Pluralismus zugleich eine Chance und ein Kardinalproblem der Inklusion, was etwa in den Fragen „wer bin ich und wo stehe ich?" zum Ausdruck kommt.

	Segmentär differenzierte Gesellschaft	*Stratifikatorisch- differenzierte Gesellschaft*	*Funktional differenzierte Gesellschaft*
Gliederung:	Gleiche Teile	Ungleiche Ränge	Differenzierte Funktionen
Soziale Ordnung:	Lateral	Hierarchisch	Heterarchisch
Inklusionsmodus:	Abstammung	Herkunft	Sozialisation
Leitunterscheidung:	Eigen / fremd	Oben / unten	Einheitlich / abweichend
Empirisches Bsp.:	Stammesgesellschaft	Adels-/Ständegesellschaft	Moderne Gesellschaft

Tab. 1: Übersicht über gesellschaftliche Differenzierungsformen
(Quelle: eigene Darstellung)

3 Der Wandel der Spiel-Räume

Was hat das alles mit dem Spiel und den Spiel-Räumen zu tun? Eine ganze Menge, denn es fällt auf, dass sich die Spiele, die gespielt werden und wie sie gespielt werden, im Laufe der Gesellschaftsentwicklung unterscheiden. Wenn wir die mit den Spielen jeweils entstehenden Spiel-Räume, wie oben behauptet, als Exklusionsbereiche der Normalität verstehen, dann fällt auf, dass sie erst dann als gesellschaftliches Phänomen aufzutreten scheinen, wenn Inklusion und Exklusion zu Problemen gesellschaftlicher Differenzierung geworden sind. Mit anderen Worten, segmentäre Gesellschaften bieten außer in Form von gemeinschaftlichen

Festen oder von Wirklichkeit einübenden Kinderspielen keine gesellschaftsstrukturellen Bedingungen für das Entstehen spezieller Spiel-Räume.

3.1 Beispiel 1: Schach als Ordnungsspiel

Ganz anders sieht das in stratifizierten Gesellschaften aus. Nicht nur, dass wir hier ausgearbeitete Spielformen antreffen, die für Erwachsene gedacht sind und von diesen auch gespielt werden. Diese Spiele orientieren sich zudem entlang der Leitunterscheidung von ‚oben' und ‚unten'. So tritt in der indischen Kastengesellschaft und der islamischen Kalifatsgesellschaft erstmals ein Spiel in Erscheinung, das den Kampf des kriegführenden Adels um Rangpositionen und Herrschaft spielerisch, also sinnexklusiv, nachbildet. Dieses Schach, dessen Name vom persischen „Shah" abgeleitet ist, ahmt den Kampf zweier Königreiche nach und zeigt auf dem Spielbrett eine streng hierarchische Rangordnung (vgl. Petzold 1987). Ähnlich der gesellschaftlichen Orientierungssituation rahmt die fest gefügte Ordnung der Spielregeln eine kaum vorhersehbare Vielfalt der Spielzüge. So sind im Schach ca. 2^{1046} Spielstellungen möglich.

Abb. 1: Indische Adelige beim „Caturanga", dem Vorläufer des Schachspiels

Mit diesen Problemen und taktischen Finessen werden die Angehörigen der Unterschicht nicht behelligt. Schach, das „königliche Spiel", bleibt dem Adel vorbehalten. Nach anfänglichem Misstrauen seitens der Kirche, ob das Spiel nicht vielleicht Teufelswerk sei, wird es auch im mittelalterlichen Europa als Spiel zur Erziehung des Adels und zur Einübung der Herrschaft genutzt.

Abb. 2: Mittelalterliche Schachfiguren

Die Angehörigen der Unterschicht hätten zweifellos auch kaum Verwendung für Schach gehabt, ihre Probleme sind weniger der Kampf um Rangpositionen oder das Führen von Kriegen, als vielmehr das nackte Überleben, das von mannigfaltigen Zufällen oder der Willkür der Herrschenden abhängt. Folgerichtig spielt man in der Unterschicht, etwa der mittelalterlichen Ständegesellschaft, Geschicklichkeits- oder Glücksspiele, von denen wir auch heute noch z.b. das Kegeln oder die Kartenspiele kennen.

Für den Adel eröffnet das Schach jedoch einen wichtigen gesellschaftlichen Exklusionsbereich. Hier kann der Kampf um Ränge erprobt, evt. in Partien unter Konkurrenten sogar simuliert werden, ohne dass dies politische oder territoriale Folgen nach sich zieht. Das ist auch insofern von Interesse, als die in der Oberschicht vorhandenen Auf- und Abstiegsmöglichkeiten sowie die Verfügung über Waffen und Personal Konflikte heraufbeschwört (vgl. Luhmann 1997, 716). Um die Herrschaftsposition der Oberschicht nicht zu gefährden, muss verhindert werden, dass allfällige Fehden sich nicht zum ‚Flächenbrand' ausweiten. Neben Diplomatie ist also geschicktes Taktieren in der Kriegführung gefragt sowie die Möglichkeit, im Spiel die Konsequenzen von Angriff und Verteidigung ‚durchzuspielen'. Schach erweist sich so als ein gesellschaftliches Ordnungsspiel, das die Ordnung spielerisch in Frage stellt, als kontrollierte Normalitätsverschiebung in der schichtspezifischen Verwendung aber immer auch bestätigt.

Erst hier in der stratifizierten Gesellschaft existieren somit Bedingungen, die ein Auftreten von willkürlichen und kontrollierten Exklusionen wahrscheinlich machen. Erst hier können sich Spiel-Räume etablieren, ohne die Gesellschaft insgesamt zu destabilisieren.

3.2 Beispiel 2: TV-Gameshows als Sozialisationsspiele

Mit der Veränderung der gesellschaftlichen Differenzierungsform hin zur funktional differenzierten Gesellschaft ändern sich auch die Rahmenbedingungen für das Entstehen von Spiel-Räumen. Nicht nur, dass in dieser Gesellschaft die Totalinklusion aller in alles, die als Versprechen hinter allen Normalitätserwartungen aufscheint; zur Normalität gehört auch, dass man über den Nahbereich des Hauses, der Familie, der Region, Religion oder des Territoriums hinaus vergesellschaftet wird. Die sozialen Beziehungen werden indirekter und sind im gesellschaftlichen Maßstab nur dann fortsetzbar, wenn sie über Kommunikationsmedien vermittelt werden.

Das Auftreten von Massenmedien, die wie der Buchdruck in Europa nicht politisch/administrativ, sondern als kommerzielle Medienorganisationen in einem Markt der Informationen organisiert wurden (vgl. Giesecke 1991, 127ff.; 362ff.), schließt alle, die das Lesen lernen, an alle gesellschaftlichen Kommunikationen an und individualisiert, entsprechend der Einheit der Vielfalt, diesen Zugang. Synchronisation der Kommunikationen, wechselseitige Beobachtung und Aushandlung dessen, was als Normalität gilt, kann demnach nur noch im massenmedialen Schnittpunkt der Öffentlichkeit und öffentlichen Meinung hergestellt werden (vgl. Luhmann 1996, 187).

Daraus resultieren sowohl Konsequenzen für die Orientierung der gesellschaftlichen Kommunikation, als auch für die Art und Weise, wie Inklusion und Exklusion beobachtet werden können. Hier geht es nicht mehr um Entscheidungen der Obrigkeit oder gottgegebene Gnadenakte, sondern um aktive, individuelle Mitwirkung – man könnte mit Blick auf die Gesellschaft sagen: um Selbstsozialisation der Individuen. Diese wird aber nur noch teilweise im Nahbereich der persönlichen Begegnungen entwickelt. Vielmehr gewinnt auch hier die massenmediale Kommunikationen an Bedeutung. D.h., u.a. Moden, Skandale und ‚exemplarische Personen' zu beobachten, wie sie als Inklusionsmodelle in Form großer Persönlichkeiten, Stars oder Idole oder als Exklusionsmodelle von medialen Monstern, Verbrechern oder Obsessionen angeboten werden.

Es bietet sich an, mit diesen Exklusionsmodellen in einem Spiel-Raum zu spielen, der zugleich exklusiv und allgemein beobachtbar ist. Mit anderen Worten, diese neuen Spiel-Räume formieren sich als massenmediale Plattformen, z.B. als TV-Gameshows.

Das Spektrum solcher Gameshows reicht wohl von Geschicklichkeits- und Quizshows, in denen man Können oder Wissen vorführen kann und mit sagenhaften Gewinnen belohnt wird, über Flirt- und Heiratsshows, in denen man sich selbst vorführen kann, bis hin zu Shows, die über sog. Reality-Komponenten verfügen. In ihnen wird so getan, als ob den Spielen eine Sondersituation des Lebens zu Grunde läge, die alle Zuschauer bestens kennen.

Als spielerischer Exklusionsbereich der Entgrenzung von Wirklichkeit sind vor allem diese Reality-Gameshows von Interesse, weil sie Orientierungssituationen des sog. realen Lebens, wie Karriere, Partnersuche, Alltagskonflikte ins Spiel einbeziehen, aber so manipulieren, dass z.B. alle bei ihrer Bewältigung zuschauen können. Ihren Entgrenzungscharakter beziehen solche Spiele aus der Paradoxie, dass sie das vermeintlich ‚wirkliche Leben' in einem künstlichen Setting inszenieren.

Ein plakatives Beispiel dafür ist etwa die Reality-Gameshow „Big Brother", die auch im deutschen Privatfernsehen einiges Aufsehen erregte. Der hier eingerichtete Spiel-Raum lebt davon, die ständige Irritation von Normalität als normal auszugeben (vgl. Mikos/Pommer 2002). Gesellschaftliche Wirklichkeit wird dabei nicht vergessen, stattdessen wird vorgegeben, man spiele so sehr mit dieser Wirklichkeit, dass das Spiel die Normalität sei.

Abb. 3: Szenen aus „Big Brother"

Die im Container ‚lebenden' Kandidatinnen und Kandidaten sind Teilnehmer einer medialen Inszenierung mit kontrollierten Wirklichkeitsbedingungen. Sie und ihr Handeln werden in dramatisierter Form vorgestellt, beim Spielen und in ihrem scheinbar ‚wirklichen' Leben beobachtet, von den Zuschauern bewertet (mit

Gewinnen belohnt oder aus der Containergemeinschaft herausgewählt) und sie werden dabei belauscht, wie sie ihre Spielsituation, in einem Container zu stecken und zu Spielzwecken medial belauscht zu werden, diskutieren (a.a.O., 336).

Hier entsteht ein *massenmediales Sozialisations-Spiel*, das den medialen Transfer von Realitäten in Fiktionen und zurück als Experimentierfeld der Selbsteinordnung in die gesellschaftliche Kommunikation vorführt. Ohne die Bereitschaft der Kandidatinnen und Kandidaten, mit ihren Selbstdarstellungen zu spielen und ohne die direkt eingekoppelte Bewertung von Darsteller und Darstellung durch die Zuschauer funktioniert das Spiel nicht. Die massenmediale Kommunikation koppelt damit den Exklusionsbereich an die gesellschaftliche Kommunikation an. Das Spiel wird über die Inszenierung ‚normalen Lebens' medial als gesellschaftliche Inklusion kommuniziert.

Abb. 4: Homepage von „Big Brother"

Die Kandidatinnen und Kandidaten zeigen vermeintlich ‚echte' Konflikte und ‚echte' Liebesbeziehungen. Sie nehmen das Spiel ‚ernst', gehören zur Pop-Kultur der Gesellschaft, die ihren weiteren Lebensweg beeinflusst. Zugleich wird aber die Medieninszenierung deutlich. Es ist nur ein Spiel, es gibt Fans, es gibt Sender und Merchandising und die Kandidatinnen und Kandidaten unterhalten sich darüber, wie sie wirken und beobachtet werden, d.h. sie reflektieren ihre medial vermittelte soziale Anschlussfähigkeit.

Die Immersion, der Einbezug in den Exklusionsbereich der Gameshow, bleibt beschränkt, weil es sich um eine öffentliche Exklusion handelt, die soweit transparent bleiben muss, wie sie den Einbezug aller ins Leben verdeutlichen will – und Transparenz ist eine der gesellschaftlichen Hauptanforderungen an massenmediale Kommunikation (vgl. Luhmann 1996, 183f.).

3.3 Beispiel 3: Online-Computerspiele als vermöglichte Wirklichkeitsspiele

Dabei ist es aber nicht geblieben. Wir haben mit den massenmedialen Sozialisationsspielen nicht aufgehört, Gesellschaftsspiele zu spielen. Stattdessen sind mit der Einführung des Computers als Medium und mit der gesellschaftlichen Verbreitung einer neuen Mediengattung, den *kybernetischen Interaktionsmedien* (vgl. Thiedeke 2007, 38ff.), Kommunikationsmöglichkeiten entstanden, die es zulassen, neue Exklusionsbereiche symbolisch zu konstruieren.

Diese Exklusionsbereiche spielen mit dem Übergang von Exklusion und Inklusion nicht mehr auf eine repräsentative Art und Weise. Das meint, sie erscheinen nicht in der Form von Sendungen, die vorführen, was es bedeutet, in der Gesellschaft zu leben. Sie spielen vielmehr mit der Unterscheidung von Inklusion und Exklusion, indem sie neben die soziale Wirklichkeit der gegebenen Normalitäten eine zweite Wirklichkeit der gesteuerten Normalitäten setzen, in die man vollständig eintauchen kann.

Abb. 5: Avatare im MMORPG (Massive Multiplayer Online Roleplaying Game) „The Moment of Silence"

Diese hoch immersive Wirklichkeit ist deshalb ein Exklusionsbereich, ein Spiel-Raum, weil sie die aktuellen Wirklichkeitsbedingungen virtualisiert, d.h. kontrolliert entgrenzt und so *vermöglicht* (zum Begriff der *Vermöglichung* Thiedeke 2004, 132ff.). Für gewöhnlich können wir in der aktuellen Wirklichkeit nicht einfach unser physisches Geschlecht wechseln, wieder jünger werden, fliegen oder durch Wände gehen, zugleich mehrere sein oder uns in Steine und Bäume verwandeln und auch nur in Ausnahmen und wenigen ist es gegeben, wieder von den Toten aufzuerstehen.

Die vermöglichte Wirklichkeit zeigt sich uns aber auch als Inklusionsbereich, weil sie einen vollständigen gesellschaftlichen Kommunikationsbereich mit eigenen Wirklichkeitsbedingungen anbietet, nach denen sich alle Interaktionen richten. Am deutlichsten zeigt sich dies derzeit wohl in Online-Computerrollenspielen, in denen die Spielenden im Zuge ihrer Vermöglichung selbst zum Teil der Kommunikationsstruktur werden und mit den dort gültigen Gesetzen und Erzählungen auch der Semantik dieser vermöglichten sozialen Wirklichkeit folgen (vgl. Neitzel 2005).

Anders gesagt, wer in die Spielewelten der Computerrollenspiele eintaucht, wird zum *kybernetischen Soziofakt* (Thiedeke 2004, 130), zu einem interaktiven Datensatz und zugleich zum Teil der narrativen Struktur der Realitätsgeschichte des Spiels. So erfordert Drachentöten die Skills und Tools, die man für seine Persona, seinen Avatar, erlangen kann und Drachentöten ist kein „nine-to-five-Bürojob". Wer hingegen in dem bekannten „Second Life" zu etwas werden will, der braucht „Linden Dollars" oder den „Copy Bot", um sein Eigentum zu erzeugen und abzugrenzen, obwohl es gar keine aktuellen Grenzen hat.

Abb. 6: Avatare in „Second Life"

Immersion und Vermöglichung sind dabei nicht neu oder erst mit Computern möglich, wie manche immer noch glauben. Sie waren immer schon Kennzeichen der symbolischen Differenz spielerischer Exklusionsbereiche. Was sich geändert hat, ist jedoch der Grad der Immersion, der insofern eine Veralltäglichung beschreibt, als der Zugang zu solchen Spiel-Räumen nicht nur zunehmend ubiquitär und immersiv wird, sondern jetzt auch keine Pseudorealität, sondern eine eigene vermöglichte Realität, neben der entmöglichten, aktuell gegebenen Realität darstellt.

Weil dies so ist und weil wir gehört haben, dass die Form, die Inklusion und Exklusion im Spiel annehmen, soziologisch auf eine typische gesellschaftliche Differenzierung hindeuten, können wir uns nach den Ordnungsspielen, wie sie in stratifizierten Ständegesellschaften auftreten, die vom Problem der Inklusionsordnung umgetrieben werden, und den Sozialisationsspielen, wie sie kennzeichnend für eine funktionale, moderne Gesellschaft sind, in der wir selbst unseres Glückes Schmied sind, die Frage stellen, auf welche Differenzierungsform oder welchen Differenzierungswandel es wohl hindeutet, wenn wir beginnen, eine gesellschaftliche Wirklichkeit in der gesellschaftlichen Wirklichkeit abzugrenzen und so in *Wirklichkeitsspiele* eintreten. Wir können das zumindest als Indikator für das Entstehen einer neuen, vielleicht *informationell differenzierten Gesellschaft* lesen, von der wir noch nicht wissen, wie sie konkret aussehen wird, deren Wirklichkeitsbedingungen wir aber zunehmend spielerisch erzeugen.

4 Zusammenfassung

Wenn man davon ausgeht, dass Sozialität nicht durch einzelne Handlungen, sondern immer nur durch soziale Kommunikation entsteht, dann stellt sich die Frage, wie Spiel und Spielen kommuniziert werden, damit sie als eigene soziale Wirklichkeit erkennbar sind?

Wir hatten darauf die Antwort gegeben, indem eine willkürliche Entgrenzung von gesellschaftlichen Normalitätserwartungen symbolisch kommuniziert wird. Geschieht dies, dann kann sich die Kommunikation des Spiels als eigener, umgrenzter Sinnbereich gesellschaftlicher Wirklichkeit etablieren, der sich damit aus der normalen Wirklichkeit exkludiert. Ein so entstehender sinnhafter Spiel-Raum ist die Erscheinungsform eines *Exklusionsbereichs* der Gesellschaft, der zugleich die Frage nach seiner Inklusion aufwirft.

Hierzu hatten wir behauptet, dass Exklusionsbereiche überhaupt erst in Gesellschaften entstehen können, die so komplex sind, dass sie sich *intern*, nicht nur extern differenzieren. Erst hier besteht eine strukturelle Notwendigkeit, Inklusion und Exklusion in der Gesellschaft selbst zu handhaben. Das bedeutet aber auch, dass sich Spiel-Räume mit der gesellschaftlichen Differenzierung verändern und sich so geradezu als Indikatoren für gesellschaftliche Differenzierung lesen lassen (zur systematischen Übersicht siehe Tab. 2).

Gesellschaftliche Differenzierungsform:	Stratifiziert	Funktional differenziert	Informationell differenziert (hypothetisch)
Gesellschaftliches Ordnungsmuster der Normalität:	Hierarchie	Heterarchie	Konditionierte Kontingenz
Typischer Spiel-Raum:	Ordnungsspiel	Sozialisationsspiel	Wirklichkeitsspiel
Normalitätsimperativ des Spiels:	Oben: Sei mächtig! Unten: Sei glücklich!	Sei ein Gewinner, eine Gewinnerin!	Sei eine Möglichkeit!
Ziel des Spiels:	Erprobung der Statusordnung	Erprobung der Teilhabe	Erprobung von Wirklichkeiten

Tab. 2: Gesellschaftliche Differenzierung und exklusive Spielräume
(Quelle: eigene Darstellung)

Wir hatten das vor allem für die gesellschaftlichen Differenzierungsformen der stratifizierten und funktional differenzierten Gesellschaft durchgespielt. Dabei sind typische Anforderungen zu beobachten, mit den Normalitätserwartungen von Inklusion/Exklusion umzugehen:

- In der *stratifizierten* Gesellschaft ist es normal, die Strukturierung aller sozialen Beziehungen am Rang abzulesen und in eine hierarchische Ordnung von ‚oben' und ‚unten' zu bringen.
- In der *funktional* differenzierten Gesellschaft ist es hingegen normal, überall auf Funktionen zurückzugreifen und Funktionen zu erfüllen, die heterarchisch als ‚Einheit der Vielfalt' geordnet sind.

Das schlägt sich auch in den prädestinierten Spielen und ihren Spiel-Räumen nieder. Die stratifizierte Gesellschaft spielt je nach Handlungsperspektive (oben oder unten) *Ordnungs-* oder *Zufallspiele* – dort, wo man die Geschicke bestimmt, z.B. das Ordnungsspiel „Schach", um sich sozial relativ folgenlos in Rangkämpfen einzuüben.

Die funktional differenzierte Gesellschaft spielt hingegen vordringlich *Sozialisationsspiele*, die öffentlich, d.h. massenmedial beobachtet werden, wie etwa Reality-Gameshows, weil Sozialisation und Selbstsozialisation hier zu einem alltäglichen Problem aller Gesellschaftsmitglieder geworden sind.

Vor diesem Hintergrund stellt sich uns zuletzt die Frage, worauf die Computer-Spiele hindeuten, mit denen sich *vermöglichte Wirklichkeiten* und virtualisierte Gesellschaften in der Gesellschaft als Spiel-Räume etabliert haben? Die Spiel-Räume dieser *Wirklichkeitsspiele* scheinen anzudeuten, dass wir uns auf eine *informationell* differenzierte Gesellschaft zubewegen, in der wir es für normal halten, unseren gesellschaftlichen Einbezug an ereignishaften Übergängen zwischen Wirklichkeitsbereichen zu orientieren.

Literatur

Bohn, C. (2006): *Inklusion, Exklusion und die Person*. Konstanz: UVK.
Giesecke, M. (1991): *Der Buchdruck in der frühen Neuzeit. Eine historische Fallstudie über die Durchsetzung neuer Informations- und Kommunikationstechnologien*. Frankfurt/M: Suhrkamp.
Heckhausen, H. (1993/94): *Entwurf einer Psychologie des Spielens*. Psychologische Forschung, 27, 225-247.
Huizinga, J. (1956): *Homo ludens. Vom Ursprung der Kultur im Spiel*. Reinbeck: Rowohlt [1938].
Luhmann, N. (1984): *Soziale Systeme. Grundriss einer allgemeinen Theorie*. Frankfurt/M: Suhrkamp.
Luhmann, N. (1991): Die Form „Person". In: *Soziale Welt 42*, 166-175.
Luhmann, N. (1996): *Die Realität der Massenmedien*. 2., erweiterte Aufl. Opladen: Westdeutscher Verlag.
Luhmann, N. (1997): *Die Gesellschaft der Gesellschaft*. 2 Bände. Frankfurt/M: Suhrkamp.
Mikos, L. & Prommer, E. (2002): Das Fernsehereignis Big Brother. Analyse und Vergleich der drei Staffeln in der Bundesrepublik. In: Baum, A. & Schmidt, S. J. (Hrsg.): *Fakten und Fiktionen. Über den Umgang mit Medienwirklichkeiten*. Konstanz: UVK, 32-337.
Neitzel, B. (2005): Wer bin ich? Zur Avatar-Spieler Bindung. In: Neitzel, B.; Bopp, M. & Nohr, R. (Hrsg.): *See? I'm Real ... Multidisziplinäre Zugänge zum Computerspiel am Beispiel von Silent Hill*. Münster: Lit, 193-209.
Petzold, J. (1987): *Das königliche Spiel. Die Kulturgeschichte des Schach*. Stuttgart: Kohlhammer.
Sutton-Smith, B. (1978): *Die Dialektik des Spiels*. Schorndorf: Hofmann.
Thiedeke, U. (2004): Cyberspace: Die Matrix der Erwartungen. In: Thiedeke, U. (Hrsg.): *Soziologie des Cyberspace. Medien, Strukturen und Semantiken*. Wiesbaden: VS-Verlag, 121-143.
Thiedeke, U. (2007): *Trust, but test! Das Vertrauen in virtuellen Gemeinschaften*. Konstanz: UVK.

Das Spiel – analog und digital

Caja Thimm/Lukas Wosnitza

„Das Spiel ist die höchste Form der Forschung"
Albert Einstein

Einleitung

Albert Einstein verweist in der zitierten Sentenz auf ein wichtiges Charakteristikum des Spiels – es ist nicht (nur) das, was es zu sein scheint. Das Spiel ist eben nicht nur als ein kindliches Vergnügen anzusehen, vielmehr kann mit „Spiel" eine Vielzahl von Kontexten beschrieben werden, die spielerische Elemente aufweisen – und wenn man Einstein folgt, ist auch das Erforschen mit dem Spiel verknüpft. Damit kann dem Spiel der Status einer Grundkonstante menschlichen Handelns zugewiesen werden. In Geschichte und Gegenwart steht „Spiel" damit für einen allgegenwärtigen und vielgestaltigen Phänomenbereich.

Das überaus breite semantische Feld des Begriffes „Spiel" spiegelt alle Nuancen zwischen den „play"- und „game"-Funktionen wider. Gespielt wird zum Zeitvertreib, als vorbereitende Übung, in Form von Wettkämpfen, Turnieren und Schaustellungen, in Kult, Musik und Ritual – alles Indizien dafür, dass „Spiel" und „spielen" in Kommunikationen eingelagert ist, in denen mehr als nur Komplementärphänomene zum „Ernst des Lebens" zum Ausdruck kommen.

Neben dem Menschen wird die Technik zunehmend relevant: Die Geschichte des Spiels, wie auch seine Ästhetik und seine aktuelle Bedeutungsentwicklung, koppeln sich stark an Genese und Weiterentwicklung des Technischen. Gleichzeitig erfährt das Spielerische als Handlungsmoment über die Koppelung an neue Technologien eine Spezialisierung, die u.a. in den Konzepten von Intermedialität, Partizipation und Immersion ihren theoretischen Niederschlag findet (Ryan 2001). Nicht zuletzt bewirkt die mediale Mobilität eine früher nie gekannte Ubiquität medialer Diskurse (Thimm 2004).

Die Vielseitigkeit dessen, was der Begriff und die Konzeptionen des Spiels für die Sozial- und Kulturwissenschaften leisten kann, wird aktuell durch die globale Medienentwicklung sichtbar. Medien dienen nicht nur der Information und Kommunikation in Beruf und Privatleben, sondern sind innerhalb dieser Grundfunktionen mehr und mehr mit dem Spielerischen gekoppelt: Es ist das Spiel, das sich als Paradigma der Mediennutzung des „net-citizens" beschreiben lässt.

1 Grundlagen des Spiels

Schillers oft zitierter Satz: *„Denn, um es endlich auf einmal herauszusagen, der Mensch spielt nur, wo er in voller Bedeutung des Worts Mensch ist, und er ist nur da ganz Mensch, wo er spielt."* (Schiller 2000) verweist auf den umfangreichen Bedeutungsbereich des Spiels bzw. des Spielens. Die ästhetische Freiheit, die Schiller im Spiel verwirklicht sieht, setzte den wirkungsmächtigen Ansatzpunkt für eine idealisierte Sichtweise des Spiels, die sich z.B. in der Pädagogik ausgeprägt hat. Betrachtet man jedoch konkrete Spiele so zeigt sich, dass generalisierende Sichtweisen häufig zu kurz greifen, da sowohl kulturelle Eingebundenheit als auch kulturkonstitutive Funktionen als spezifische Kriterien wirksam werden. Durch das dem Spiel zugehörige Regelwerk überformt sich der Moment des Spielerischen zu einem organisierten, sozial und gesellschaftlich wirksamen Handlungsraum, der in unterschiedlichen Kulturen unterschiedliche Prägungen erfahren kann.

Spiel lässt sich auch als Konzept für eine Abfolge strategischer Schritte und rationaler Überlegungen betrachten und ist als solche in der Spieltheorie konzipiert worden (Rieck 1992). Problematisch erscheint hier allerdings nicht nur die Überhöhung des Rationalitätsprinzips, sondern auch die Vagheit des Spielbegriffs. Nicht alles, was alltagssprachlich Spiel genannt wird, liegt in der Reichweite des Reflexionsbegriffs „Spiel" (z.B. Tierspiele, mechanische Vorgänge: etwas „hat Spiel"). Zudem wird eine praktische Spieltheorie immer auch einbeziehen müssen, dass Geschehniseinheiten, die umgangssprachlich nicht als „Spiele" gelten, sondern eher als Rituale zu deuten sind (z.B. Gottesdienste), durchaus im Sinne einer disziplinär gebundenen Handlungstheorie als spielaffin angesehen werden können.

Heute kommt dem Spiel im Kontext digitaler Medien als *Topos* und als *Metapher* eine neue Bedeutung zu. Spiele werden zu „Spielwelten" und damit zu Metaphern neuer, sich schnell entwickelnder Parallelwelten. Das Spiel als eine zentrale *Anwendungsfunktion* in den Medien ist durch viele Nutzungsformen empirisch belegbar, vor allem durch die sich immer stärker ausbreitende Welt der Computerspiele. Computerspiele stellen ein bedeutendes, massenhaftes Phänomen der radikalen Moderne dar, indem sie „Spiel" als anthropologische Konstante und „Computer" (im Sinne von Informations- und Kommunikationstechnologien) synthetisieren. Zu dieser Synthese kommt es auch deswegen, da eine Affinität zwischen Games und Computern zu konstatieren ist. Die Geschichte und Evolution der Computertechnologien sowie die der rechnerbasierten Spiele ist parallelisiert: Man kann inzwischen davon ausgehen, dass es ohne die Erfindung immer leistungsstärkerer Computerspiele keine fortgeschrittene Computertechnologie gäbe - und umgekehrt. Diese Synthese zwischen Computer und Spiel erfasst und verändert nicht nur die Medieninhalte, wie z.B. die Ästhetik der Kinofilme, die sich der Sehmuster von Games bedienen, sondern auch viele Kommunikations- und Handelswege, Wissensquellen, Vernetzungsmöglichkeiten, einzelmenschlichen Bindungen, Erfahrungen und Konventionen unserer Gesellschaften.

Das Spiel als konstitutives Element für eigene digitale Universen überschreitet damit die in der bisherigen Forschung zugrunde gelegten Verstehensweisen und wird mehr und mehr zur umfassenden Metapher menschlichen Verhaltens. Auch in den digitalen Spielwelten ist „Spiel" nämlich keineswegs nur als Komplementärphänomen zu betrachten, sondern als eigenständige kulturelle Bestrebung (Rötzer 1995, Pias 2002). Das Phänomen der (Computer)Spiele ist also im Begriff, sich in ein wissenschaftliches Paradigma zu verwandeln.

Die Verlagerung sozialer Kommunikation ins Internet aus den individualisierten Kommunikationsnetzen von E-mail oder Chats hin zu eigenen medialen Welten zeigt sich auch an den Phänomenen des partizipativen Web 2.0. Ausgehend vom Computerspiel „Sims" (Miklaucic 2001), das mittels vorgegebener basaler Operationen die Ausgestaltung einer sozialen Umwelt erprobt, haben sich inzwischen mediale Paralleluniversen herausgebildet, die einen eigenen Wirtschaftskreislauf, eigene Sozialformen und spezifische gesellschaftliche Organisationsformen durch ihre Mitglieder erschaffen lassen, so z.B. „Second Life" (siehe Beitrag von Thimm/Klement in diesem Band). In der durch individuell gestaltbare Avatare „belebten" Welt werden die für virtuelle Kontexte konstitutiven Elemente des „Erschaffens" von Personen und physischen Umgebungen tagtäglich weiter entwickelt. Diese Welten sind inzwischen Aufenthalts- und Lebensräume für Millionen Menschen weltweit und werden zunehmend auch in den „realen" Wirtschaftskreislauf integriert.

In diesem Zusammenhang sind auch die technischen Begrenzungen des Computers (oder Handys) überschreitenden „pervasive games" zu sehen. Pervasive Spiele überbrücken erstmals die Kluft zwischen den virtuellen Welten heutiger Computerspiele und der realen Welt (die Basis traditioneller Spiele), indem sie Computerspiele um eine soziale Komponente erweitern. Ein entscheidender Aspekt ist dabei die nahtlose Integration und Durchdringung (Pervasion) unseres Alltags: Diese Art von Spielen unterscheidet sich dabei von herkömmlichen Spielen, da sie überall und jederzeit verfügbar und spielbar sind. Häufig ist der aktuelle Standort des Spielers sogar spielentscheidend: So können Aktionen nur an bestimmten Orten durchgeführt werden oder man kann mit anderen Spielern in der näheren Umgebung in Kontakt treten. Die Lokalisierung der Spieler erfolgt bisher über Zellinformationen der Mobiltelefone oder vorzugsweise über GPS (Magerkurth 2005).

Das Phänomen der Computerspiele schlägt sich auch mittelbar als computerisierte „ludofication" nieder, indem z.B. Unternehmen sich die intrinsisch motivierende Wirkung von computerspielartigen Herausforderungen für ihre Arbeitsstrukturen und -prozesse zunutze machen. Inzwischen werden skill-spezifische Computerspiele bei Job-Assessments zur Anwendung gebracht, d.h. es finden Transferleistungen zwischen Spielwelt und Nicht-Spielwelt statt, Spiele werden u.a. als Test- bzw. Simulationsumgebungen genutzt. Auch werden virtuelle Spiel-Gegenstände zu Wirtschaftsgütern. So gibt es einen blühenden ebay-Auktionshandel mit EverQuest-Artefakten und Spieler-Eigenschaften, die nach erfolgreicher Versteigerung den Besitzer wechseln, um dann wieder im Computerspiel weiterverwendet zu werden.

Dieser skizzenhafte Aufriss der Entwicklungen verweist auf neue Perspektiven des Spiels als konstitutives Element des Digitalen und stellt damit einen wichtigen Gegenstand für weiter gehende medientheoretische Überlegungen dar.

2 Das Spiel zwischen analog und digital

Überlegungen zur Rolle und den Funktionen des Spielens haben eine lange Tradition. Beginnend bei Platon und Aristoteles, die Spiel im Kontext der politischen Ordnung sahen, bis hin zu komplexen Entscheidungsmatrizen oder den auf Computerspiele fokussierenden „Game Theories", lassen sich eine Vielzahl an Verstehensweisen des Spiels nachweisen. Nur wenige haben den Stellenwert der Regelhaftigkeit des Spiels so politisch formuliert wie Platon. Die Kinder, so

Platon, sollten im Spiel Regeln und Normen des Staates lernen. Er schlussfolgert daraus, dass ein Zusammenhang bestehen müsse zwischen der Beständigkeit der kindlichen Spiele und einem ungestörten Fortbestehen der Gesetze. Um der Stabilität des Staates willen dürfe man deshalb Veränderungen in den Spielen nicht bagatellisieren.

Eine andere Perspektive entwirft Huizinga (2004). Anhand von verschiedenen Wesensmerkmalen versucht er das Phänomen Spiel zu erklären.

> „Spiel ist eine freiwillige Handlung oder Beschäftigung, die innerhalb gewisser festgesetzter Grenzen von Zeit und Raum nach freiwillig angenommenen, aber unbedingt bindenden Regeln verrichtet wird, ihr Ziel in sich selber hat und begleitet wird von einem Gefühl der Spannung und Freude und einem Bewusstsein des ‚Andersseins' als das ‚gewöhnliche Leben" (2004, 37).

Er legte damit die erste anthropologisch-kulturhistorische Perspektive auf das Spiel vor und schaffte so die Grundlage für eine interdisziplinäre Perspektive des Spielens (Raessens/Goldstein 2005).

Nach Huizingas Grundlagenwerk folgte eine intensive Auseinandersetzung mit Rolle und Funktion des Spiels für die Kulturtheorie in verschiedenen Wissenschaften. Dabei lag der Schwerpunkt jedoch meist auf stark disziplinorientierten Betrachtungen, so in der Psychologie und Pädagogik. Wenig Beachtung fand bisher die Annahme Huizingas, dass Kultur sich *im* Spiel und *als* Spiel entfaltet. Greift man diese Grundüberlegung als Paradigma für die Rolle des Spiels in medialen Kontexten auf, so lässt sich durch die Analyse medialer Spielwelten eine kulturwissenschaftliche Perspektive auf eine Vielzahl von sozialen und kulturellen Mustern entwickeln. Wenn Kultur in ihren ursprünglichen Phasen gespielt wird und nicht einfach aus dem Spiel entspringt, sondern sich in Spiel und *als* Spiel entfaltet, ließe sich aus der Analyse des Spiels auch ein Konstrukt dessen extrahieren, was als kulturelles Muster zu definieren ist.

Ausgehend von der These, dass das Spiel als formative Kraft der Kultur zugrunde zu legen ist und sich Kultur im Spiel entfaltet, ist die Frage nach der Umsetzung dieser Annahme auch im Kulturvergleich zu zeigen. So weisen insbesondere Forschungen aus dem asiatischen Raum darauf hin, dass es für diese Kultur ausdifferenzierte kulturelle Formen des Spiels gibt (Luger/Becker 2005). So z.B. die bei uns bislang wenig bekannte Praxis der QR-Codes, eine auf der Handy-Kommunikation basierende spielerische Chiffrierung und Dechiffrierung im öffentlichen Raum anhand der den Barcodes ähnlichen Verschlüsselungsformen (vgl. auch QRcode.com). Das Spielerische selbst muss entsprechend als komplexes Konstrukt von Technik, Kultur und Identität beschrieben werden.

2.1 Theorien des Spielerischen

Folgt man dem schon mehrfach zitierten Huizinga, so kann man davon ausgehen, dass „menschliche Kultur im Spiel – als Spiel – aufkommt und sich entfaltet" (Huizinga 2004, 7). Argumentiert wird, dass das Spiel dem Menschen so eigen ist, dass es kulturstiftend ist, und sich in Bereichen wie Recht, Krieg, Philosophie oder Kunst nachweisen lässt. Auch Caillois Studie „Die Spiele und die Menschen" (1960) basiert auf kulturtheoretischen Überlegungen. Zunächst ist Spiel in erster Linie freiwilliges Handeln: „Ein Spiel, an dem teilzunehmen man sich gezwungen sähe, wäre eben kein Spiel mehr" (Caillois 1960, 12). Auch Huizinga stellt fest: „Befohlenes Spiel ist kein Spiel mehr" (2004, 16). Die Hinwendung zum Spiel erfolgt spontan, auch das Beenden der Spielhandlung muss zu jedem Zeitpunkt möglich sein. Dies trifft ebenso für klassische Spiele wie für digitale Spiele zu. Verweigert ein Spieler oder eine Spielerin die das Spiel definierende Spielhandlung, so ist das Spiel zu Ende oder beginnt gar nicht erst. Damit das Spiel stattfinden kann, muss sich der Spieler dazu entschließen zu spielen. Spielen bringt – zunächst – kein materielles Produkt hervor. Somit hat Spielen keine Auswirkungen außerhalb des Spielens selbst, sieht man von der Ausnahme des Glücksspiels ab.

Diese ersten formellen Kennzeichen des Spiels enthalten implizit die Definition des Spiels als Unterhaltung – für Huizinga und Caillois sind Spiele aufgrund dieser ersten Attribute eine Quelle von Freude und Spaß (s. Caillois 1960, 12). Wie unter anderem die Arbeiten von Klimmt (2006) und Hartmann (2006) zeigen, ist es zutreffend, digitale Spiele als Unterhaltung zu kategorisieren. Somit trifft diese Kennzeichnung des Spiels auch auf digitale Spiele zu.

Auch weil Spielen keine Auswirkungen außerhalb des Spiels hat, ist es für Huizinga „nicht das ‚gewöhnliche' oder das ‚eigentliche' Leben" (2004, 16) bzw. „getrennt vom wirklichen Leben" (Caillois 1960, 16). Diese Trennung zwischen dem Spiel und dem Nicht-Spiel sei schon dem spielenden Kind bewusst, denn Spielen ist Heraustreten aus dem Ernst des Lebens „in eine zeitweilige Sphäre von Aktivitäten mit einer eigenen Tendenz" (Huizinga 2004, 16). Diese Trennung wird im digitalen Spiel – bedingt durch die mediale Vermittlung des Spiels – besonders deutlich. Im Zusammenhang mit der Trennung der Spielwelt von der Außenwelt und der „zeitweiligen Sphäre" des Spiels wird ein weiterer Aspekt des Spiels deutlich: die Abgeschlossenheit und Begrenztheit des Spiels. „Es ‚spielt' sich innerhalb bestimmter Grenzen von Zeit und Raum ‚ab'. Es hat seinen Verlauf und seinen Sinn in sich selbst" (Huizinga 2004, 18).

Caillois definiert vier Kategorien des Spiels, die er als zentrale Elemente ansieht: Wettstreit (*Agôn*), Zufall (*Alea*), Maskierung (*Mimicry*) und Rausch (*Ilinx*). Des Weiteren führt Caillois die Distinktion zwischen *paidia* und *ludus* ein. Diese sieht er als in zwei sich gegenüberliegenden Polen, zwischen denen sich Spiele jeweils in einer der vier Kategorien *agôn, alea, mimicry,* und *ilinx* bewegen. *Paidia* stellt dabei das Prinzip der Ablenkung, des Ungestümen, der freien Improvisation und der sorglosen Fröhlichkeit – oder kurz: „der unbekümmerten Lebensfreude" (Caillois 1960, 20) – dar. *Ludus* hingegen bezeichnet das Prinzip der Einschränkung der paidia'schen Attribute durch „hemmende Konventionen" und durch Regeln, um diese Effekte einzuschränken. Diese Einteilungen von Caillois werden auch in der Gameforschung diskutiert:

> „,Alea', der Zufall, entfaltet sich in der Inszenierung einer unbekannten Spielwelt, in der die Regeln nicht einsichtig sind und insofern als Kontingent erlebt werden. ,Agôn', der Wettkampf, ist der Antrieb hinter dem Wunsch, ein Spiel zu meistern und Herr über den Code zu werden. ,Mimicry', die Maskerade, ereignet sich in den liminalen Verwandlungen des Spielers, dem Rollenspiel, des ,als ob' zwischen seinem Ego und der programmierten Spielfigur. Zuletzt vollzieht sich ,ilinx', der Rausch, in dem mitreißenden, vitalen Fluß des Spielens. Der Spielcode gibt den ,ludischen' Rahmen vor, die herausfordernden Regeln, welche stets durch die ,paideischen' Transgressionen überschritten werden" (Butler 2007, 83).

Zum Verständnis des Spielerischen im digitalen Umfeld sind jedoch nicht nur die Grundkonzepte der Spielaktivitäten, sondern der Einfluss der Technik bzw. des gesamten medialen Umfeldes einzubeziehen.

2.2 Das digitale Spiel

Klare Spielregeln sind das zentrale Kriterium *aller* Spiele (vgl. Juul 2005, 48). Sie definieren die Spielwelt, machen das Spiel wiederholbar und lassen das Spiel entstehen. Prüfung und Einhaltung der Ordnung und der Regeln wird vor allem mithilfe eines definierten, statischen Algorithmus, wie er im Hintergrund aller digitalen Spiele abläuft, möglich. In diesem Aspekt sind digitale Spiele stringenter als ihr klassisches Pendant, da sie eine Aufweichung der Regeln in keiner Situation zulassen – ein Verstoß gegen die Regeln kann sogar zu einer Fehlfunktion und somit zum Abbruch des Spiels führen. Werden die Regeln des Spiels von menschlichen und somit kompromissbereiten Mitspielern überwacht, kommt es hin und wieder zur Aufweichung oder Abänderung der Regeln. Einige Gameforscher sehen die Prüfung der Regeln durch den mathematischen Algorithmus als *das* Entscheidungskriterium für ein digitales Spiel an (z.B. Juul 2005, VIII).

Das unbedingte Befolgen der Regeln führt auch dazu, dass es im Spiel gewisse Grenzen des Handelns gibt: Nur die Handlungen, die den Regeln eingeschrieben sind, können im Spielverlauf auch von den Spielern ausgeführt werden. Diese eröffnen jedoch ausreichende Handlungsoptionen und -freiheiten, um so die Handlungsvarianz individuell ausgestalten zu können. „Die Möglichkeiten, die ein Computerspiel und auch andere digitale Medien anbieten, oszillieren also zwischen Freiheit und Einschränkung" (Neitzel 2008, 100). Hinzu kommt die jedem Spiel eigene Handlungsnotwendigkeit. Das Spiel erzeugt also einen Zustand, auf den der Spieler reagieren muss, was wiederum einen neuen Zustand erzeugt. Subsumiert man dabei Regeln und die aktiven Handlungen des Gegenspielers unter Spiel, so ergibt sich daraus, dass das Spiel schon in seiner einfachsten Form *interaktiv* ist.

Die Möglichkeit der Veränderung einer bestehenden Spielsituation ist von entscheidender Bedeutung für Spiele, sowohl analog als auch digital betrachtet: „If you cannot influence the game state in any way [...], you are not playing a game" (Juul 2005, 60). Für den einzelnen Spieler bedeutet dies, dass seine Handlung eine Reaktion des Systems (Spielregeln + Gegenspieler) hervorruft, auf die er wiederum zu reagieren hat, Klimmt bezeichnet dies als „Input-Output-Loop" (2006, 75). Im Wesentlichen ist es eine Übertragung des rundenbasierten Prinzips klassischer Spiele auf die heutzutage in Echtzeit ablaufenden digitalen Spiele. Die Rechenleistungen von Computer und Konsole machen eine nahezu zeitgleiche Verarbeitung des Inputs zu einer System-Reaktion in Form eines Outputs möglich. Das bedeutet, dass die Handlungen des Spielers und des Gegenspielers (meistens des Computers) zeitgleich stattfinden, wodurch die Spiele an Dynamik und Handlungsnotwendigkeit gewinnen.

Die starke Abhängigkeit des Spielverlaufs von den systemimmanenten Begrenzungen reflektiert sich in der Position, digitale Spiele als ein *Hybrid* aus Spiel und Medium anzusehen (vgl. Fromme/Meder/Vollmer 2000, Klimmt 2001, Schütz 2002, Mersch 2008). Diese Definition impliziert diverse Eigenschaften und Eigenarten digitaler Spiele. Vorausgesetzt wird, dass digitale Spiele Eigenschaften des Spiels besitzen und somit als Unterart von Spielen verstanden werden können. Mit „Hybridcharakter" soll die neuartige und kreative Verbindung der beiden Konzepte *Spiel* und *Medium* erfasst werden. Verstanden werden darunter neue, emergente Formen und Konzepte, die in keiner der beiden zugrunde liegenden Strukturen allein vorstellbar oder realisierbar waren, die sich aber in der Verbindung als Synergie-Effekt ergeben. Genauer wird daher vom „Hybrid zwischen Spielzeug und Medien" gesprochen:

Das Spiel – analog und digital

„Weil Video- und Computerspiele eine eigentümliche Hybridbildung sind, nämlich Spielzeug und Medium in einem, würde es weder ausreichen, sie nur aus spieltheoretischer Perspektive zu betrachten, noch sie allein als neues Medium zu diskutieren" (Fromme/Meder/Vollmer 2000, 13).

Klimmt spricht von drei Ebenen digitaler Spiele: „Diese Ebenen sind a) der narrative Kontext, b) die Aufgabe der Spieler und c) die mediale Repräsentation" (2004b, 490). Relevant erscheint vor allem die Frage „nach den Effekten dieser Hybridisierungen, die als weitaus effektiver angenommen werden müssen als in der schlichten Addition zweier Mediensysteme zu einem dritten" (Neitzel/Nohr 2006, 12), denn „the crossings or hybridizations of the media release great new force and energy as by fission or fusion" (McLuhan 2007, 53). D.h., das Spielzeug liefert die Handlungsmöglichkeit und das Medium die Handlungsnotwendigkeit.

Damit wurden die Kernelemente der Hybridhaftigkeit schon erfasst: „These elements are at the heart of what makes the video game a unique medium, and need to be addressed in any discussion of them. The most fundamental of these elements are: an *algorithm, player activity, interface,* and *graphics*" (Wolf/Perron 2003, 14). Als zentrale Aspekte dieser Hybridform lassen ich Interaktivität und Immersion, die virtuellen Spielfiguren (Avatare), Ästhetik und Inszenierung anführen.

Digitale Spiele gehen nach dieser Verstehensweise über traditionelle Spiele hinaus und haben eine neue Form des Spielerischen hervorgebracht. Dabei ist zu berücksichtigen, dass elektronische Spiele nicht irgendwann aus dem Nichts aufgetaucht sind: „[...] sie haben einen kulturellen Hintergrund, der aufgedeckt werden muß" (Huhtamo 2007, 17). So sieht Huhtamo zum Beispiel Klaviertasten als kulturelle Vorlage der heutigen Gamepad-Tasten, wodurch digitale Spiele in einer kulturellen Tradition stehen, die mehrere Jahrhunderte zurückreicht. „Digital games are a hybrid medium, a medium in which different traditions and different technologies converge" (Kücklich 2006, 95). Begünstigt durch die Hybridhaftigkeit ergeben sich zwei Haupttraditionslinien: eine ludische und eine narrative.

Die Realisierung und Wiedergabe der digitalen Berechnungen auf einem Bildschirm durch bewegte Bilder in Farbe und über Lautsprecher rückt digitale Spiele in die Nähe von audiovisuellen Medien wie Film und Fernsehen. Digitale Spiele entnehmen Stilmittel bei eben diesen Medien und adaptieren populäre Spielfiguren und digitale Narrationen als filmische Gegenstände. Andererseits greifen Filme populäre Spielfiguren auf und ergänzen die Narration des Spiels um medienspezifische Erzählstrukturen.

Der Informationsgrad eines digitalen Spiels hängt stark von dem gewählten Spiel ab. So existieren verschiedene Spiele, die in erster Linie auf einen Lerneffekt ausgerichtet sind, die „serious games" (Ritterfeld 2008). Narrative Elemente spielen eine wichtige Rolle für Spiele, ob analog oder digital, denn „die meisten Formen der Unterhaltung sind um Erzählungen herum strukturiert" (Mikos 2003, 44).

Obwohl digitale Spiele Inhalte transportieren, ist nicht auszumachen, wie diese Inhalte rezipiert werden. Hinweise darauf lassen sich lediglich darin finden, wie die Spieler/Innen mit den im Spiel erworbenen Informationen umgehen und wie sie diese weiter verarbeiten. Die aus der Informationsverarbeitung resultierende Spielhandlung kann als Kommunikationsakt zwischen Spieler und System gesehen werden.

2.3 Das Spiel und die Spielenden

In digitalen Spielen erfährt das Moment des Erzählens einen besonderen Stellenwert, da man die Geschichte durch das eigene Handeln entdeckt. Dies bedingt eine andere Form der Involviertheit und ein höheres Maß an Aktivität von Seiten der Nutzerin/des Nutzers. Erst durch die Handlungen des Spielers nimmt das Spielgeschehen seinen Lauf, „eine gespielte ‚Geschichte' basiert also auf den jeweils realisierten Geschehnissen" (Röders 2007, 29). Interaktivität wird damit zum zentralen Merkmal digitaler Spiele und unterscheidet diese von anderen Medienangeboten, da dem Spieler eine aktive Rolle im Verlauf des Spielgeschehens zugeschrieben wird – „sie sind gewissermaßen die treibende Kraft des Spielgeschehens" (Klimmt 2004a, 701).

Quiring/Schweiger (2006, 12) sehen Interaktivität als ein „komplexes Zusammenspiel" von a) Systemeigenschaften, b) der Situationsevaluation der Nutzer, c) den Aktionen der Nutzer und den Reaktionen des Systems und d) der dadurch ausgetauschten Bedeutung. Die Fähigkeiten des Systems und die Fähigkeiten des Nutzers im System und das daraus entstehende Wechselspiel können demnach als Interaktivität bezeichnet werden:

> „Spieler und Computer können miteinander kommunizieren sofern beide am Symbolischen teilhaben. Im Verlauf einer Computerspielsitzung bilden sie eine kybernetische Einheit, indem sie an denselben Informationskreisläufen partizipieren. Entlang mehrerer Rückkopplungskanäle werden symbolische Botschaften ausgetauscht. Das ist die Grundlage der digitalen Interaktivität" (Butler 2007, 66f.).

Diesen Mensch-Maschine-Dialog beschreibt Wenz als „die Eingriffs- und Steuermöglichkeiten des Rezipienten. Als programmierte Interaktivität kann sie als antizipierte Handlung des Spiels beschrieben werden" (2006, 44). Interaktivität ist also im Kern dessen verortet, was Huizinga und Caillois als Freiheit und Grenzen der Spielhandlung bezeichnet haben. Die Grenzen sind klar im digitalen Algorithmus festgeschrieben, die Freiheit des Spielers findet innerhalb dieser Grenzen durch ein Reagieren auf die in Echtzeit errechneten Änderungen im System statt. Der Grad dieser Freiheit kann dabei schwanken. „Clearly, interactivity is not something that either exists or does not exist. Instead, there is a continuum that acknowledges different degrees of interactivity" (Vorderer 2000, 25). Interaktivität kann allerdings nicht danach beurteilt werden, wie viele Eingaben man während eines bestimmten Zeitraums tätigt, sondern danach, wie viele Handlungsoptionen man hat (Kocher 2007, 65f.). Das reine Befolgen vorgegebener Eingabeaufforderungen würde eine jedwede Freiheit ausschließen. Erst durch die Entscheidungsmöglichkeit des Spielers kann tatsächliche Interaktivität entstehen.

An dieser Stelle ist auf die Unterscheidung zwischen Interaktivität und Partizipation hinzuweisen (vgl. Furtwängler 2006, 157), denn bei „bloßer" Partizipation findet kein Austausch auf der Bedeutungsebene statt. In digitalen Spielen kommt es somit im Wesentlichen darauf an, dass das Spiel durch das Handeln im virtuellen Raum des Spielers bestimmt werden kann.

Durch das Handeln wird das Spiel erst als solches konstituiert, wobei die emotionale Nähe des Spielenden zusätzlich die Möglichkeit immersiver Prozesse eröffnet. Das Phänomen der Immersion stellt eine weitere entscheidende Komponente digitaler Spiele dar:

„Erstens eine Bereitschaft des Spielers sich auf das Spiel einzulassen; zweitens ein Spieleinstieg, der die Aufmerksamkeit des Users sichert [...]; drittens verstärken Interaktivität, Bewegungsmöglichkeit im virtuellen Raum [...] eine mimetisch besonders gelungene oder beeindruckende Grafik den Immersionseffekt" (Röders 2007, 9).

„Etwas allgemeiner formuliert lässt sich *Immersion* also als illusionistischer Eintritt in eine simulierte Welt definieren" (Schweinitz 2006, 138). Betont werden die technischen Voraussetzungen der Immersion im Zusammenhang digitaler Spiele. Durch das medial vermittelte Erleben erhalten diese eine besondere Bedeutung, können sie doch durch die auditive, visuelle und haptische Simulation eine vollständigere Immersion bewirken als die rein kognitive Immersion im klassischen Spiel. Die technischen Voraussetzungen der Immersion sind durch die Computertechnologie und deren Hybridhaftigkeit perfektioniert worden, „aber totale Immersion bleibt auch hier eine Fiktion" (Schweinitz 2006, 138). Zudem kann alle Technik nicht den Kern der Immersion ersetzen: Das Aufgehen im Tun.

Schon Huizinga schreibt über das „klassische" Spiel: „Jedes Spiel kann jederzeit den Spielenden ganz in Beschlag nehmen" (Huizinga 2004, 17), und nimmt damit das von Mihaly Csikszentmihaly geprägte Konzept des „Flow Effektes" vorweg:

> „Im *flow*-Zustand folgt Handlung auf Handlung, und zwar nach einer inneren Logik, welche kein bewusstes Eingreifen von Seiten des Handelnden zu erfordern scheint. Er erlebt den Prozeß als ein einheitliches ‚Fließen' von einem Augenblick zum nächsten, wobei er Meister seines Handelns ist und kaum eine Trennung zwischen sich und der Umwelt, zwischen Stimulus und Reaktion, oder zwischen Vergangenheit, Gegenwart und Zukunft verspürt" (1992, 59).

Das auch im Sport vielzitierte Flowerleben ist das über sich selbst Hinauswachsende, oder „[…] das Verschmelzen von Handlung und Bewusstsein. Ein Mensch im *flow*-Zustand […] ist sich zwar seiner Handlungen bewusst, nicht aber seiner selbst" (Csikszentmihaly 1992, 61). Das bedeutet, dass die Handelnden vollständig in ihrer Handlung aufgehen müssen, denn „sobald sich die Aufmerksamkeit teilt, indem man die eigene Aktivität „von außen" sieht, wird der *flow* unterbrochen" (ebd., 61). Als zweites Merkmal des *flow*-Erlebnisses führt Csikszentmihaly die „Zentrierung der Aufmerksamkeit auf ein beschränktes Stimulusfeld" (64) auf. Für Spiele – und somit auch für digitale Spiele – wird das Stimulusfeld durch die Regeln und das Spielziel vorgegeben und die Aufmerksamkeit somit fokussiert. „Ein dritter Zug des *flow*-Erlebens ist verschiedentlich als „Verlust des Selbst", „Selbstvergessenheit", „Verlust des Bewusstseins seiner selbst", oder sogar als „Transzendieren der Individualität" und „Verschmelzen mit der Welt" beschrieben worden" (Csikszentmihaly 1992, 66). Dieser dritte Zug beinhaltet zum einen das *flow*-typische Aufgehen in der Handlung und der Welt, in der diese Handlung stattfindet – sei diese die wirkliche oder eine fiktive Welt – und zum anderen die Voraussetzung für dieses Aufgehen, nämlich, dass das Handeln in dieser Welt auf bestimmten, frei gewählten Regeln basiert und deshalb keine so hohe Aufmerksamkeit voraussetzt.

Immersion tritt deswegen in digitalen Spielen verstärkt zutage, da sie durch ihre Hybridhaftigkeit die immersionsfördernden Faktoren aus dem flow-Erlebnis des Spiel-Charakters mit dem Identifikatorischen des Narrativen verbinden. An dieser Stelle findet also eine Verschmelzung und Verstärkung im Sinne McLuhans statt.

Interaktivität und Immersion digitaler Spiele fasst Neitzel unter dem Begriff *Involvierung* zusammen (2008, 96). Sie begründet diese Zusammenfassung implizit mit der Hybridhaftigkeit digitaler Spiele: Im Spiel-Medium-Hybrid treten Immersion – das passive Moment der medialen Rezeption – und Interaktivität – das aktive Moment des Spielerischen – „niemals getrennt auf, sondern wirken zusammen" (Neitzel 2008, 96). Dadurch ist der Spieler immer zweierlei: innerhalb und außerhalb des Spiels. Der Spieler und die Spielerin sind sich bewusst, dass sie sich im Spiel befinden. Diese kognitive Reflexion setzt aber gleichzeitig das Außerhalb-Sein voraus. Neitzel charakterisiert dies als Nähe und Distanz (2008, 102) und Kocher spricht von den Spielern digitaler Spiele „in ihrer hybriden Positionierung" (2007, 107) als Rezipient und Mitgestalter. Der Begriff der Involvierung wird dem Hybridcharakter insofern gerecht, als er Merkmale der beiden grundlegenden Konzepte digitaler Spiele beinhaltet. Zudem macht der Begriff Involvierung die wichtige Kontrollfunktion und Verkörperlichung der Spielenden deutlich. Deren Handeln findet in digitalen Spielen durch eine digitale Spielfigur statt, dem Avatar, der seinerseits eine eigene Größe im Spielgeschehen darstellt.

2.4 Vom Spielstein zum Avatar

Die Spielenden handeln im Spiel durch eine virtuelle Spielfigur, den Avatar. Dieser Begriff leitet sich aus dem Sanskrit ab und bezeichnet eine in Menschen- oder Tierform verkörperte Gottheit. Erfasst wird über diese Begrifflichkeit eine der maßgeblichen Motivationen digitale Spiele zu spielen, nämlich einer Form von Allmachtsphantasie (vgl. Fritz 1997, Grodal 2000). Die Grundidee der göttlichen Allmacht wird vor allem in Strategiespielen deutlich, in denen der Spieler perspektivisch von oben (vom Himmel aus) auf das gesamte Geschehen blickt und fast alles in der Spielwelt beeinflussen kann. Dabei erfolgt allerdings keine Repräsentation des Spielers als Avatar in der Spielwelt. Der Spieler ist durch den Avatar aber nicht nur die Gottheit der Spielwelt, die ganz auf seine Handlungen reagiert, sondern gleichzeitig die Hauptfigur, um welche herum sich die Geschehnisse abspielen.

Durch den Avatar, der im Sinne McLuhans als Ausweitung des menschlichen Körpers in die digitale (Spiel-)Welt hinein verstanden werden kann, taucht der Nutzer in die Spielwelt ein. „In diesem Prozeß verschmelzen „homo ludens" und universelle Maschine, sie bilden die Spielfigur des ‚ludischen Cyborgs'" (Butler 2007, 78f.). Hier werden also nicht nur Gottheit und Hauptfigur zu einer Einheit, sondern auch die virtuelle Spielfigur mit dem Spieler – eine zweifache Hybridisierung. Der Avatar bringt bestimmte Fähigkeiten mit, die der Spieler aktivieren beziehungsweise nutzen kann. Hierdurch werden die Fähigkeiten der Spielerin und die des Avatars in der digitalen Spielwelt kombiniert. Die Fusion mit der Spielfigur ergibt für jeden Spieler aufgrund der eigenen Individualität wiederum eine *individuell verschmolzene Figur* (vgl. Gee 2007, 52). Diese Figur bestimmt die Identität des Spielers in der virtuellen Welt. „One of the things that makes video games so powerful is their ability to create whole worlds and invite players to take on various identities within them" (Gee 2007, 145). In der Kreation eines eigenen Avatars wird die Symbiose des Heldenhaften und Göttlichen besonders deutlich: Der Spieler erschafft sich ein digitales Abbild und wird so zum Gott der virtuellen Welt, um anschließend in die selbst geschaffene Figur zu schlüpfen und somit zum Helden zu werden. Die Identitäten, die der Spieler in der virtuellen Welt selber ausfüllt oder antrifft, greifen auf die mythologischen Figuren-Archetypen zurück, die unter anderem für Volksmärchen zutreffen: die Mutter, der/die Weise, der Held, das Göttliche.

Gee führt aus, dass mit einem Spielcharakter eine größere Verbindung aufgebaut werden kann als mit einer Dramen- oder Romanfigur, da die Aktionen der Spielfigur vom Spieler selbst ausgehen (2007, 54). In der Rolle als virtueller Stellvertreter kann der Spielfigur sogar psychisch entlastende Funktion zukommen, da die Spielenden eine Form der Selbstverwirklichung erleben können. Die Möglichkeit, Einfluss auf den Avatar zu nehmen, wird zudem durch die Möglichkeit, das Aussehen des Avatars zu bestimmen, zusätzlich erhöht. So wird der Avatar tatsächlich zu einer vom Spieler geschaffenen Figur. Kommt dann noch die Möglichkeit einer spezifischen Entwicklung – und sei es nur die Entwicklung bestimmter (Kampf)Fähigkeiten – hinzu, kann eine emotionale Bindung zur Spielfigur entstehen. Gefördert wird diese Bindung durch die Möglichkeit, Einfluss auf das Wertesystem des Avatars zu nehmen – so dies denn im Spiel vorgesehen ist. Eine Identifizierung mit der Spielfigur muss auch nicht daran scheitern, dass die moralischen Vorstellungen des Spielers und die der Spielfigur (beziehungsweise der Autoren des Spiels, die der Figur diese Eigenschaften eingeschrieben haben) inkongruent sind. Der Aspekt, eine andere Rolle zu übernehmen ist generell ein wichtiger Aspekt des Spielens und macht für viele Spieler den besonderen Reiz aus. Der Spieler weiß zwischen Spiel und Realität zu unterscheiden und ist im Zuge des Spielens durchaus bereit sich auf die Rolle der Spielfigur einzulassen. Avatare werden somit zum Dreh- und Angelpunkt digitaler Spiele – sie sind eine Ausweitung des Spielers in den virtuellen Raum hinein und damit im Sinne McLuhan's „extensions of man."

Hartmann/Klimmt/Vorderer argumentieren in Bezug auf die vom System gesteuerten Avatare, dass diese mit den Mediennutzern interagieren und sehen darin eine technischen Weiterentwicklung von der bloßen Marionette des Spielers zur selbständigen Künstlichen Intelligenz (2001, 350). Diese Weiterentwicklung ist insofern relevant, als dass (zumindest schwache) Anzeichen sozialen Verhaltens auf Seiten des System-Avatars wichtig sind, damit der Nutzer bereit ist, mit diesem „ähnlich wie mit einem Menschen zu interagieren" (Hartmann et al. 2001, 354). Die Anzeichen parasozialer Interaktion der Nutzer mit den Avataren weist diesen den Status „echter" Kommunikationspartner zu (vgl. auch Rockwell/Bryant 1999, 246f.). „Von parasozialer Interaktion sprechen wir, wenn der Zuschauer / die Zuschauerin die Illusion einer Interaktion mit der Medienperson aufbaut" (Leffelsend/Mauch/Hannover 2004, 55f.). Diese parasoziale Interaktion ist für die „interaktiven" Medien wie Internet und digitale Spiele zunehmend relevant, da hier nicht nur eine Interaktion als Illusion stattfindet, sondern tatsächlich – wenn auch nur eingeschränkt – interagiert wird. Somit verwischt die Grenze zwischen tatsächlicher Interaktion und Illusion, was eine stärkere Bindung des Nutzers/der Nutzerin an die Medienfigur zur Folge hat. Genau dies macht unter anderem den Reiz der *MMORPGs* und den riesigen Erfolg des Spiels Die Sims aus, in dem es genau um solches soziales Verhalten mit und zwischen den künstlichen Figuren geht.

Eine besondere Form des Nicht-Spieler-Avatars ist der dem Spieler als Held gegenüber gestellter Antagonist – der Endgegner des Spiels. „Dieses primäre Element ist die Grundvoraussetzung jeder Geschichtserzählung: Ohne Antagonismus entsteht kein Konflikt – ohne Konflikt keine Geschichte" (Bhatty 1999, 132). Dieses Element kann aber auch als ordinär ludisch betrachtet werden, da dadurch das Spielziel vorgegeben wird: *Besiege den Antagonisten.* „Der Hauptantagonist erfüllt die spannungsbildende Funktion innerhalb einer Geschichte" (ebd., 133) und liefert den Grund in der Spielwelt tätig zu werden. Dem Antagonisten in digitalen Spielen eine in erster Rolle ludische Funktion zuzuschreiben ist deswegen sinnvoll, da aufgrund der durch den Spieler selbst generierten Spielfigur „eine ‚gewachsene' Differenz zwischen Protagonist und Antagonist [fehlt]; sie wird lediglich durch die Erzählung definiert und kann emotionalisierend vermittelt werden" (Bhatty, 132f.).

2.5 Avatare als crossmediales Phänomen

Heute sind die Avatare nicht mehr nur Spielfiguren oder u.U. Kommunikationspartner, sondern zum Teil eigenständige „Persönlichkeiten", die über den engeren Spielkontext des Digitalen wirksam werden können. Mittlerweile hat die Videospielindustrie sogar ihre eigenen Stars hervorgebracht, deren Erscheinen in einem digitalen Spiel ähnlich der Beteiligung eines Hollywoodstars am neuesten Film kassenwirksam wird. Zwei – sehr unterschiedliche – Superstars sind Super Mario und Lara Croft. Lara Croft ist in den 1990er Jahren zu einer Pop-Ikone geworden und tauchte als solche in vielen verschiedenen Medien auf – so auf Magazincovern und, dargestellt von der Oscar-Preisträgerin Angelina Jolie, in dem Hollywoodspielfilm *Tomb Raider*. „If one game character is synonymous with 1990s video gaming, it would be Lara Croft" (Kirriemuir 2006, 28).

Abb. 1: Lara Crofts Erscheinungsbild im Spiegel der Zeit

Die (Weiter-)Entwicklung der digitalen Spielfiguren ist heute noch lange nicht abgeschlossen. Dabei hat sich ihre Gestalt dem Zeitgeist und der Technologie entsprechend ... weiter entwickelt. (s. Abb. 1).

Wichtige Felder sind dabei Onlinespiele und mobile Spiele, die auf eine simultane Einbindung möglichst vieler Nutzer/Innen abzielen. Eine weitere Entwicklungsdimension betrifft die technischen Möglichkeiten. Während die neuen Spielekonsolen *XBox 360* und *Playstation 3* verstärkt auf höhere Rechenleistung und fotorealistische Grafik setzen, legt Nintendo mit der Spielekonsole *Wii* Wert auf hohen und innovativen Spielspaß (vor allem im Bereich Multiplayer) und vernachlässigt dafür auch gerne die technischen Maßstäbe der Konkurrenz.

Geht man davon aus, dass Avatare zunehmend als psychologische Charaktere entwicklet werden, so geht dies nicht ohne Einbeziehung der Spieler. Eine echte

Charakterentwicklung setzt ein hohes Maß der Identifizierung und der Sorge um das Schicksal des Avatars von Seiten des Spielers voraus, was allerdings ohne Folgen über das Spielgeschehen hinaus in Single-Player games kaum möglich ist. Die Grenzen des Spiels sind klar gesetzt und gegenüber dem Ziel, das Spiel erfolgreich abzuschließen, verlieren Sympathien und Emotionen den Figuren einer Geschichte gegenüber an Bedeutung. Vor allem die Online-Spielwelten bieten mit der Möglichkeit, einen persönlichen Avatar zu schaffen und durch diesen eine Figur mit eigener Persönlichkeit zu entwickeln, ein großes Identifikationspotential an.

Entscheidend ist bei den Online-Spielwelten und den von den Nutzern geschaffenen Identitäten die soziale Komponente. Als paradigmatisch können hier, wie bereits zu Beginn kurz erwähnt, die Netzwerke der Web 2.0-Generation angeführt werden. In diesen Netzwerken präsentieren die Nutzerinnen und Nutzer ein selbstbestimmtes Bild von sich, sie verbinden sich mit anderen Nutzerinnen und Nutzern, tauschen Informationen und Bedeutungen aus, flirten und verabreden sich – kurz, sie kommunizieren in verschiedenen Formen miteinander. Digitale Mehrspielerspiele stellen diesem Aspekt den spielerischen Charakter und eine oftmals implementierte Notwendigkeit im Team zu spielen hinzu, wodurch die sozialen Interaktionsmöglichkeiten gesteigert werden. Das gemeinsame Interesse an dieser Tätigkeit verstärkt den Austausch der Spieler untereinander. Durch die gemeinsame Spieltätigkeit werden neue Kommunikationsformen entwickelt, die einerseits zweckmäßig (Strategien), andererseits emotionalisiert (Gemeinschaft) sein können.

Des Weiteren gilt für die Spielfiguren, die *dramatis dei*, trotz ihrer zentralen Bedeutung für das Spielgeschehen und ihren Eigenschaften als „Götter" der Spielwelt, dass sie es mit Nebengöttern zu tun haben. Erst die Autoren digitaler Spiele implementieren den Kontext der Geschehnisse in den spielerisch-narrativen Zusammenhang und eröffnen damit die Möglichkeitsräume der digitalen Welt. Diese Möglichkeitsräume beziehen sich in erster Linie auf das Erzählen von Geschichten. „Computer games will gradually become another medium for storytelling. However, because of the interactive nature of computer games, narratives in computer games will be somewhat different from those on other media" (Lee/Park/Jin 2006, 260). Das Modell Ryans (dazu auch Sallge i.d.Bd.) zeigt neun Möglichkeiten der neuen Narrationsformen auf, sogenannte Meta-Narrationen, die den Spieler auf eine dreifache Reise schicken, und große Spielwelten, die dem Spieler alle Freiheiten lassen und ihn dennoch in eine umfassende Geschichte einbetten. Gerade das spielerische Moment und die Involvierung des Spielers machen den besonderen Reiz dieser Geschichten aus, die alte Erzählkonventionen aufbrechen können und müssen. Digitale Spiele bieten sich aufgrund der Neuartigkeit ihrer Strukturen geradezu dafür an, zu neuen Erzählkonventionen beizutragen. Es kann vermutet werden, dass dies Auswirkungen auf die Erzählstruktur anderer Medien haben wird. Deren Erzählmuster werden deswegen nicht die interaktive und multilineare Dramaturgie digitaler Spiele übernehmen, doch sie werden sich verändern. So entstehen neue medienspezifische Narrationsformen, die wiederum der Anreiz für eine Weiterentwicklung der erzählerischen Strukturen sein können. In der multimedialen Informationskultur dieses Jahrhunderts findet die verweisende Erzählstruktur zudem eine weitere Ausweitung.

Aufgrund der Abnutzung der spannungserzeugenden Wirkung der alten Erzählformen gewinnt das Spektakuläre und Überraschende an Bedeutung. Vor dem Ereignishorizont digitaler Spiele mit ihren mannigfachen Möglichkeitsräumen bieten diese eine Plattform für neue Unterhaltungskulturen. Der technische Aspekt ermöglicht die Realisierung des Spektakulären auf der audio-visuellen Ebene, das überraschende Moment wird häufiger Bestandteil des Spiels. Verstärkt wird dieser Aspekt des *showing* von der unbedingten Gleichzeitigkeit von Erzähltem und Erzählakt. Ob digitale Spiele jemals als Literatur bezeichnet werden, hängt davon ab, ob sie weiterhin dazu genutzt werden Geschichten zu erzählen.

Wie es für diese mittlerweile etablierten Unterhaltungsformen notwendig war, sind auch die Wirkungen der neuen Unterhaltungsform der digitalen Spiele auf die Nutzerinnen und Nutzer noch weiter zu untersuchen. Dabei lässt sich vermuten, dass gerade die Synthese des spielerischen und narrativen Unterhaltungserlebens, also die Möglichkeit, verschiedene Ereignisabläufe zu durchleben und durch eine Wiederholung der Spielhandlung einen alternativen Ablauf zu generieren, zusätzliche Anreize für das Unterhaltungserleben bietet und den Reiz digitaler Spiele erhöht.

3 Ausblick

Spiele sind immer schon Teil komplexer Unterhaltungsformen gewesen, damit bleiben die neuen Onlinespielformen diesem tradierten Grundmuster treu. Auch für Lernproozesse waren Spiele schon immer wichtig, die digitale Version des

Lernspiels wird heute als „serious game" bezeichnet und vielfältig im e-learning Bereich eingesetzt (s. Thimm 2005). Es sind aber nicht nur neue Formen alter Applikationen, sondern durchaus neue kulturelle Muster, die sich im Spiel aufzeigen lassen. Insbesondere die auf koordinierten sozialen Aktivitäten beruhenden Onlinespiele wie „World of Warcraft" haben neue Standards des Spielens gesetzt. Es sind diese Spielformen, die die Zukunft des Spiels weiter bestimmen werden, da in diesen Spielwelten zum ersten Mal soziale Normen gesetzt werden, die außerhalb der Spielwelt wirksam werden. Insbesonders Rolle und Funktion von Gewalt bzw. digitaler Körperlichkeit, wirkt auf Nicht-Spieler verstörend. Wie stark der normative Einfluss dieser Spiele eingeschätzt wird zeigt sich an der teilweise starken Gegenreaktion.

Die Medialität des Spiels ist damit einerseits Spiegel moderner Medienkultur, anderseits auch Sinnbild kultureller Tradition menschlicher Sozialität. Die digitalen Spiele verändern unsere Denkstrukturen, erfordern und fördern neue Kompetenzen, sie ändern Sehgewohnheiten, verlangen den Spielern medienspezifische Denkmuster zum Entflechten der Lösungszusammenhänge ab und bieten neue Strukturen und Herausforderungen. Dies geht Hand in Hand mit den Veränderungen der sozialen Kommunikation im Umfeld von Web 2.0, auch dies übrigens Prozesse, die vielschichtige Kritik hervorrufen.

In digitalen Spielen verbinde sich eine multilineare Dramaturgie mit darin verflochtenen Spielzielen zu einem verstärkten Immersionseffekt, der über die Wirkung einer bloßen Addition der beiden Effekte hinausgeht – genau wie digitale Spiele als Verbindung von Medium und Spiel über die bloße Addition dieser beiden Unterhaltungsformen hinausgehen. Für den Spieler ergeben sich daher zwei spannungsfördernde Fragen: Werde ich Erfolg haben? Und: Wie geht die Geschichte aus? Die Antworten auf diese beiden Fragen sind natürlich miteinander verknüpft, allerdings ist nicht leicht zu entscheiden, wo die Beantwortung ansetzen sollte. Aufgrund einer doppelten Immersionsmöglichkeit bringen digitale Spiele eine stärkere Involviertheit mit sich und können eine stärkere Anziehungs- und Abhängigkeitskraft entwickeln. Sie benötigen daher neben der Weiterentwicklung des Medialitätsbewusstseins auch eine neue Medienkompetenz der Nutzer. Soll ein verantwortungsvoller Umgang mit insbesondere jungen Spielern angestrebt werden, muss digitales Spielen wie jede andere Kulturtechnik erlernt werden.

Digitale Spiele fördern eine kulturelle Dynamisierung auf mehreren Ebenen. So wie jede neue Medienform und jede neue kulturelle Technik stellen auch sie Kultur und Gesellschaft vor neue Herausforderungen. Die Spieler haben diese

Herausforderung bereits angenommen. Sie sind nicht nur die ersten, die mit der kulturellen Dynamisierung zu Recht kommen werden, sie haben auch noch großen Spaß daran. Die Dramaturgie digitaler Spiele fördert das Interesse und die Motivation „in ludus" zu bleiben.

All diese neuen Strukturen und Möglichkeiten, die digitale Spiele anbieten, stellen Herausforderungen für die Konsumenten dar, indem sie ein neues Medialitätsbewusstsein verlangen. Hier schließt sich der Kreis zwischen analog und digital, oder mit Groebe (2004) zusammengefasst ist ein neues Medialitätsbewusstsein notwendig das „im Laufe des medialen Wandels immer wieder neu entwickelt werden muss, heutzutage zum Beispiel vor allem in Bezug auf Merkmale wie Interaktivität, Immersion etc. der neuesten Medien. Aber die historische Analyse zeigt, dass eine solche Weiterentwicklung von Medialitätsbewusstsein mit jedem neuen Medium notwendig war und gelungen ist, so dass sie auch für zukünftige virtuelle Realitäten zu erwarten ist" (2004, 34).

Literatur

Bhatty, M. (1999): *Interaktives Story Telling: Zur historischen Entwicklung und konzeptionellen Strukturierung interaktiver Geschichten*. Aachen: Shaker Verlag.
Butler, M. (2007): Zur Performativität des Computerspielens. Erfahrende Beobachtung beim digitalen Nervenkitzel. In: Holtorf, C. & Pias, C. (Hrsg.): *Escape! Computerspiele als Kulturtechnik*. Köln / Weimar / Wien: Böhlau Verlag, 65-83.
Caillois, R. (1960): *Die Spiele und die Menschen. Maske und Rausch*. München: Albert Langen Georg Müller Verlag.
Csikszentmihaly, M. (1992): *Das flow-Erlebnis. Jenseits von Angst und Langeweile: im Tun aufgehen*. Stuttgart: Klett-Cotta.
Fritz, J. (1997): Macht, Herrschaft und Kontrolle im Computerspiel. In: Fritz, J. & Fehr, W. (Hrsg.): *Handbuch Medien: Computerspiele*. Bonn: Bundeszentrale für politische Bildung, 183-196.
Fromme, J., Meder, N., Vollmer, N. (2000): *Computerspiele in der Kinderkultur*. Opladen: Leske + Budrich.
Furtwängler, F. (2006): Computerspiele am Rande des metakommunikativen Zusammenbruchs. In: Neitzel, B. & Nohr, R. F. (Hrsg.): *Das Spiel mit dem Medium. Partizipation – Immersion – Interaktion. Zur Teilhabe an den Medien von Kunst bis Computerspiel*, Schüren: Schüren Verlag, 154-169.
Gee, J. P. (2007): *What Video Games Have To Teach Us About Learning And Literacy*. New York: Palgrave Macmillan.
Grodal, T. (2000): Video Games and the Pleasures of Control. In: Zillmann, D. & Vorderer, P.(Hrsg.): *Media Entertainment. The Psychology of Its Appeal*. Mahwah, NJ / London: Lawrence Erlbaum Associates, 197-213.
Groeben, N. (2004): Medienkompetenz. In: Mangold, R., Vorderer, P. & Bente, G. (Hrsg.): *Lehrbuch der Medienpsychologie*. Göttingen: Horgrefe Verlag für Psychologie, 27-50.
Hartmann, T. (2006): *Die Selektion unterhaltsamer Medienangebote am Beispiel von Computerspielen: Struktur und Ursachen*. Köln: Herbert von Halem Verlag.

Hartmann, T., Klimmt, C. & Vorderer, P. (2001): Avatare: Parasoziale Beziehungen zu virtuellen Akteuren. In: *Medien & Kommunikationswissenschaft*, 3 / 2001. 350-368.
Huhtamo, E. (2007): Neues Spiel, neues Glück. Eine Archäologie des elektronischen Spiels. In: Holtorf, C. & Pias, C. (Hrsg.): *Escape! Computerspiele als Kulturtechnik*. Köln/Weimar/Wien: Böhlau Verlag, 15-43.
Huizinga, J. (2004): *Homo Ludens. Vom Ursprung der Kultur im Spiel*. Hamburg: Rowohlt.
Juul, J. (2005): *Half-Real. Video Games between Real Rules and Fictional Worlds*. Cambridge, MA/London: The MIT Press.
Kirriemuir, J. (2006): A history of digital games. In: Rutter, J. & Bryce, J. (Hrsg.): *Understanding Digital Games*. London: SAGE Publications, 21-35.
Klimmt, C. (2001): Computer-Spiel: Interaktive Unterhaltungsangebote als Synthese aus Medium und Spielzeug. In: *Zeitschrift für Medienpsychologie*, 1 / 2001, 22-32.
Klimmt, C. (2004a): Computer- und Videospiele. In: Mangold, R., Vorderer, P. & Bente, G. (Hrsg.): *Lehrbuch der Medienpsychologie*. Göttingen: Horgrefe Verlag für Psychologie, 695-716.
Klimmt, C. (2004b): Ego-Shooter, Prügelspiel, Sportsimulation? Zur Typologisierung von Computer- und Videospielen. In: *Medien & Kommunikationswissenschaft*, 1 / 2004, 480-497.
Klimmt, C. (2006): *Computerspielen als Handlung. Dimensionen und Determinanten des Erlebens interaktiver Handlungsangebote*. Köln: Herbert von Halem Verlag.
Kocher, M. (2007): *Folge dem Pixelkaninchen! Ästhetik und Narrativität digitaler Spiele*. Zürich: Chronos.
Kücklich, J. (2006): Literary Theory and Digital Games. In: Rutter, J. & Bryce, J. (Hrsg.): *Understanding Digital Games*. London: SAGE Publications, 95-111.
Lee, K. M., Park, N. & Jin, S.-A. (2006): Narrative and Interactivity in Computer Games. In: Vorderer, P. & Bryant, J. (Hrsg.): *Playing Video Games. Motives, Reponses, and Consequences*. London: Lawrence Erlbaum Associates, 259-274.
Leffelsend, S., Mauch, M. & Hannover, B. (2004): Mediennutzung und Medienwirkung. In: Mangold, Roland, Vorderer, Peter & Bente, Gary (Hrsg.): *Lehrbuch der Medienpsychologie*. Göttingen: Horgrefe Verlag für Psychologie, 51-72.
Luger, K., Becker, K. (2005). Zwischen Giant Neighbours und US-Kulturindustrie. Medienentwicklung und kultureller Wandel im asiatischen Zeitalter. In Hepp, A., Krotz, Fr. & Winter, C. (Hrsg.): *Globalisierung der Medienkommunikation. Eine Einführung*. Wiesbaden, VS Verlag, 261-278.
Magerkurth, C., Cheok, A. D., Mandryk, R. L. & Nilsen, T. (2005): Pervasive games: bringing computer entertainment back to the real world. In: *Computers in Entertainment*. 3, 3 (July 2005), 4-4.
McLuhan, M. (2007): *Understanding Media. The extensions of man*. London/New York: Routledge.
Mersch, D. (2008): Logik und Medialität des Computerspiels. Eine medientheoretische Analyse. In: Distelmeyer, J., Hanke, C. & Mersch, D. (Hrsg.): *Game over!? Perspektiven des Computerspiels*. Bielefeld: transcript, 19-41.
Mikos, L. (2003): *Film- und Fernsehanalyse*. Konstanz: UVK-Verlagsgesellschaft.
Miklaucic, S. (2001): Virtual real(i)ty: Simcity and the production of urban cyberspace. *Game research: The art, business and science of computer games.* Available online at http://www.game-research.com/art_simcity.asp
Neitzel, B. (2008): Medienrezeption und Spiel. In: Distelmeyer, J., Hanke, C., Mersch, D. (Hrsg.): *Game over!? Perspektiven des Computerspiels*. Bielefeld: transcript, 95-113.
Neitzel, B./Nohr, R. F. (2006): Das Spiel mit dem Medium. Partizipation, Immersion, Interaktion. In: Neitzel, B. & Nohr, R. F. (Hrsg.): *Das Spiel mit dem Medium. Partizipation – Immersion – Interaktion. Zur Teilhabe an den Medien von Kunst bis Computerspiel,* Schüren: Schüren Verlag, 9-17.
Pias, C. (2002): *Computer Spiel Welten*. München: sequenzia.

Platon (2006): *Politeia* übersetzt von Friedrich Schleiermacher, ergänzt von Franz Susemihl, herausgegeben von Karlheinz Hülser, Frankfurt/M.
Quiring, O. & Schweiger, W. (2006): Interaktivität – ten years after. Bestandsaufnahme und Analyserahmen. In: *Medien & kommunikationswissenschaft*, 1 / 2006, 5-24.
Raessens, J./Goldstein, J. (Hg.) (2005): *Handbook of Computer Game Studies*. Cambridge Mass.: MIT Press.
Rieck, C. (1992): *Spieltheorie – Eine Einführung*. Wiesbaden: Gabler.
Ritterfeld, U. (Hrsg.) (2008): *Serious Games: Mechanism and Effects*. New York: Routledge.
Rockwell, S. C. & Bryant, J. (1999): Enjoyment of Interactivity in An Entertainment Program for Children. In: *Medienpsychologie. Zeitschrift für Individual- und Massenkommunikation*, 4 / 1999, 244-259.
Röders, S. (2007): *Literatur und Computerspiele. Analogien zwischen Detektivromanen und Adventure Games*. Saarbrücken: VDM Verlag Dr. Müller.
Rötzer, F. (Hg.) (1995): *Schöne neue Welten? Auf dem Weg zu einer neuen Spielkultur*. München: Boer Verlag.
Ryan, M.-L. (2001): *Narrative as Virtual Reality. Immersion and Interactivity in Literature and Electronic Media*. Baltimore/London: The Johns Hopkins University Press.
Schiller, F. (2000): *Über die ästhetische Erziehung des Menschen*. Stuttgart: Reclam.
Schütz, D. (2002): *Bildschirmspiele und ihre Faszination. Zuwendungsmotive, Gratifikationen und Erleben interaktiver Medienangebote*. München: Verlag Reinhard Fischer.
Schweinitz, J. (2006): Totale Immersion und die Utopien von der virtuellen Realität. Ein Mediengründungsmythos zwischen Kino und Computerspiel. In: Neitzel, B. & Nohr, R. F. (Hrsg.): *Das Spiel mit dem Medium. Partizipation – Immersion – Interaktion. Zur Teilhabe an den Medien von Kunst bis Computerspiel*. Schüren: Schüren Verlag, 136-153.
Thimm, C. (2004): Mediale Ubiquität und soziale Kommunikation. In: Thiedecke, U. (Hrsg.), *Soziologie des Cyperspace. Medien, Strukturen und Semantiken*. Verlag für Sozialwissenschaften Wiesbaden, 51-69.
Thimm, C. (Hrsg.) (2005): *Netzbildung: Lehren und Lernen mit Neuen Medien in Wirtschaft und Wissenschaft*. Bonner Beiträge zur Medienwissenschaft (herausgg. v. C. Thimm). Frankfurt/New York: Lang.
Vorderer, P. (2000): Interactive Entertainment and Beyond. In: Zillmann, D. & Vorderer, P. (Hrsg.): *Media Entertainment. The Psychology of Its Appeal*. Mahwah, NJ/London: Lawrence Erlbaum Associates, Publishers, 21-36.
Wenz, K. (2006): Game Art. In: Neitzel, B. & Nohr, R. F. (Hrsg.): *Das Spiel mit dem Medium. Partizipation – Immersion – Interaktion. Zur Teilhabe an den Medien von Kunst bis Computerspiel*. Schüren: Schüren Verlag, 39-47.
Wolf, M. J.P. & Perron, B. (2003): Introduction. In: Wolf, M.J.P. & Perron, B. (Hrsg.): *The Video Game Theory Reader*. New York/London: Routledge, 1-24.

Abbildung

Lara Crofts Erscheinungsbild im Spiegel der Zeit, Quelle: <http://upload.wikimedia.org/wikipedia/en/f/ff/LaraCroftTombRaiderEvoWUnderw.jpg>, zuletzt abgerufen: 07.01.2009

Game Studies und Agency: Ein Forschungsbericht zu ihrem Verhältnis und ein Vorschlag zu einer neuen Forschungsperspektive

Heidemarie Schumacher / Leonhard Korbel

Vorbemerkung

Nach einer Forschungsphase, in der man sich auf die praktische Entwicklung von Computerspielen beschränkte, sind auch die Geistes- und Sozialwissenschaften seit etwa einem Jahrzehnt am weltweiten Boom der PC-Spiele interessiert. Während Psychologie und Medienpädagogik sich – teilweise unter dem Druck der Öffentlichkeit – auf die möglichen *aggressionsfördernden Effekte* der sogenannten video-nasties konzentrierten, nahmen Literatur-, Film- und Medienwissenschaft die erfolgreichen neuen Medienangebote wegen ihrer ästhetischen Formen ins Visier. Die sozialwissenschaftlich orientierte Medienwirkungsforschung hingegen interessierte sich für *Nutzungsvorlieben* der Gamer/Innen. Untersuchungen dieser Art dienen auch der Industrie für ihre Planung und werden teilweise von ihr selbst betrieben oder in Auftrag gegeben.

„Game Studies" sind in den USA und Großbritannien im Rahmen kommunikations- und kulturwissenschaftlicher Studien längst etabliert. Wie bei allen neuen Entwicklungen fehlt es mithin auch nicht an Publikationen, Konferenzen oder neuen (online-) Zeitschriften (z.b. gamestudies.org; ludology.org), die sich mit *Theorien* der Games und des Gamings beschäftigen. Vor allem die häufig zitierte Differenz zwischen den „Narratologen" und „Ludologen" (im weiteren: *N/L-Debatte*) sei hier als Ergebnis einer theoretischen Auseinandersetzung genannt. Zuletzt wurde diese eindrucksvoll von Jan Simons kommentiert (Simons 2007). Wenn wir sie erneut aufgreifen und rekonstruieren, so unter dem Gesichtspunkt, dass sich vor diesem Hintergrund *neue* Forschungsperspektiven und Fragestellungen deutlicher konturieren lassen.

Unsere Frage an Computerspiele ist in einem interdisziplinären wie medienwissenschaftlichen Kontext angesiedelt, der, ausgehend von den *Cultural Studies,* Medien, mediale Spiele und damit auch Computerspiele danach untersucht, welche *Identitätsangebote* (in politischer, gesellschaftlicher, nationaler, klassenspezifischer, ethnischer, religiöser, geschlechtsspezifischer, sexueller, altersspezifischer etc. Hinsicht) in ihnen gemacht werden. Identität und Subjektstatus sind in den neueren Cultural Studies eng gekoppelt an das *Handlungsspektrum* sozialer Akteure (Castells 1998; Holland/Lachicotte/Skinner/Cain 2003).

Neben der Frage nach dem identitätsstiftenden Gehalt wird damit auch wichtig, welches *Handlungsvermögen (agency)* und welche Handlungsspielräume kulturelle Produktionen ästhetisch wie technisch eröffnen (oder verwehren) und inwieweit diese Prozesse von Rezipientinnen wahrgenommen werden. Diese Perspektivierung begreift sich als *politisch*, denn der enorm hohe, weltweite Konsum und die profitable Produktion von Games bilden ein noch zu wenig beachtetes Politikum. Bereits um die Jahrtausendwende ergaben sich hier eindrucksvolle Zahlen:

> „As a capitalist affirmation of 'digital culture', the gaming industry is now more profitable than box office sales in the film industry (ticket sales were just 7.7 billion in 2000 (...)). In 2001 games represented a 10.5 billion dollar industry growing 15 % per year from 1997" (Flanagan 2004, 143).

Bevor wir herausragende Beiträge aus den Game Studies auf ihr *agency*-Konzept befragen, soll zunächst dargelegt werden, welche Rolle der Begriff in unserem Ansatz spielt.

Das agency-Konzept wird von uns in zwei Dimensionen verfolgt: Erstens geht es um das Handlungspotential des Stellvertreters der Spielerin[1] gegenüber Freunden / Feinden, Hindernissen, Belohnungssystemen im Rahmen des narrativen Konstrukts. Eine Identifikation der Nutzerin mit dem Stellvertreter, die sich bei Literatur oder Film nur mental ergibt, ist beim digitalen Spiel durch die erforderliche Aktion bzw. Einwirkung der Spielerin gegeben; damit ist die *agency* der zentralen Spielfigur oder Prothese (wie beim ego-shooter) auch die *agency* der Spielerin. Zweitens greifen wir auf den agency-Begriff der *Aktor-Netzwerk-Theorie* (Latour 2007) zurück, die menschliche Handlungsträger und *Dinge* als gleichberechtigte Elemente auffasst. In der Aktor-Netzwerk-Theorie werden auch Dinge als handelnde Akteure aufgefasst; technische Artefakte agieren zusammen mit menschlichen Akteuren und verschmelzen mit diesen zu *Aktanten*. Für unseren Zusammenhang interessant ist die Frage, wie das technische Artefakt (Hard- und Software des Spiels) der Nutzerin Aktionen zuschreibt und inwieweit es in der Lage ist, Wahrnehmungen der Spielerin zu beeinflussen.

---

[1] Wir beziehen uns im Text grammatikalisch durchlaufend auf die weibliche Form, da sie die männliche einschließt, jedoch auch, weil wir zukünftig ein besonderes Augenmerk auf die Nutzung von Spielen durch Mädchen und junge Frauen legen wollen.

Damit wird die Handlungsentität von Mensch und Maschine in den Diskurs über die Spiele gebracht. Wie ergänzen sich Spielerin und Maschine (Spielangebot der Software) gegenseitig, um *gemeinsam* erfolgreich zu *handeln*? Eine gegebene Spiele-Software setzt die Spielerin immer neuen Reizen aus, auf die sie reagieren muss, wenn das Spiel fortgesetzt werden soll; andererseits realisiert sich das Spiel durch die Einwirkung der Spielerin auf die Spielmechanik über Keyboard oder Konsole; so bilden Spielerin und Spielmechanik gemeinsam einen *Aktanten* oder ein *Aktor-Netzwerk*, sobald sie aufeinander treffen. Die Kategorie der *Wechselseitigkeit* als Bedingung für das Aktor-Netzwerk geht über Annahmen zu einer medialen Partizipationskultur hinaus: Die Spielerin partizipiert nicht über Interaktion, sondern ist gleichberechtigter Aktor, indem sie das Spiel in Gang setzt.

Games und Studies

Als zentral für die theoretische Reflexionsebene der Game Studies gilt die N/L-Debatte. Gegenüber den literatur- und filmwissenschaftlich ausgerichteten Narratologen mit ihrem entsprechendem Instrumentarium wollen die sogenannten Ludologen für den Gegenstand eine angemessene und authentische Theorie entwickelt wissen, welche die technisch vermittelte Gestaltung der Spiele und die regelbasierten Handlungsmöglichkeiten der Spielerin angemessen berücksichtigen. Dem Dissens der beiden Positionen scheint ein grundlegendes Missverständnis zugrunde zu liegen: Während die Narratologie auf ein Spiel in *statu nascendi* rekurriert, damit den „objektiven" Rahmen (story und discourse, dramaturgische Gestaltung des Spiels) jenseits seiner Nutzung in den Vordergrund stellt, konzentrieren sich die Ludologen auf das game play (Regelwerk; Spielmechanik), die Anwendung der Regeln im Vollzug des Spiels, damit auf das Spiel *in actu*. Die jeweilige Richtung beharrt mithin auf einer Trennung der Games in zwei unterschiedliche Aspekte, wobei die Ludologen den genuinen Zugang zu den digitalen Spielen für sich reklamieren. Eine dritte Gruppe votiert für die Überwindung und macht Vermittlungsvorschläge (vgl. Neitzel 2005; Kocher 2007; Martin Sallge im vorliegenden Band).
Eine offizielle Debatte hat es, wie Frasca richtig feststellt, nie gegeben (Frasca 2003), und bei näherer Betrachtung lassen sich bei den angeblichen Vertretern der Narratologie (wie etwa bei Janet Murray) ganze Kapitel ludologischer Reflexion, bei expliziten Vertretern der Ludologie, wie dem norwegischen Theoretiker Espen Aarseth, ein Rekurs auf literaturwissenschaftliche Konzepte wie das des

„impliziten Lesers" finden (Aarseth 1997). Festzuhalten ist, dass sich bis heute eine Unsicherheit darüber erhalten hat, was an digitalen Spielen narrativ und was Spiel*handlung* ist. Eher hat sich in den Game Studies naturwüchsig eine Spaltung hergestellt, die sich im Zuge ihrer Ausdifferenzierung teils produktiv, teils hemmend auf die Forschung ausgewirkt hat. Auffallend ist, dass der Anteil der Studien, die sich auf die Rezeptionspsychologie stützen, gegenüber den Studien, die sich auf den Inhalt der Spiele im Sinne von *story* und möglichen Spielhandlungen beziehen, überwiegt.

Einen ausführlichen Nachweis darüber, dass sich Befunde der modernen Erzähltheorie sinnvoll auf Computerspiele übertragen lassen, hat jüngst Leonhard Korbel geliefert (Korbel 2008). Unser Ansatz geht daher davon aus, dass eine Analyse digitaler Spiele sowohl die narrative Struktur eines Spiels (story, Perspektive, Figurenperspektive, Bild und Ton, Dramatik) als auch die möglichen Spielhandlungen umfassen muss, will man begründet über ihre Ästhetik (im Sinne der Wahrnehmungslenkung) Auskunft geben. Die ihm eingeschriebenen Aktionen und das dramaturgische Gesamtkonzept sind bei einem Spiel schlechterdings nicht zu trennen, auch wenn im Gaming selbst die Dramaturgie des Spiels von der Dramaturgie des Spielens dominiert wird.

Unser Rekurs auf die Elemente der N/L- Debatte dient dem Zweck, die einzelnen Positionen unter dem Gesichtspunkt aufzurufen, inwieweit sich in ihnen bereits unsere oben skizzierte Fragestellung nach Identität und agency implizit geltend macht und inwieweit sich die aktuellen Game Studies in Richtung „identity und agency" weiter bewegen und stärken lassen. Als Klassiker ist hier zunächst Janet Murrays Studie „Hamlet on the Holodeck" zu nennen, die aus der Sicht einer Literaturwissenschaftlerin mit Erfahrung im Bereich der Spiele-Entwicklung Games im Kontext von Hypertexten begreift und als erste versucht, die Veränderungen traditioneller Formen von Dramaturgie und Narration durch die neuen technischen Möglichkeiten zu analysieren (Murray 1997). Entscheidend sind die von Murray ins Feld geführten Qualitäten, die mit den möglichen Spieler*aktionen* zusammen gehen: Sie füllt den leeren und viel zitierten Begriff der Interaktivität mit Inhalt, indem sie Kategorien wie *immersion, agency* und *transformation* als neue Dimensionen der Nutzung im Rahmen elektronischer Spiele ins Feld führt. Die höhere Einlässlichkeit der User durch aktives Eingreifen in den Handlungsablauf, die Möglichkeit der Steuerung aufgrund von Wahlmöglichkeiten (choices), eigenes Zeitmanagement, das direkte feedback der Maschine und die Navigation durch einen multidirektionalen (multiformed) plot, kennzeichnen die *Struktur* des Spiels als Objekt und als Handlung. Murray ist demnach nicht entgegen zu halten, dass sie die ludologische Seite vernachlässige. Eher fällt eine Inkonsistenz in der Bewertung der Spiele auf. Ihre Arbeit berücksichtigt einerseits den *symbolischen Gehalt* von Stellvertreterhandlungen, wenn sie z.b. die in "Tetris" konzipierten Reihen, die immer wieder verschwinden, wenn sie komplettiert sind, in einen weiteren gesellschaftlichen Zusammenhang stellt:

> „This game is a perfect enactment of the overtasked lives of Americans in the 1990s – of the constant bombardement of tasks that demand our attention and that we must somehow fit into our overcrowded schedules and clear off our desks in order to make room for the next onslaught" (Murray 1997, 144).

Andererseits wird diese Sicht der Dinge jedoch nicht durchgehalten, wenn sie sich im Zusammenhang mit „first person shooter"-Spielen auf die ewigen Bedingungen menschlicher Natur zurückzieht und feststellt: „Because guns and weaponlike interfaces offer such easy immersion and such direct sense of agency and because violent aggression is so strong a part of human nature, shoot´-em-ups are here to stay" (Murray 1997, 146).

Folgt man der Autorin weiter, dann produzieren Games eine *agency* für hoch individualisierte und isolierte „interactors", die einer Ausstattung für das Leben im Neoliberalismus ähnelt:

> „I encounter a confusing world and figure it out. I encounter a world in pieces and assemble it into a coherent whole. I take a risk and am rewarded for my courage. I encounter a difficult antagonist and triumph over him. I encounter a challenge test of skill or strategy and succeed at it. I start off with very little of a valuable commodity and end up with a lot of it (or I start off with a great deal of a burdensomme commodity and get rid of all of it). I am challenged by a world of constant unpredictable emergencies and I survive it" (Murray 1997, 142).

Diese Verortung der einsamen Spielerin und ihrer Handlungsformen in einer Art Überlebenstraining ist tatsächlich bei vielen Spielen vorherrschend und das Zusammenspiel mehrerer Spielerinnen ändert an diesen Formen nichts (eine Ausnahme bilden heute vor allem die Rollenspiele, vor allem online-Rollenspiele, bei denen ein hohes Maß an Kooperation und Interaktion unter den Spielerinnen gepflegt wird). Es mangelt jedoch bei Murray an einer Reflexion auf die Bedeutung der durch die Maschine ermöglichten Handlungen für die Handelnden bzw. deren Wahrnehmung. In ihrer metaphernreichen und lebhaften Sprache weist sie jedoch auf das Verhältnis von Freiheit und Gebundenheit der *game agency* hin, wenn sie das Verhältnis von Spielerin und Designerin charakterisiert: „In the computer game *the interactor* is the dancer and *the game designer* is the choreographer" (Murray 1997, 144). Berücksichtigt man den Stand der gegenwärtigen Spiele-Entwicklung, greift diese These, was die Handlungsmöglichkeiten der Spielerin angeht, deutlich zu kurz: Mithilfe von Editoren können sich Spielerinnen heute in Rollenspielen eigene Welten einrichten oder Figuren schaffen und verfügen inzwischen mithin über einen buchstäblich größeren *Spielraum* als eine Tänzerin gegenüber der Choreographie.

Als Pionierin der Game Studies weist Murray jedoch schon früh darauf hin, dass dieses Zusammenspiel von agency als *Einübung* und agency als *Inszenierung* als perspektivisch einflussreich auf (kommende) kulturelle Produktionen und Praktiken aufzufassen ist.

Espen Aarseths Studie: „Cybertext. Perspectives on Ergodic Literature" verfolgt ebenfalls den Zweck, Texte und Hypertexte voneinander zu unterscheiden. Aarseth prägt hierzu den Begriff der „*ergodischen Lektüre*": Die ergodische Lektüre unterscheidet sich von der Lektüre abgeschlossener Texte durch Nichtlinearität und durch eingreifende „Leser"-Aktivität. Die Spielerin z.B. des adventuregames hat verschiedene Optionen, denen sie folgen kann. Aarseth ist damit in der Lage in der Tradition der Hypertexttheorie eine Abgrenzung gegenüber klassischen Texten und ihrer Struktur aufzuzeigen; Hypertexte und ihr Subgenre, die Games, zeichnen sich durch prozessurale, *multioptionale Strukturen* aus: Während im klassischen Text ein übergeordneter Sinn, eine Botschaft sich auf allen Stufen der linear prozessierenden Lektüre entfaltet, ist die „Lektüre" des adventure games z.b. wegen der Multioptionalität für den User durch ein Nichtwissen, ein Nichterkennenkönnen eines umfassenden Sinns gekennzeichnet. Im Gegensatz zu Murray, die eher – wie einst McLuhan mit „fröhlichem Positivismus" (Bolz 1990) – die positiven Seiten der „*agency*" durch die neuen elektronischen Dramen betont, kündigen sich in Aarseths Konzept kritische Untertöne an: Die Agierende ist auf ein System von trial-and-error verwiesen, das sich bei erneutem Spiel durch Erfahrung verbessern lässt, aber eine grundsätzliche Unsicherheit gegenüber dem Sinnganzen des Narrativs bleibt bestehen. Den „geheimen Plan" hinter der story (bei Aarseth als „intrige" bezeichnet) kann die Spielerin sich nur schrittweise und durch eigene Aktivität aneignen. Dieses *fragmentierte Wissen* erscheint als ein Grundzug des Handelns in digitalen Räumen. Aus Aarseths Untersuchung lässt sich mithin folgender Schluss für eine Theorie der agency ziehen:

1. *Geplantes* bzw. *planbares Handeln* erstreckt sich im Spiel-Verlauf immer nur auf den nächsten Schritt, da eine Gesamtsicht auf die Ereignisse im Durchgang notwendig fehlt und beim nächsten Spiel auch anders ausfallen kann.
2. Bei der Romanlektüre oder bei der Filmerfahrung ist sich die Leserin/Zuschauerin anhand der linear fortschreitenden Handlung – die ohne ihr Zutun

von selbst fortschreitet – ihrer Distanz zum Geschehen und ihrer Position der Außenstehenden bewusst. Beim Gaming ist das Vorantreiben der Handlung durch die Spieleraktivität eine conditio sine qua non, die Spielerin *weiß sich als Motor der Handlung*, weiß aber gleichzeitig nicht, wo sie letztendlich hinführen soll.

3. durch die *technischen Vorgaben (Bedienen einer Maschine)* ist das primäre Handlungsziel das Erreichen einer hohen Punktzahl, das Gewinnen in schnellst möglicher Zeit etc. und nicht das Wissenwollen des Ausgangs der Geschichte, das jeglichem narrativen Interesse zugrunde liegt. (Hier muss wohl genrespezifisch unterschieden werden: das adventure game erzeugt wahrscheinlich ein stärkeres narratives Interesse als ein ego-shooter mit seinem Content an einfachen Aufgabenstellungen).

In der Folge fand binnen kurzer Zeit eine Verschiebung in der Debatte statt: Bei jüngeren Forschern machte sich Ungeduld breit angesichts der Frage, wie und inwieweit sich Computerspiele als Texte und damit in eine bestimmte (literaturwissenschaftlich begründete) Tradition einreihen lassen. Sie wollten bei point zero anfangen und das Gaming aus der (geisteswissenschaftlichen) *Tradition* überhaupt heraus lösen. 1999 erscheint Jesper Juuls Arbeit „A clash beween games and narratives" (Juul 1999) an der Universität von Kopenhagen; er gilt bis heute als vehementester Vertreter der Ludologie (vgl. Juul 2005 sowie die online-Zeitschrift ludology.org, die von ihm herausgegeben wird).

Gonzalo Frasca veröffentlicht im gleichen Jahr den Beitrag „Ludology meets narratology: Similitudes and differences between (video) games and narrative" und führt mit diesem Beitrag den Begriff der *Ludologie* in die game studies ein. Er verschiebt die Sicht von einer Text/Leserin – auf eine Spiel/Spielerin – orientierte Analyse. Mit Recht lehnt er den Begriff der „Lektüre" (wie bei Aarseth, s.o.) für das Nutzungsgeschehen des game play oder die Spielmechanik ab. Die neue Richtung der Ludologie konzentriert sich auf die Art der Eingriffe (regelgeleitet; multioptional) und den Akt des Spielens selbst. Frascas großes Verdienst besteht darin, den Blick auf die Seite des Computerspiels als Spiel gelenkt und damit auch die im Rahmen des Spiels erfolgenden Handlungen in ihrer Spezifik charakterisiert zu haben. Er bestimmte „*ludus games*" als organische Einheiten, die nur innerhalb eines geschlossenen Regelsystems, das ein Autor im Vorhinein definiert hat, erkundet werden können (Frasca 1999). Es soll an dieser Stelle angemerkt werden, dass Theoretiker wie Juul, Frasca oder später Eskelinen (vgl. hierzu die Kritik von Simons an Eskelinen in: Simons 2007) sich als nicht sehr vertraut mit den Grundbegriffen der Literaturwissenschaft erwiesen haben; so sind z.B. die

Debatten um die Autorschaft und den Tod des Autors im Zusammenhang mit der Entstehung der neuen Medien an den Theoretiker(inne)n der Games (mit Ausnahme von Celia Pearce) vorbei gegangen; diese Schwachstellen sollen uns an dieser Stelle jedoch nicht weiter beschäftigen.

Wichtig an Frascas Beitrag war der Hinweis auf das regelgeleitete Handeln der Spielerin, die in einem festen Set von Voraussetzungen ihren Weg finden muss; die Komplexität eines Spiels und seiner Aufgaben setzt damit auch den Umfang der Handlungsmöglichkeiten, die einer Spielerin zugestanden werden (inklusive der „eingebauten" Abweichungsmöglichkeiten in Form von „cheats"). Frasca verstärkte seinen Ansatz, indem er das Konzept der *Simulation* gegenüber der Narration ins Feld führt (Frasca 2003). Als Spielhandlungen im virtuellen Raum ist Gaming als fiktional und im Sinne eines „als ob" aufzufassen, damit als Simulation. Er will eine nicht-narrative Theorie der Spiele, denn während Narration auf Repräsentation und damit auf einem fixen Zeichenrepertoire beruhe, seien die Zeichen der Simulation (bei Frasca „*simiotics*") maschinengeneriert, würden durch Aktionen des Nutzers „ins Leben gerufen" und seien bis zu einem gewissen Grad variabel:

> „No matter how badly literary theorists remind us of the active role of the reader, that train will hit Anna Karenina and Oedipus will kill his father and sleep with his mother ... (while, H.S./L.K.) simulation authors (...) can also incorporate different degrees of fate (through hard-coded events, cut-scenes, or by manipulating pseudo-random events) into their games" (Frasca 2003, 227).

Die Abläufe der Geschichte können demnach – je nach Input – variieren: damit unterscheiden sie sich tatsächlich von einer gedruckten Geschichte oder einem Film: Die Spielerin treibt nicht nur durch ihr Tun die Handlung insgesamt voran, sie ist es auch, die sich eigene Mikroerzählungen schaffen kann, wenn die Spielmechanik dies generell vorsieht. Ihre agency wird damit auch zu einem größeren Spielraum erweitert, als es herkömmliche Medien erlaubten. Weiterhin wichtig ist der Gedanke der *Simulation*: Ich handele (wie in nichtelektronischen Spielen auch) „als ob" (d.h. als ob ich das Monster besiege, die Gegner umbringe, den Schatz finde etc.) und habe die Möglichkeit, die story qua Neueinstieg ins Spiel diskursiv immer wieder abzuwandeln.[2]

Frascas Beitrag kann als eine Art Meilenstein in der Debatte gewertet werden: In ihm scheinen nicht nur Parallelen zum Begriff der Dekonstruktion von Derri-

---

2 Multioptionalität und Zufall als Bestandteile des plots wurden seit Ende der neunziger Jahre auch im Kinofilm populär. Produktionen wie Tom Tykwers „Lola rennt" bieten ein Nebeneinander verschiedener Abläufe einer Geschichte und unterscheiden sich damit von der traditionellen Form der Multiperspektivierung (wie etwa in Kurosawas „Rashomon").

da (das jeweilige Spiel als Dekonstruktion des gameplay) oder zu phantasierter „agency" (Tagträume; Größenphantasien) auf. Es lassen sich auch Schlüsse – hierin Turkle (Turkle 1999; 2005) folgend – für das Konzept einer Gamer-Identität ziehen, die im Verlauf jeder neuen Handlung neu vor die Wahl gestellt wird und damit multiple Formen annimmt. Wie schon Murray betont auch Frasca die dominierende Rolle der Autorin der Simulation gegenüber der Anwenderin: „The *simauthor* always has the final word: she will be able to decide the frequency and degree of events that are beyond the player's control" (Frasca 2003, 228).

Espen Aarseth meldet sich mit „Genre Trouble: Narrativism and the Art of Simulation" erneut zu Wort. In diesem Beitrag schwört er vehement der narratologischen Annäherung an das Gaming ab, indem er sich kritisch bis polemisch mit der Literatur- und Filmwissenschaft auseinander setzt. Er will zeigen, wie diese mit ihrem Analyseinstrumentarium am Computerspiel und seinen Spezifika scheitern müssen (Aarseth 2004). Er konzentriert sich wie Frasca auf die Verfasstheit des Computerspiels als *kunstvolle Simulation*; deren Analyse habe sich auf die *Regeln, die Spielwelt und das Gameplay* (Spielemechanik) zu konzentrieren. Dennoch kulminiert die von ihm getroffene Unterscheidung zwischen storyline und Simulation in der verwirrenden Aussage:

> „Simulation ist the *hermeneutic* Other of narratives; the alternative mode of discourse, bottom up and emergent where stories are top-down and preplanned. In simulations, knowledge and experience is created by the player's actions and strategies, rather than recreated by a writer or moviemaker" (Aarseth 2004, 52; Hervorh. H.S./L.K.).

Es ist Aarseth – wie schon oben bemerkt – darin zu folgen, dass eine rein literaturwissenschaftliche Betrachtung von Heldin, Geschichte, Dramaturgie, Struktur etc. bei Spielen analytisch unzureichend bleiben muss. Das *hermeneutisch Andere* verweist jedoch darauf, dass zu einem *umfassenden Verständnis* der Games beide Seiten berücksichtigt werden müssen.

Deutlich wird in seinem Beitrag auch, dass er Spielerin und Autorin gleichsetzt und dabei übersieht, das Murray und Frasca hervorheben, dass die Simulation auf einer Konstruktion beruht, welche die Spielerin *nicht* vorgenommen hat, dass das gameplay eine *algorithmische* Handlung ist und die algorithmische Struktur auf diejenigen verweist, die sie geschaffen haben. Es ist der multiple „Autor" (bzw. das Entwickler-Team), der die Regeln, die Spielwelt und das gameplay zu verantworten hat.

Was die Identifikation im Allgemeinen angeht, so ist es Mary-Laure Ryans Verdienst u. a. gewesen, in der ersten Ausgabe von „Game Studies" auf die Spielearchitektur aufmerksam zu machen, die durch ihre technische Verfasstheit ganz

bestimmte Figuren erfordert. Sie bezeichnet die Figur in Computerspielen als:
„... a rather flat character whose involvement in the plot is not emotional, but rather a matter of exploring a world, solving problems, performing actions, competing against enemies, and above all dealing with interesting objects in a concrete environment. This kind of involvement is much closer to playing a computer game than to living a Victorian novel or a Shakespearean drama" (Ryan 2001).

Ihre Ausführungen kennzeichnen damit auch das identifikationsstiftende Potential, das der Avatar der Spielerin bietet: Ein Avatar oder Agent hat kaum oder nur reduzierte Möglichkeiten, seinen Emotionen Ausdruck zu verleihen, seine/ihre Gefühlswelt ist im Großen und Ganzen nicht vorhanden (auch wenn bei Lara Croft schon einmal eine Träne rollt oder bei den „Sims" ein Gefühlsbarometer am Bildschirmrand erscheint). Die Spielerinnen können sich nur über Aktionen, über das *Handeln* mit der Figur, nicht jedoch über ihr Innenleben (wie im Theater oder Film) mit ihr *identifizieren*. Hier sind die Ähnlichkeiten mit Figuren der Graphic Novels (der Comicwelten) unübersehbar und sie tun sich auch in der visuellen Ästhetik der Spiele kund. Die „flachen Charaktere" entsprechen wiederum narrative Grundmuster (wie die quest (d.h. eine Aufgabe), die Suche nach etwas Bedeutendem, eine Rettung und ein Auftrag), die dem Spiel als Handlungsmotor zugrunde liegen. Ein weiteres Verdienst Ryans ist die Entwicklung von Modellen, die mögliche Spielhandlungen als Grafik abbilden. Als erste Game-Forscherin versucht sie über bifurkal strukturierte Modellbäume die Aktionsmöglichkeiten von Spielhandlungstypen nachzuzeichnen (Ryan 2001). Hier fehlt es bislang an vergleichenden Untersuchungen zu Handlungsmodellen in anderen fiktionalen Artefakten, wie dem neuesten Film oder neuen Romanen, die in der Literaturwissenschaft unter dem Rubrum „unzuverlässiges Erzählen" geführt werden.

Celia Pearce zieht in ihrem Beitrag den Vergleich zum Schachspiel: „Chess *replaces* the classic Aristotelian *techniques of mimesis* and *empathy* with the *game-specific technique of agency* by giving the player „avatars" that serve as representatives for his or her own actions" (Pearce 2004, 147; Hervorh. H.S./L.K.). Sie weist damit, wie schon Ryan, darauf hin, dass die Identifikation mit dem Helden (des Theaterstücks, des Films etc.) im Computerspiel durch spielspezifische *Handlungstechniken* in Gang gesetzt wird. Der Avatar wird als Ausübender einer Handlungsintention positiv besetzt. Sein Tod, das Ende seiner Handlungen, beendet auch das Spiel. Er/sie erzeugt Empathie nicht über ein geäußertes Gefühlsspektrum. (Noch nicht, muss man vorsichtigerweise sagen: Eine höhere emotionale Differenziertheit der Avatare ist vorstellbar und wird auch in einem Spiel wie „The Sims", das von seinem Designer Will Wright als virtuelles Puppenhaus bezeichnet wird, wenn auch noch auf Tamagotchi-Niveau, schon praktiziert). Im Gegensatz zu den episodisch strukturierten Adventure-Games bestehen die erforderlichen Handlungen in „The Sims" in der Kreation einer sozialen Umgebung, welche in der Narration wiederum Raum gibt für Botschaften aller Art; Pearces′ Lesart ist dabei die einer kritischen Erwachsenen und muss sich nicht mit der jüngerer Spielerinnen decken:

> „There is a strong anticonsumerist satirical subtext to the game. I refer to it as the IKEA game, because a major feature is the catalogue of humorously described household items and enhancements. The subtext is that characters need things to make them happy, but over time, *the things begin to own them*" (Pearce 2004, 150; Hervorh. H.S./L.K.).

In den „Sims" werden auch andere soziale Wertungen vorgenommen, so sind z.B. homosexuelle Partnerschaften möglich. Ein Set von wählbaren Charakterattributen zur Schaffung halb-autonomer Figuren oder von Einrichtungsgegenständen erlaubt darüber hinaus ein größeres Spektrum von Wahlmöglichkeiten. Die Welt des Spiels wird im Rollenspiel damit stärker als in anderen Games eine Welt, die sich die Spielerin – im Rahmen der Vorgaben – selbst erschafft. Pearce spricht in diesem Zusammenhang von einer neuen Form der Autorschaft, bei der sich in einem Spiel wie „The Sims" die Grenzlinie zwischen „Autor" und „Publikum" verwische:

> „It is somewhat ironic in light of the 'death of the author' debate that has raged in poststructuralist literary theory, from Barthes to Foucault to L′Dieaux, that it is games, rather than literature, that have been able to finally dispense or at least significantly reframe the author′s role as creator of content" (Pearce 2004, 151).

In Spielen wie diesen (so auch in sämtlichen Wirtschaftssimulationen und Strategiespielen wie etwa „Civilization") kommt damit der *eigentliche agency-Aspekt des Gaming* zum Tragen: Der "multiple Autor" (game designer) wird zum Förderer (facilitator), die Spielerin schafft sich durch ihr Handeln ihre eigenen Inhalte (content), damit ihr eigenes Narrativ in einem gesetzten narrativen Rahmen.

Für die „Narratologen" bzw. für die Betonung der Ästhetik in Computerspielen machen sich vor allem britische Medienforscher stark. Der Ansatz von Barry Atkins geht, geprägt von den britischen Cultural Studies, davon aus, dass Computerspiele mehr als „nur" Spiele sind und untersucht neuere Spiele als fiktionale Formen unter dem Aspekt ihrer Dramaturgien. Er knüpft damit an Murray an, unterzieht jedoch einige ausgewählte Prototypen einem Close Reading (Atkins 2003).

Sein Beitrag formuliert eine Kritik an den *Identifikationsangeboten* der Spiele. Er gehört damit zu den wenigen Autoren, die eine Kritik an den Spielinhalten formulieren:

„It is possible, for example, to see many of the individual episodes in Tomb Raider as providing a remarkably consistent metaphor for a kind of (British) imperialism (...) The aristocratic Lara Croft travels to foreign climes armed to the teeth and filled with the kind of spirit of adventure that would have made Rider Haggard proud and still been familiar to Ian Fleming as he drafted the earliest of the James Bond volumes. Foreign space is full of traps and snares, and the threat that it represents is only defused through violence and (often) through the application of superior technology" (Atkins 2003, 59).

Auch die *Handlungsmöglichkeiten* der Spielerin werden kritisch reflektiert. Im Gegensatz zu den offenen Räumen der Rollenspiele liefern first-person-shooter sehr viel restriktivere Vorgaben. Am Beispiel von „Half-Life" erläutert Atkins die reaktiven Optionen der Spielerin: „(...) the emphasis is (...) more upon the handling of a form of pressure that is generated through the continual possibility of in-game 'death'." (Atkins 2003, 70) Explorieren und schnellstmögliches Reagieren bilden hier die Anforderungen an die agency der Spielerin. Im Gegensatz zu den ausgestaltenden Handlungen im Rollenspiel, das die Schaffung eigener Welten erlaubt, wird sie hier viel stärker den räumlich-linearen und zeitlich restriktiven Vorgaben des plots untergeordnet: „(...) opportunities for digression or deviation are comparatively limited in a game set mostly in corridors with single entrances and exits, and there is a real attempt to generate a sense of urgency in relation to time through the constant expectation that one will not be 'allowed' to continue in unbroken sequence" (ebd., 71).

Für den agency-Ansatz weiterhin von Bedeutung sind die Beiträge von Torben Grodal und Martti Lahti. Grodal verweist auf den Einsatz der Körperlichkeit bei der Spielaktion, damit auf eine intensivere Form des Involvements verglichen mit der Rezeption herkömmlicher Medien. Er definiert den strapazierten Begriff der Interaktivität im Rahmen von Games als Einheit von *motorischer Aktivität*, *Interface* und erscheinender *Veränderung auf dem Bildschirm* (Grodal 2003, 142). Lahti hingegen macht auf die Körper-Maschine-Interaktion aufmerksam: Vor allem first-person-shooter-Spiele bieten mit der Repräsentanz des abwesenden Körpers der Spielerin in Form einer bewaffneten Hand eine Art imaginärer *Prothese*, die Körper und Spielwelt verbinden. Der virtuelle Raum und der Raum der Spielerin gehen in einander über und können – seit der Entwicklung von 3-D-Spielen – ein Gefühl eines grenzenlosen Raums hinter dem Bildschirm erzeugen (Lahti 2003, 161).

Das vom MIT herausgegebene Handbook of Video Games (2005) enthält zwei weitere Artikel, die für unsere Fragestellung bedeutsam sind: Für eine Theorie der Narrativität von Spielen ist Britta Neitzels Beitrag zu nennen, die mit der Unterscheidung eines *point-of-view* (Erzählperspektive) und eines *point-of-action* (Handlungsperspektive) auf dem Hintergrund von Erzähltheorien (von Aristoteles über die russischen Formalisten und Genette und Chatman) nachweisen kann, dass eine traditionell narratologische Position die Spezifik des Gamings, nämlich die aktive Einwirkung der Spielerin nicht erfassen kann und die ludologische Position wiederum da zu kurz greift, wo sie den point-of-view von Spielerin oder Avatar systematisch ausblendet (Neitzel 2005; 2007). Für den agency-Aspekt ließ sich hieraus die analytische Trennung der Spielerin in *Beobachterin* ihrer Handlungen und in *Handelnde*, die auf die Erfordernisse des Spiels reagiert und gleichzeitig die Geschichte vorantreibt, übernehmen.

Auch Jos de Mul äußert sich zur Bildung narrativer und ludischer Identität durch Computerspiele. Er betont den Unterschied an Handlungsmöglichkeiten in explorativen und konstruktiven Games, wie schon Pearce und Atkins (s.o.), als Unterschied zwischen festgelegten Regeln und solchen, die die Spielerin verändern kann (de Mul 2005, 259). Neu ist in diesem Zusammenhang der Gedanke, dass sich die Spielerin mit dem Gestaltungsraum, den das Spiel ihr eröffnet, auch identifiziere; de Mul geht sogar so weit zu behaupten, dass es zu einer Integration von Selbst und den Spielregeln komme und dass sich durch die Assimilation der Regeln ein Wandel in der Identität der Spielerin ergebe:

> „The *field of possible action* is reflectively applied to the *self*. The infinity of possible outcomes, connected with the constitutive rules, is internalized. As in the case of the reflective application of the narrative to the self, in the case of ludic identity there is no simple imitation of these rules, but they are being appropriated or assimilated and as a result *change the identity of the player*" (de Mul 2005, 260; Hervorh. H.S./L.K.).

Narrative und ludische Identität repräsentieren demnach keine Alternativen, die sich gegenseitig ausschließen; sie bilden für de Mul zwei Identitätsformen, die im Computerspiel koexistieren, in der gleichen Weise wie Stories und Spielhandlungen.

In seiner instruktiven Studie „Computerspielen als Handlung", in deren Zentrum die Unterhaltsamkeit der Games steht, kann Christoph Klimmt zeigen, dass die mit Recht kritisierte Ausübung von brutaler Gewalt in Spielen ein Teil des Spielvergnügens der überwiegend männlichen Nutzer bildet. Darüber hinaus zeigen sich jedoch wichtige andere Mechanismen im Unterhaltungserleben der Spielerinnen (s. auch Klimmts Beitrag im vorliegenden Band): Zentral ist hier die Kategorie der Selbstwirksamkeit (Klimmt 2005, 76f.); die „Wirkung jeder einzelnen eigenen Handlung ist eindeutig wahrnehmbar" (ebd.), die Spielerin bekommt ein direktes Feedback von der Maschine, da „nach Ausführung jeder Handlung das zugehörige Erlebnis unmittelbar und sofort eintritt" (ebd.). Folgt man in diesem Zusammenhang der Annahme de Muls, dass Individuen diese Handlungsformen internalisieren, so wirkt Klimmts verkürzter Handlungsbegriff problematisch: Wenn Selbstwirksamkeit z.B. an das Erleben *unmittelbarer Ergebnisse* gekoppelt ist, untergräbt dies u. U. Handlungen (und damit die entsprechende agency), die eine hohe Frustrations- oder Ambiguitätstoleranz erfordern und ein Ergebnis erst nach längerer Zeit generieren.

Im Mittelpunkt von Klimmts Studien stehen darüber hinaus die Belohnungen und Gratifikationen, die das Spielen den Spielerinnen generell gewährt. Im *Zentrum der Analyse* stehen damit *nicht* die dem jeweiligen Spiel eingeschriebenen Handlungsmöglichkeiten, sondern die Aussagen von Spielern und Spielerinnen darüber, wie das Handeln im Rahmen von Computerspielen auf sie wirkt. Dem gegenüber votieren wir für eine Sicht, die den Aktanten, d. h. das Aktor-Netzwerk von Spielerin und Computer in den Mittelpunkt stellt.

Ähnlich argumentiert auch Butler, der das Aktor-Netzwerk als kybernetischen Organismus oder Cyborg definiert:

„Was da passiert ist, dass der Mensch sich auf den Code einlassen muss, wenn er in dieser Welt agieren will. Er begibt sich in einen symbolischen Austausch mit dem Computer. *Der Computer beobachtet die Eingaben des Spielers*, die entweder über die Tastatur oder über die Maus oder den Joystick geschehen, und *der Spieler beobachtet die Ausgaben des Computers* über den Bildschirm, die Lautsprecher und womöglich die Vibration des Controlers, wenn das vorhanden ist. Im Akt des Spielens findet dieser Austausch in einem stetigen Prozess statt. Die gesamte Zeit über ist eine Rückkopplungsschleife am Laufen, und die stellt sozusagen die Verbindung zwischen der Spielwelt und dem Spieler her (...). Und als solches kann man den Computerspieler einen Cyborg nennen, der aus diesen technischen Bedingungen und aus dem Spieler besteht" (Butler zit. n. Eckoldt 2007, Hervorh. H.S./L.K.).

Die Auseinandersetzung mit dem Stand der theoretischen Debatte in den Game Studies macht deutlich, wie die internationalen Positionen um die Analyseebenen der Narration und der Ludologie oszillieren, macht aber ebenso deutlich, dass man nur durch eine Analyse der Dramaturgie eines Spiels und einer Analyse des Regelwerks, d. h. *mittels einer Überschreibung des einen Blickwinkels durch den anderen*, etwas Sinnvolles über die Handlungsdimension von Computerspielen aussagen kann.

Für unseren Ansatz ergab die Sichtung der Forschungsliteratur folgende Ergebnisse:
- Die jeweilige Spielmechanik konstruiert ein Handlungsspektrum für die Spielerin entlang einer narrativen Struktur. Ohne (wenn auch noch so reduzierte) narrative Umgebung macht die Simulation keinen Sinn; simulierte Handlungen sind mimetisch, damit sind Handlungen, Operationen, Eingriffe im digitalen Spiel gleichzeitig das Motiv für weitere, in einem Narrativ eingebettete Handlungen. Auch bei extrinsisch motiviertem Handeln (z.B. Leistungshandeln, wie das Erzielen hoher Punktzahlen) bleibt das Narrativ der Rahmen bzw. die Bühne und wird von den Spielern auch so wahrgenommen (vgl. die Studie von Martin Sallge in diesem Band).
- Für Computerspiele lassen sich Doppeldramaturgien von Narrativ und Spielhandlung feststellen (viele Missverständnisse der N/L-Debatte beruhen auf der Vermischung dieser Ebenen). Diese Dramaturgien bilden die Nahtstelle zwischen Simulation und Narrativ. Beide Dramaturgien folgen jeweils anderen Parametern und verlaufen nicht parallel: Während sich das Narrativ des Spiels durch die Bewegung der Figur im Raum sowie durch wechselnde Umgebungen allmählich entfaltet (*Hintergrund-Dramaturgie*), verläuft die Spannung der Spielerin von point-of-action zu point-of-action (Neitzel 2005), von level zu level, von reload zu reload und ist gebunden an die (kognitive) Fähigkeit, die jeweiligen Aufgaben zu lösen, die ihr in der Episode gestellt werden (*Aktions-* oder *Leveldramaturgie*). Mit jedem Erreichen des vorgeschriebenen Ziels wird nicht nur eine bestimmte Punktzahl und/oder ein Fortkommen im Wettkampf mit der Intelligenz des Spieledesigns erreicht, sondern auch die Fortsetzung der Narrations-Handlung wie der Spielhandlungen garantiert. Im Rahmen der Level- oder Sequenzdramaturgie ist der Spielerin lediglich ein *taktisches Handeln* im Sinne de Certeaus möglich (de Certeau 1988).
- Es existieren bislang keine Studien, die den Spannungsaufbau von Levels und Spielganzem für einzelne Spiele aufeinander beziehen. Für den agency-Begriff ist diese doppelte Auffassung von Dramaturgie jedoch entscheidend: Die Spielerin weiß sich als Handelnde im Rahmen einer Erzählstruktur („Ich habe den Auftrag, den Schatz zu finden", „unser Volk zu retten", „die Siedlung stark zu machen" etc.) bzw. nimmt diese auch wahr. Gleichzeitig entwickelt sie eine eigene „Spielart" für den Ablauf der Narration in der Zeit („Ich muss durch diese Tür gehen", „die Monster überwinden", „dieses Hilfsmittel einsetzen" etc.), um weiter zu kommen. Wir bezeichnen diese agency-Ebene als

Spielerin-Narrations-Ebene. Die Möglichkeiten, die dem Spiel inhärent sind, definieren die Möglichkeiten auf der Handlungsebene der Spielerin und/oder des Avatars. Während des Spielvollzugs vollziehen sich diese Handlungen von Episode zu Episode der Erzählung; die Spielerin setzt den Verlauf der Handlung über einzelne *mechanische Handlungen* in Gang („Das Programm will, das ich dies mache, dieses nicht tue"; „um das Hilfsmittel zu erlangen, muss ich diese Tasten drücken"). Wir bezeichnen diese agency-Ebene als *Spielerin-Maschine-Ebene.* Diese Ebene ist gleichzeitig als *Aktor-Netzwerk* aufzufassen, auf der Spielerin und Maschine als handelnde Einheit (Entität) agieren. Hier wird die einseitige Handlungsperspektive der Spielerin verlassen und die Wechselseitigkeit der Handlungen (Vorgaben hier, Ausführungen dort), die Butler als gegenseitige Beobachtung beschrieb, zum Thema gemacht.

Weiterhin ist zu Identität und agency festzuhalten, dass Computerspiele Handlungen im virtuellen Raum abbilden. In ihnen agieren Helden / Heroinen, die in einer bestimmten Umgebung stellvertretend für uns Aufgaben lösen, Gefahren überwinden, einen Weg finden, sich Hilfsmittel wählen, Gegner umbringen, ein Haus gestalten, eine Gesellschaft aufbauen, am Ende den Antagonisten überwinden, den Schatz finden, ein Ziel erreichen, dabei umkommen können oder siegreich aus dem Geschehen hervorgehen. Wie bei allen Populärmedien ist an das Narrativ die Frage der *Cultural Studies* zu stellen, wie Klasse, Ethnie, Gender oder Alter, sexuelle Orientierung, nationale oder religiöse Zugehörigkeit etc. konstruiert werden und ob diese sich als *Stereotypen* in der Konzeption von Spielen erkennen lassen. Im Rahmen des Cultural Studies-Ansatzes können Fragen nach dem Geschlecht, der gesellschaftlichen Position, dem Alter etc. der figuralen Identitäten mit der Analyse des ihnen zugestandenen Aktionsradius sinnvoll verbunden werden. Weiter: Da Identitätsbildung sich ständig neu über Handeln / Nichthandeln und dessen Effekte vollzieht, ist der *Aspekt der agency die eigentliche Basis*, von der aus Identität im Computerspiel erforscht werden kann. Identitätsstiftende Elemente (Atkins 2003; de Mul 2005) lassen sich im Rahmen einer kritischen Analyse anhand der Spielinhalte und den (den Spielen eingeschriebenen) Handlungsmöglichkeiten auffinden.

Nur ein (von Spiel zu Spiel variierendes) „Fortschreiten" unter dem Gebot eines bestimmten Ziels oder einer Aufgabe, bringt einen narrativen Sinn in die Aktivität des Spielens. Aufgaben, die aus dem Narrativ erwachsen, (z.B. das Rätsel lösen, den Schatz finden, dem Geheimnis auf die Spur kommen und damit

Muster aus der „Heldenreise") bilden den Handlungsrahmen bzw. die *mythische Basis der agency*. Fragen auf dieser Ebene beziehen sich auf das Narrativ und die jeweilige Dramaturgie im Ganzen (**U1**).

Herunter gebrochen auf die einzelnen Sequenzen des jeweiligen Spiels (*level-agency*) lassen sich dann folgende Fragen stellen: Wie handeln unsere Stellvertreter oder „wir" mittels unserer Prothesen im Game? Welche Aspekte des Handelns (kämpfen; schießen; töten; nähren etc.) gehen mit unserer Identität als Spielerin eine Allianz ein? Welche Handlungsfähigkeiten werden durch die im Spiel simulierten Handlungen verstärkt, welche vernachlässigt? Welchen Spielzug nehme ich / nimmt der Avatar als nächstes vor? Wohin wird das führen? Die Handlungsmuster der Level-Ebene, d.h. die genreabhängig variierenden Möglichkeiten der Spielerin den Diskurs zu gestalten, bilden den Untersuchungsgegenstand dieser Ebene (**U2**). Eine weitere Ebene bezieht sich auf die *agency* der Spielmechanik. Es geht um die dem spezifischen Spiel inhärenten möglichen Eingriffe oder: diejenigen Steuerungsfunktionen, die das Spiel in toto bereit hält, damit um das ideale Spiel; unabhängig davon wann, von wem und ob es überhaupt gespielt wird. Welche Handlungen sind vom Programm her überhaupt möglich? (**U3**)

Die Ebenen U2 und U3 bilden insoweit auch die Basis für die Aktor-Netzwerk-Analyse. Diese ist empirisch allerdings nur über experimentelles Spielen und über Befragungen der Probandin vorzunehmen. Nur in diesem Kontext können die jeweiligen Nutzungen, die die Spielmechanik (Maschine) bietet, beobachtet und deren Reflex in der Wahrnehmung der Probandin erfragt werden.

Um die auf diesen Ebenen aufgeworfenen Fragen stärker zu focussieren, empfiehlt sich eine weitere Auftrennung des agency-Begriffs in folgende Segmente:

U1:
- Art der *mythischen Handlung* (s.o.): Auftrag oder Aufgabe (quest), z.B. Suche des verlorenen Schatzes, Befreiung der Unterdrückten, Befreiung der Prinzessin, Überwindung des Antagonisten oder der Monster etc.; so wird zu Anfang nahezu jeden „Super Mario"-Spiels die Prinzessin entführt, die es zu retten gilt. Dazu müssen verschiedene Welten durchreist, Gegner und räumliche Hindernisse überwunden und die Entführer bezwungen werden. Die Mittel sind z.B. Kampf, Geschicklichkeit oder das Lösen von Rätsel; am Ende steht die finale Belohnung im Sinne der „Heldenreise" oder das Scheitern (s.u.):

Abb. 1: links: Dauer der Mission, Trefferquote und andere Statistiken in „Syndicate" oben, Highscore mit getöteten Gegnern und gefundenen Schätzen in „Doom" unten; Mitte: Freuden-Feuerwerk bei geschaffter Mission in „Syndicate" oben und „Game Over" nach virtuellem Tod in „Super Mario"; rechts: „Defeat!", Statistiken und das Bild einer brennenden Stadt und des siegreichen Gegners zeigen die eigene Niederlage in „Warcraft 2" (Quellen: http://onlinesupermario.com/mario-world.php, http://www.mobygames.com und eigene Screenshots)

- Art der *taktisch-sequenziellen* Handlung: Die Spielerin veranlasst den Avatar zu springen, zu schlagen, zu schießen, Hilfsmittel zu finden und einzusammeln. Sie erlauben der Nutzerin, auch wenn sie die Gesamtheit des Narrativs (noch) nicht überblickt, auf ihre Art das Geschehen zu lenken: Sie kann es beschleunigen, verlangsamen, Abläufe nach ihren Fähigkeiten, Bedürfnissen und Stimmungen gestalten, Entscheidungen treffen und damit für sich, d. h. *subjektiv* die Handlung im Ablauf *steuern*. So stellen sich der Spielerin beispielsweise folgende Fragen: Rede ich in „The Elder Scrolls: Oblivion" mit einer anderen Spielfigur, helfe ich ihr, verweigere ich die Hilfe, greife ich sie an, ignoriere ich sie? Wage ich den Sprung in „Super Mario", kann ich eine ungefährlichere Route nehmen? Kombiniere ich Gegenstand X mit Gegenstand Y im Adventure „Indiana Jones and the Fate of Atlantis"?

Game Studies und Agency

Abb. 2: links von oben nach unten: Mario steht vor dem Abgrund, springt und schafft den Sprung nicht bzw. springt und landet auf der anderen Seite; Mitte: die Spielerin trifft in „The Witcher" auf einen ehemaligen Weggefährten, der zugibt Verrat begangen zu haben, woraufhin sie entscheiden kann, ihm zu verzeihen (rechts oben) oder ihn zu töten (rechts unten) (Quellen: http://onlinesupermario.com/mario-world.php und eigene Screenshots)

U2:

- Art der *regelgeleiteten Handlungen*: Die Analyse des gegebenen Aktionsradius insgesamt erlaubt Aussagen über die computergesteuerte agency von Gamerinnen im jeweils spezifischen Spiel.
- Steuerung der Apparatur durch Bedienen bestimmter Tasten am keyboard, Gebrauch der Maus, des Game-Pad oder der Wii-Remote und/oder durch Körpereinsatz der Spielerin. So werden beispielsweise symbolische Handlungen ausgeführt, wenn in „The Elder Scrolls: Oblivion" der Druck auf die Leertaste einen Sprung des Avatars in der virtuellen Welt bewirkt oder ein wählbares Symbol im Menü / Interface mit einem geöffneten Mund für die Möglichkeit steht, mit einer anderen Spielfigur zu sprechen.
- Erzielen hoher Punktzahlen; rasches Voranschreiten im Sinne eines Leistungshandelns.
- generell eingeübtes Handlungsvermögen: Überblick, Flexibilität und Reaktionsschnelligkeit im Rahmen von trial-and-error-Handlungen; Entscidun-

gen treffen; Auswählen im Sinne des multiple choice. So kann die Spielfigur in den älteren „Super Mario"-Spielen von links nach rechts laufen, auf Gegner und über Hindernisse springen sowie hilfreiche „Power-Ups" einsammeln. Bei Spielen mit mehr Handlungsoptionen wie „The Elder Scrolls: Oblivion" kann die Spielfigur sich in beliebige Himmelsrichtungen bewegen, mit Charakteren sprechen, verhandeln, kämpfen, zaubern, stehlen, reiten, schwimmen, Waffen schmieden, Tränke zubereiten, lesen, essen, schlafen und so fort.

Abb. 3: Handlungsmöglichkeiten bei „Super Mario Online" (links) beinhalten Springen auf vertikaler und Laufen auf horizontaler Ebene; bei „The Elder Scrolls: Oblivion" (Mitte) freie Bewegung in sämtliche Richtungen und (rechts) beispielsweise Kämpfen und Kommunizieren (Quellen: http://onlinesupermario. com/mario-world.php und eigene Screenshots)

U3:
Die Effekte des Handelns im subjektiven Erleben der Spielerin, d. h. die möglichen Gratifikationen von Spielhandlungen sind Teil der rezeptionspsychologischen agency-Untersuchungen. Die Effekte von Flow-Erleben, Kontrolle, Macht, Größenerleben, Selbstwirksamkeitserfahrung (Klimmt 2006), Ermächtigung oder Abfuhr emotioneller Spannung im Sinne des mood management spielen hier eine Rolle. Hier hat sich bereits ein Forschungsfeld im Rahmen der empirischen Rezeptionsforschung erfolgreich etabliert (s. den Beitrag von Klimmt i. d. B.). Die Beobachtung des *Aktor-Netzwerks* von Spielerin und Computerprogramm hingegen setzt den Schwerpunkt auf mögliche Wahrnehmungsveränderungen bei der Spielerin durch das Spiel. So ergaben Befragungen, dass Spielerinnen gewisse Spielstrukturen internalisieren, „dass sie, nachdem sie eine längere Zeit ‚Sim City' gespielt haben, durch eine Stadt fahren und dann anfangen, die Stadt in verschiedene Bebauungszonen einzuteilen, so wie sie das aus dem Spiel kennen. Oder dass sie gewisse Kreisläufe, die im Spiel vorhanden sind, gewisse wirt-

schaftliche Zusammenhänge, in der Außenwelt beobachten. Das heißt, dass sie die Logik des Spiels auf die Welt außerhalb des Spiels übertragen in ihrer Wahrnehmung" (Butler: in Eckoldt 2007).

Die bisherigen Überlegungen lassen sich in einem vierstufigen Analyseschema (AS) zusammenfassen:

AS 1: In welches narrative Konstrukt begibt sich die Spielerin (Genre; narrativer Kontext; multilineare Struktur); Welche Aufgaben müssen bewältigt werden? Was ist der Lohn?

Methode: *Analyse der narrativen Semantik* nach Strukturmodellen von Narration (Aristoteles; Campbell; Chatman etc.): Ist z.b. die Levelstruktur sehr linear wie in älteren „Super Mario"-Spielen gestaltet oder ist die Spielwelt sehr offen und kontinuierlich wie in „The Elder Scrolls: Oblivion"? Gibt es ein klares Oberziel und bewusste Teilziele oder kann bzw. muss die Spielerin sich diese Ziele selbst setzen wie es in Lebenssimulationen wie „The Sims" der Fall ist?

AS 2: Welche Handlungen sind in den jeweiligen Sequenzen oder Level erforderlich, welche bringen den Avatar (nicht) weiter? Welche Variationen und Gestaltungsmöglichkeiten erlaubt die Episode?

Methode: *Deskriptive Levelanalyse*

So muss z.b. ein Gegenstand in „The Elder Scrolls: Oblivion" gefunden werden, der Teil eines Artefakts ist, das wiederum dazu dient, einen Gegner zu bezwingen. Der Gegenstand befindet sich im Besitz einer Spielfigur: Greife ich sie an, verhandele ich mit ihr, erweise ich ihr einen Gefallen, stehle ich ihn? Kann ich den Gegenstand eventuell nur per Kampf erwerben?

AS 3: Welche Handlungen ermöglicht das Spiel insgesamt; (inklusive der nicht-möglichen Handlungen, also dem, was die dem Spiel inhärenten möglichen Aktionen als nicht-mögliche ausschließen)? Wie ist der jeweilige Grad der agency „objektiv" definiert?

Methode: *Deskriptiv* (Grundlage: Spiele-Handbuch; walk-through; tutorial) sowie *Analyse der Handlungssemantik*

Als Beispiel ließen sich anführen Springen und Laufen in „Super Mario", Springen, Laufen, Ducken, Reiten (Fortbewegung) per Tastaturbefehle und Reden, Kämpfen, Essen, Schlafen über kontextsensitive Menüs und Symbole per Maussteuerung in „The Elder Scrolls: Oblivion" oder rein mausgesteuertes Point-and-Click bei „Indiana Jones and the Fate of Atlantis" für Gehen, Reden und Kombinieren. Weitere Fragen auf dieser Ebene können lauten: Kann man ohne Cheats fliegen, kann man beliebige Dialogoptionen wählen, kann man ein eigenes Haus bauen, kann sich die Spielfigur verlieben?

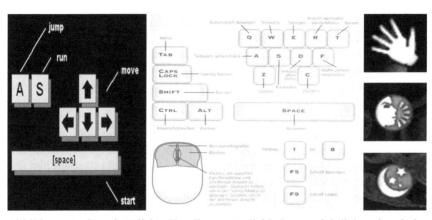

Abbildung 4: Grundsätzliche Handlungsmöglichkeiten ersichtlich anhand der Tastaturbelegung bei „Super Mario Online" links und „The Elder Scrolls: Oblivion" mittig; rechts drei Beispiele für kontextsensitive Handlungssymbole für „nehmen / benutzen", „sprechen" und „schlafen" (Quellen: http://onlinesupermario.com/mario-world.php und eigene Screenshots / Handbuchscans)

AS 4: „gaming in action": Die Beobachtungsergebnisse von AS 3 zur spezifischen Spielmechanik werden kombiniert mit der Befragung zur Wahrnehmung durch die Spielerin
Methode: *Experiment / Befragung*

Fazit

Auf der Grundlage der vorgeschlagenen Differenzierungen und des Analyseschemas lassen sich fruchtbare Einzel- und vergleichende Untersuchungen zu Spielen unterschiedlicher Genres entwickeln. Sie gewährleisten, dass an den Spielen und ihrem Potential nicht vorbei geforscht wird und ermöglichen eine mehrstufige Analyse von Spielinhalten, individueller Spielhandlung und Aktor-Netzwerk. Sie können damit zu Antworten auf die eingangs gestellte Frage führen, ob und inwieweit sie die Spielerin – jenseits des subjektiven Erlebens von Spaß, Zerstreuung, flow etc. – zu sinn- und wirkungsvollem Handeln befähigen bzw. wie sich die gegenseitigen Zuschreibungen von Spielerin und Technologie im Aktanten zueinander verhalten.

Literatur

Aarseth, E. (1999): *Cybertext. Perspectives on Ergodic Literature.* Baltimore: The Johns Hopkins University Press.
Aarseth, E. (2004): Genre Trouble: Narrativism and the Art of Simulation. In: Noah Wardrip-Fruin / Pat Harrigan: *First Person. New Media as Story, Performance and Game.* The MIT Press, Cambridge Mass. / London: 45-55.
Atkins, B. (2003): *More than a Game.* Manchester: Manchester University Press.
Bolz, N. (1990): *Theorie der neuen Medien.* München: Raben Verlag.
Butler, M. (2006): *Would you like to play a game? Die Kultur des Computerspielens.* Berlin: Kadmos Verlag.
Carr, D. (u.a.) Hg. (2006): *Computer Games. Text, Narrative and Play.* Cambridge / UK: Polity Press.
Castells, M. (2007): *The Power of Identy.* (The Information Age: Economy, Society and Culture Volume II) Oxford: Blackwell (2nd Edition)
De Certeau, M. (1988): *Kunst des Handelns.* Berlin: Merve Verlag.
De Mul, J. (2005): The Game of Life: Narrative and Ludic Identity Formation in Computer Games. In: Raeesens / Goldstein (Hg.): *Handbook of Computer Game Studies*: 251-266.
Egenfeldt-Nielsen, S. / Heide Smith, J. / Pajares Tosca, S. (Hg.) (2008): *Understanding Video Games.* New York / London: Routledge.
Eckoldt, M. (2007): Intelligente Studie über Computerspiele. Mark Butler hat den Spielern über die Schulter geschaut. In: *Deutschlandfunk Büchermarkt.* Sendung vom 6. 4. 2007 (abrufbar unter www.dradio.de/Büchermarkt).
Flanagan, M.: Response to Celia Pearce. In: Wardrip-Fruin, N. / Harrigan, P. (Hg.) (2004): *First Person. New Media as Story, Performance and Game.* Cambridge / Massachusetts: 143-147.
Frasca, G. (1999): *Ludology meets Narratology: Similitude and differences between (video)games ad narrative.* In: www.ludology.org.
Frasca, G. (2003): *Ludologists love stories, too: notes from a debate that never took place.* www.ludologists.org/articles/frasca_LevelUp2003.pdf.
Frasca, G. (2003): Simulation vs. Narrative: Introduction to Ludology. In: Wolf, M. J.P. / Perron, B. (Hg.) (2003): *The Video Game Theory Reader.* New York / London: 221-235.
Gadamer, H.-G. (1960): *Wahrheit und Methode.* Tübingen: J.C.B. Mohr Verlag.
Grodal, T. (2003): Stories for Eye, Ear, and Muscles: Video Games, Media, and Embodied Experiences. In: Wolf / Perron (Hg.): *The Video Game Theory Reader.* London Routledge: 129-155.
Hepp, A. / Winter, R. (Hg.) (2006): *Kultur – Medien – Macht. Cultural Studies und Medienanalyse.* Wiesbaden: VS-Verlag.
Holland, D. /Lachicotte, W. / Skinner, D. / Cain, C. (Hg.) (2003): *Identity and Agency in Cultural Worlds.* Cambridge / Massachusetts: Harvard University Press.
Juul, J. (2001): *Games Telling Stories? A Brief Note on Games and Narratives.* www.gamestudies.org/0101/juul-gts/.
Juul, J. (2005): Games Telling Stories? In: Raessens / Goldstein (Hg.): *Handbook of Computer Game Studies*: 219-226.
Klimmt, C. (2006): *Computerspielen als Handlung. Dimensionen und Determinanten des Erlebens interaktiver Handlungsangebote.* Köln: Herbert von Halem Verlag.
Kocher, M. (2007): *Folge dem Pixelkaninchen! Ästhetik und Narrativität digitaler Spiele.* Zürich: GVA-Vertriebsgemeinschaft.
Korbel, L. (2008): *Zeit und Raum im Computerspiel – ein narratologischer Ansatz.* Magisterarbeit am Institut für Kommunikationswissenschaften. Universität Bonn.
Lahti, M. (2003): As We Become Machines: Corporealized Pleasures in Video Games. In: Wolf, Mark

J.P. / Perron, Bernard (Hg.): *The Video Game Theory Reader*. New York / London, Routledge: 156-170.

Latour, B. (2007): *Eine neue Soziologie für eine neue Gesellschaft. Einführung in die Akteur-Netzwerk-Theorie*. Frankfurt a. M.: Suhrkamp Verlag.

Murray, J. (1997): *Hamlet on The Holodeck. The Future of Narrative in Cyberspace*. The MIT Press, Cambridge / Mass.

Neitzel, B. (2007): Point of View und Point of Action: Eine Perspektive auf die Perspektive von Computerspielen. In: Klaus Bartels / Jan-Noel Thon (Hrsg.): *Computer/Spiel/Räume: Materialien zur Einführung in die Computer Game Studies*. Hamburger Hefte zur Medienkultur, No. 5. Universität Hamburg: 8-28.

Neitzel, B.: Narrativity in Computer Games. In: Raessens, Joost / Goldstein, Jeffrey (Hg.) (2005): *Handbook of Computer Games Studies*. The MIT Press, Cambridge / Massachusetts: 227-245.

Pearce, C. (2004): Towards a Game Theory of Game. In: Wardrip-Fruin / Harrigan (Hg.): *First Person. New Media as Story, Performance and Game*. The MIT Press, Cambridge / Massachusetts: 143-153.

Raessens, J. / Goldstein, Je. (Hg.) (2005): *Handbook of Computer Games Studies*. The MIT Press, Cambridge / Massachusetts.

Ryan, M.-L. (2001b): *Narrative as Virtual Reality: Immersion and Interactivity in Literature and Electronic Media*. The Johns Hopkins University Press, Baltimore.

Simons, J. (2007): Narrative, Games, and Theory. In: *Game Studies*. Vol 7 / 1.

Turkle, S. (1999): *Leben im Netz. Identität im Zeitalter des Internet*. Reinbek bei Hamburg, Rowohlt Verlag.

Turkle, S. (2005): Computer Games As Evocative Objects: From Projective Screens to Relational Artifacts. In: Joost Raessens / Jeffrey Goldstein (Hg.): *Handbook of Computer Games Studies*. The MIT Press, Cambridge / Massachusetts: 267-279.

Wardrip-Fruin, N. / Harrigan, P. (Hg.) (2004): *First Person. New Media as Story, Performance and Game*. Cambridge / Massachusetts: The MIT Press.

Wolf, M. J.P. / Perron, B. (Hg.) (2003): *The Video Game Theory Reader*. New York / London: Routledge.

Interaktive Narration im Computerspiel

Martin Sallge

1 Einleitung

Ein Großteil des aktuellen wissenschaftlichen Diskurses um das Computerspiel beinhaltet nach wie vor eine gewisse Animosität zwischen den Lagern der Ludologen und der Narratologen. Diese sehen im modernen Computerspiel eine neue Textform, die zumindest zum Teil mit bewährten Methoden der Literatur- und Filmwissenschaft zu analysieren ist; jene plädieren vor dem Hintergrund der Interaktivität dieser Spiele zugunsten einer neuen Disziplin, die Wirkungsmodelle und Ästhetiken des Mediums von Grund auf neu entwickeln muss.

Fast alle akademischen Beiträge der letzten Jahre, die innerhalb dieses Spannungsfelds argumentieren, eröffnen mit einer kurzen Darstellung des Konflikts, rekapitulieren ausgewählte Argumente, um sich schließlich auf eine Seite zu schlagen oder den Versuch einer Schlichtung zu versprechen. Manchmal wird der Konflikt auch als nicht-zentral heruntergespielt oder pauschal auf Wortklaubereien wegen widersprüchlicher Definitionen reduziert, aber der Drang zur Kategorisierung neuer Ansätze in entweder *ludologisch, narratologisch* oder *vermittelnd motiviert* ist nach wie vor dominierend.

Dieser Beitrag ist offenbar keine Ausnahme – verspricht der Titel doch, die interaraktive Narration dieser Spiele werde beleuchtet. Darin impliziert ist die Auffassung, dass Computerspiele Geschichten erzählen oder zumindest erzählen lassen. Ebenso wird impliziert, dass dieser Vorgang mit einer gewissen Interaktivität einhergeht, die zunächst widersprüchlich zur passiven Rezeptionssituation einer Erzählung erscheint. Ein Ziel dieses Beitrags ist es also, dieses paradoxe Fabelwesen des interaktiven Erzähltbekommens näher zu bestimmen. Nach einem kurzen Überblick über ausgewählte Theorien zum Computerspiel soll die angesprochene Paradoxie als eine nur scheinbare entlarvt werden, denn die Spieler sind sich – so die These – ihrer Doppelrolle als Akteur und Zuhörer durchaus bewusst. Aus dieser Erkenntnis heraus wird eine Klassifikation vorgeschlagen, anhand derer die Überschneidungsbereiche von Spiel und Erzählung näher untersucht werden können.

Die bisweilen in Polemik ausartenden Beiträge im Spannungsfeld zwischen Ludologie und Narratologie zeichnen sich nicht selten durch eine unangemessene Ideologie aus, die dem Gedeihen dieser jungen, ja pubertären wissenschaftlichen Disziplin nur hinderlich ist. Daher wird dieser Beitrag versuchen, mit einem gesunden Maß an Offenheit die Beobachtungen der konträren Positionen vorzustellen und gegeneinander abzuwägen. In der bestehenden Forschung werden häufig auch Quellen und Literatur aus dem Internet angeführt, selbst wenn einzelne Artikel kein Expertengutachten vorzuweisen haben, wie z.b. Kolumnen und Blogs von Spieledesignern. Dies wird zumindest zum Teil legitimiert durch das junge Alter und die Aktualität der Disziplin, deren Erkenntnisse stets mit der Wirklichkeit Schritt halten müssen. Schließlich soll die Wahl einer empirischen Untersuchungsmethode in diesem Beitrag daher ebenfalls helfen, eine zunehmende Theoretisierung zu vermeiden, die Gefahr läuft, von den aktuellen Entwicklungen des Computerspiels abgehängt zu werden.

2 Das Vokabular der Game Studies

Vier Ansätze der Game Studies, die sehr verschiedene Zugänge nutzen, um das Computerspiel wissenschaftlich zu erfassen, sollen an dieser Stelle kurz dargestellt werden, um einen Überblick über die bestehende Forschung zu geben. Die Kürze der Darstellung tut den Theorien Unrecht, die ihre jeweiligen Gegenstandsbereiche in teils beeindruckendem Detail auffächern; für diesen Beitrag soll vor allem das systematische Vokabular von Interesse sein, mit dem die bestehenden Theorien sich dem Computerspiel genähert haben.

Jesper Juul, der sich als Mitbegründer des Online-Magazins *Game Studies* früh (vgl. Juul 2001) und deutlich (vgl. Juul 2005, 63) als Vertreter der rein ludologischen Herangehensweise an Computerspiele zu erkennen gegeben hat, leitet den Großteil seiner Thesen aus der Anschauung der grundlegenden Systematik und Regelhaftigkeit des Computerspiels ab. Im Zentrum eines jeden Spiels, und also auch des Computerspiels, stehen die Regeln und ein gewisses Ziel. Aus dem spielerischen Bemühen, diesem Ziel näher zu kommen, erwächst eine intrinsische Motivation und ein inhärentes Vergnügen beim Spieler, das Juul nicht zufällig mit dem *Flow-Konzept* von Mihály Csikszentmihalyi (vgl. Csikszentmihalyi 1992, 58ff.) vergleicht. Das Gameplay, also die Art und Weise, wie der Spieler mit der Spielmechanik interagiert, wird als direktes Ergebnis der Regelanwendung betrachtet und fiktionale oder gar narrative Elemente unterstützen bestenfalls die Regelvermittlung oder stehen sogar in einem Spannungsfeld mit dieser.

Somit polarisiert Juul die These von der Trennung zwischen Narration und Spiel, die Gonzalo Frasca 1999 eingeführt hat: „You can't have narration and interactivity at the same time" (Juul 2001). Immer, wenn der Spieler seine Spielfigur steuert und somit die Handlung bestimmt, ist er offenbar nicht der Empfänger einer Erzählung (der *Narratee*), sondern eben der Autor (bzw. als Erweiterung seiner Spielfigur: der Protagonist). Es gehört aber nach Juul zum definitorischen Kriterium einer Erzählung, dass sie zum Zeitpunkt der Vermittlung bereits hintergründig existiert und bloß ausformuliert werden muss. Die Interaktivität der Computerspiele lässt die Handlung aber parallel zum Spielfortschritt entstehen und vom Spieler bzw. dessen Spielfigur beeinflussen.

Im Verlauf der Argumentation wird zwischen *emergenten* und *progressiven* Spielen unterschieden. Während emergente Spiele mit nur wenigen definierten Spielregeln eine komplexe Struktur aufspannen, präsentieren sich progressive Spiele als eine Aufreihung von Herausforderungen, deren Optionen und Lösungen alle separat in den Spielregeln determiniert sein müssen, weil jede Station bzw. jedes Problem eigene Lösungsregeln verlangt (vgl. Juul 2002 und Juul 2005, 71). In beiden Arten, vornehmlich im progressiven Spiel, können nun zu unterschiedlichen Graden narrative Elemente vorkommen (ebd., 158), die aber aus der Analyse des Spiels auszuklammern sind, da sie eben ob teils vollkommen fehlender Interaktivität nicht dem Spiel selbst zuzuordnen seien.

Daher ähnelt Juuls *a-priori*-Betrachtung des Spiels der von Spieltheoretikern, die vornehmlich ökonomisch und mathematisch motiviert Entscheidungssituationen in von Regeln aufgespannten Systemen untersuchen. Christoph Klimmt befasst sich zwar auch aus ludologischer Sicht mit Computerspielen, widmet sich jedoch eher dem konkreten Spielerlebnis und den Mechanismen, die während des Spiels auf verschiedenen Ebenen zum Spielspaß beitragen (vgl. Klimmt 2006, 69ff.). Klimmt hierarchisiert den zeitlichen Fluss des Spielens in drei unterschiedliche Ebenen: Die zeitlich kleinste ist die *Input-Output-Loop*, eine Sequenz aus einer Aktion des Spielers und der grafischen/auditiven (und im Falle des Force Feedbacks haptischen) Reaktion des Spiels auf die Eingaben, auf die wiederum eine neue Eingabe des Spielers erfolgt. Die nächsthöhere Ebene, die *Episode*, beschreibt einen Sinn-Abschnitt innerhalb der Spielwelt, ein konkretes Teilproblem, einen Level oder ein zu überwindendes Hindernis – je nach Genre des jeweiligen Spiels. Die gröbste Betrachtungsebene wird nach Klimmt durch die Spielsitzung determiniert, auf der erstmals narrative Zusammenhänge und eine bestimmte *Rahmenhandlung* mit Rollenzuweisung an den Spieler ausschlaggebend werden: Der Spieler wird durch gewisse narrative Mittel in die Handlung gezogen und mit einer bestimmten Rolle ausgestattet – sei es Prinzessinnenretter oder Kampfjet-Pilot –, die den Handlungsraum innerhalb des Spiels legitimiert und das Erleben intensiviert.

Vor allem das *Selbstwirksamkeitserleben* prägt nach dem Verständnis von Klimmt & Hartmann (Klimmt/Hartmann 2006, 136) das Vergnügen des Spielers über alle diese Betrachtungsebenen hinweg. Speziell auf der Ebene der Input-Output-Loops erkennt der Spieler meist instantan die Folgen seines Tuns (oder Nicht-Tuns) innerhalb der Spielwelt. Zusätzlich verstärkt die meist alltagsferne Rollenzuweisung die Wahrnehmung der Handlungsoptionen und ihrer Auswirkungen. Die Episode ist ihrerseits geprägt von einer Ungewissheit: Abhängig von der Interaktion manifestiert sich ein positives oder negatives Ende. Damit einher gehen häufig Ängste, Hoffnungen und ein gewisser Stolz im Spieler, die wiederum auf das Selbstwirksamkeitserleben ausstrahlen. In Klimmts Modell wird der narrativen Vermittlung von Rollenzuweisungen und einem Handlungsrahmen immerhin eine gewisse Teilwirkung in der Erklärung des Spielspaßes zugeordnet, auch wenn die basale Interaktion mit dem Spiel als seine Hauptquelle erklärt wird:

> Die Tatsache, dass Computerspieler selbst und aktiv ins Geschehen eingreifen können (und müssen), wurde als Ursprung des Spielspaßes ausgemacht. (Klimmt 2006, 66)

Von narratologischer Seite aus entwickelt Michael Bhatty 1999 ein Modell, das sowohl produktions- als auch rezeptionsseitig die Narrativität von interaktiven Medien klassifiziert. Diesem Ansatz liegt zugrunde, dass auch Spiele komplizierte Geschichten erzählen können, die einem bestimmten Aufbau folgen. Gemäß Bhattys Chaosmodells gibt es Spielsysteme mit verschiedenen *narrativen Freiheitsgraden*. Das unflexibelste System, etwa ein interaktiver DVD-Film, gestattet nur eine sehr begrenzte Zahl an Auswahlmöglichkeiten und leitet daher die Handlung auf (wenigen vorgefertigten) verschiedenen Pfaden fort. Während die verschiedenen Optionen eine Aktion vom Spieler verlangen, zwingt die Darstellung der Folgen einer jeden Entscheidung den Spieler wieder in eine passive Rolle. Computerspiele (Bhatty bezieht sich zumeist auf Computer-*Rollenspiele*) lassen die Grenzen zwischen Aktivität und Passivität zum Teil verschwimmen, sind aber in ihren Handlungsstrukturen dennoch an den vorgefertigten Plot gebunden. Das offenste narrative System sieht Bhatty in Pen-&-Paper-Rollenspielen, die einen prinzipiell nur durch die Phantasie der Mitspieler begrenzten Handlungsraum eröffnen.

Offene narrative Systeme bedienen sich verschiedener Methoden, um die Handlung, auf die der Spieler ja prinzipiell maßgeblichen Einfluss hat, in den intendierten Bahnen zu halten. Zum einen verbieten die Spielregeln bestimmte Verhaltensweisen einfach prinzipiell, die einen zu großen oder zu unvorhergesehenen Effekt auf die Erzählung haben könnten; andere Spielregeln entmutigen bestimmte Verhaltensweisen, die zwar theoretisch möglich, aber zu ressourcenaufwändig wären, um sinnvolle Handlungsalternativen bieten zu können. Zum anderen wird die Reise des (der) Protagonisten narrativ gerahmt, sei es ein Auftrag des Königs oder eine anwachsende und daher abzuwendende Bedrohung, der Spieler sieht sich mit einem bestimmten Ziel konfrontiert. Um dieses zu erreichen, werden bestimmte Vorgehensweisen als sinnvoller dargestellt als andere, was den (die) Spieler subtil und teilweise unmerklich entlang der Kernerzählung lenkt. Kernerzählung meint hierbei den Strang an Ereignissen, die für die Erzählung unumgänglich sind. Die einzelnen Ereignisse der Kernerzählung nennen sich *Kernels*, die *Satellites* sind Ereignisse von untergeordneter Wichtigkeit für das Gesamtbild, die eventuell sogar ausgelassen werden können, ohne die Geschichte grundlegend zu verändern (vgl. Chatman 1978, 53ff.).

Regeln und narrative Elemente müssen also gewisse Zugeständnisse aneinander machen, um die Freiheitsgrade des Spielers und die intendierte Geschichte zu kontrollieren, sonst entwickelt sich die Geschichte hin zu einem chaotischen Kontinuum. Dennoch, so argumentiert Bhatty, entwickeln sich teils beeindruckend elaborierte Erzählungen im interaktiven Rahmen des Pen-&-Paper-Rollenspiels und in einer weniger flexiblen, aber nicht notwendigerweise weniger ansprechenden Form auch im Computerspiel.

Ebenfalls aus der Perspektive der Narratologie nähert sich Mela Kocher in ihrer Dissertation (Kocher 2007) dem Computerspiel. Sie nimmt in ihrer mehrdimensionalen Klassifikation des Computerspiels zusätzlich zur klassischen erzähltheoretischen Sicht (vgl. Stanzel 2001, 129f.) auch ästhetische und spielmechanikbezogene Komponenten mit auf, um die verschiedenen Immersionspotenziale des Computerspiels zu erklären. In ihrer moderat narratologischen Analyse, die auch ludologische Sichtweisen inkorporiert, kommt sie zu dem Schluss, dass sich Gameplay und Storytelling nicht gegenseitig ausschließen. Mehr noch, die Dimensionen eines gegebenen Spiels lassen sich gemeinsam im ludoliterarischen Typenkreis abbilden, entlang der Achsen der *Perspektive*, der *Interaktivität* und des *Modus*. Jede dieser Achsen beinhaltet weitere Unterteilungen und Faktoren, aber (leicht vereinfacht) lässt sich damit jedes Computerspiel klassifizieren anhand der folgenden Fragen:

- Wie wird die Spielwelt grafisch und narrativ präsentiert?
- Wie oft, wie viel und mit welchen Folgen interagiert der Spieler mit der Spielwelt?
- Wie viel der Spielzeit entfällt auf Interaktion, wie viel auf Rezeption?

3 Spielerwahrnehmung

Alle vorgestellten Theorien erklären gewisse Aspekte des Computerspiels oder modellieren sie zumindest in einem systematischen Vokabular. Dabei ist erstaunlich, wie jeder Ansatz mehr oder weniger werkimmanent vorgeht, um bestimmte Wirkungen zwischen den Spielen und ihren Nutzern aufzeigen zu wollen. Dass in der bestehenden Forschung die Spieler selbst nur in beigeordneten Positionen, in informellen Kurzbefragungen oder in Form von spielenden Akademikern zu Wort kommen und dass die wenigsten Ansätze eine tatsächliche empirische Grundlage zu schaffen versuchen, ist nach Ansicht des Autors eine wissenschaftliche Nachlässigkeit. Es grenzt an Vermessenheit der Wissenschaft, wenn sie jahrelang direkt oder indirekt Aussagen über die Spieler zu machen versucht, ohne sie je selbst zu befragen.

Es gibt nennenswerte Ausnahmen von dieser Beobachtung. Nick Yee hat z.B. mit dem „Daedalus Project"[1] eine andauernde Reihe von Studien zur Veranlagung von MMORPGs und ihren Spielern ins Leben gerufen. Dort sind mittlerweile über 30.000 Nutzer in Online-Fragebögen zu ihren Gewohnheiten und Motivationen befragt worden (vgl. Yee 2006, 2). Davis/Steury/Pagulayan erarbeiteten 2005 im Auftrag von Microsoft ein experimentatives Verfahren, um Informationen über die Wahrnehmung eines Computerspiels in der konkreten Spielsituation zu sammeln. Über diese „Playtest method" soll es Game Designern ermöglicht werden, Schwierigkeiten im Gameplay von kurz vor der Marktreife stehender Spielesoftware zu identifizieren (vgl. Davis/Steury/Pagulayan 2005; und zur konkreten Anwendung Thompson 2007). Chris Bateman & Richard Boon fragten ebenfalls online nach den Wünschen und Bedürfnissen von Computerspielern und teilten sie in die vier Grundtypen *Conqueror, Manager, Wanderer* und *Participant* ein, basierend auf unterschiedlichen Genrepräferenzen, Anforderungsprofilen und Spielweisen (vgl. Bateman/Boon 2005).

---

1 Für einen Überblick über über das „Daedalus Project" vgl. <http://www.nickyee.com/daedalus/>, zuletzt abgerufen: Jan 2008.

Ungeachtet der verschiedenen Theorien, die dem Computerspiel Narrativität zu- oder absprechen wollen, scheinen Spieler sich zumeist ohne jeden Zweifel über die Storys in Computerspielen austauschen zu können (vgl. auch Carr 2006, 31). Reviews, Blog- und Foreneinträge beinhalten nicht selten Sätze, die die Hintergründe der Handlung kurz erklären oder Orte beschreiben, die „so spürbar Geschichte atmen" (s. Winkler 2007). Zwar klärt das Vorhandensein einer Story noch nicht zweifelsfrei den Grad der Narrativität, aber die grundsätzliche Abneigung der Ludologen, Handlungsabläufe und ihre Darstellungen in ihre Analysen zu integrieren, scheint von Spielern nicht geteilt zu werden. Ebenso wenig kann die narratologische Position, Spiele seien ausschließlich (oder hauptsächlich) interaktive Fiktionen, nicht aufrechterhalten werden, wie eine kursorische und unsystematische Anschauung der Spielerforen durch den Autor ergeben hat – es werden genauso eifrig Elemente der Spielmechanik diskutiert. Aber wie genau ist das Verhältnis von Game zu Story aus der Sicht der Spieler? Gibt es Unterschiede in der Wahrnehmung von narrativen Brüchen, wie sie in den vorangegangenen Modellen herausgearbeitet werden konnten? Und wie haben sich die verschiedenen Aspekte des Computerspiels in den vergangenen Jahren entwickelt?

Um diesen Fragen nachgehen zu können, wurde nach dem Vorbild der bestehenden empirischen Forschung die Methode der Online-Befragung gewählt. Ein in PHP programmiertes Umfrage-Werkzeug ermöglichte es, insgesamt 36 Fragen zu konzipieren und an eine Datenbank anzubinden, so dass eine vergleichsweise günstige und flexible Webbefragung durchgeführt werden konnte. Die Rekrutierung der Versuchspersonen erfolgte über Mitteilungen in 16 ausgewählten Spiele(r)foren. Damit einher gehen natürlich die üblichen Probleme einer Online-Befragung, die an anderer Stelle bereits im Detail diskutiert worden sind, weshalb sie in diesem Beitrag keine zusätzliche Auflistung erfahren sollen (vgl. z.B. Starsetzki 2003, 47; Hauptmanns/Lander 2003, 30; Bosnjak 2003, 64; Brosius/ Koschel 2003, 153). Der Untersuchungszeitraum begann am 14.01.2008, als die ersten Rekrutierungsmitteilungen in verschiedene Spielerforen gestellt wurden. Am 23.01.2008 wurde die Umfrage eingestellt und die Datenbank mit 777 Datensätzen eingefroren.[2] Bereinigt nach unvollständigen Datensätzen und ganz *offensichtlichen* Falschaussagen beläuft sich die Ergebnisdarstellung im Folgenden auf N=517 Teilnehmer.

Zunächst wurden die Befragten gebeten, sieben mögliche Kaufgrund-Kriterien in ihrem Einfluss auf die tatsächliche Kaufentscheidung auf einer Skala von 0

---

2 Der Online-Fragebogen findet sich in unveränderter Form zur Ansicht unter: http://www.medienfest.de/survey-stories/index.php

bis 4 einzuschätzen: *Gameplay*, *Genre* (z.b. Shooter, Adventure, Rollenspiel etc.) und *Multiplayer-Modi* als ludische Kategorien, die Grafik des Spiels als technologische Komponente und die narrativen Kategorien *Setting* (also z.B. Science-Fiction, Fantasy, Weltkriegs-Szenarien etc.), *Story* und *Charaktere*.

Bewertungen der Kaufkriterien		
	Mittelwert	Standardabweichung
Gameplay	3,66	0,605
Genre	2,85	1,014
Setting	2,44	1,050
Grafik	2,28	0,930
Story	3,05	0,965
Charaktere	2,74	1,008
Multiplayer-Modi	2,03	1,249

Es stellte sich heraus, dass die Befragten die Story eines Computerspiel als den zweitwichtigsten Faktor in einer Kaufentscheidung ausmachen. Nur das Gameplay selbst ist – wenig überraschend – noch ausschlaggebender. Am wenigsten relevant schätzten die Befragten die grafische Darstellung des Spiels ein und – durchaus überraschend – den Multiplayer-Aspekt, also Optionen, die es erlauben, gegen menschliche Spieler antreten zu können. Damit stehen diese dezidierten Singleplayer-Computerspiele definitiv etwas abseits von klassischen Gesellschaftsspielen, die fast ausschließlich menschliche Gegenspieler voraussetzen, dafür aber seltener mehr als eine rudimentäre Hintergrundgeschichte liefern.

Die grundsätzliche Einstellung der Befragten gegenüber Storys im Computerspiel erwies sich ebenfalls als durchaus positiv, wie vier gezielten Fragen zum Verhältnis von Story und Gameplay ergaben, deren Antworten sich wiederum auf eine fünfstufige Skala projizieren ließen. Eine dieser Fragen und ihre (für die Befragten nicht einsehbaren) Skalenwerte als Beispiel:

What is your attitude to video game stories, in general?	
Stories are the main reason I enjoy video games	+2
Stories are very important to my enjoyment of video games	+1
Stories can help me enjoy a video game	0
Stories are not important to me in video games	-1
I prefer video games without stories	-2

Es stellt sich zunächst heraus, dass die Mehrheit der 517 Befragten (nämlich 56,8%) Stories gegenüber grundsätzlich positiv eingestellt sind, nur 4,3% finden sie unbedeutend, davon lediglich zwei Teilnehmer, die bekunden, dass sie Spiele ohne Storyline strikt bevorzugen. Der Mittelwert dieser Variable lässt mit 0,63 Punkten den Schluss zu, dass für den Durchschnitt der Spieler die Geschichten zum Spaß des Spiels deutlich beitragen.

Ähnliches ergibt sich für die weiteren Fragen nach der motivierenden Wirkung der Story und der Anteilnahme des Spielers an storyrelevanten Entwicklungen: Über zwei Drittel der Teilnehmer fühlen sich von der Story motiviert, das Spiel fortzusetzen, selbst wenn das Gameplay nicht so interessant ist, und für rund drei Viertel ist es wichtig, dass sich die Handlungen des Spielers auf die Handlung des Spiels auswirken. Bemerkenswert ist die Verteilung der Antworten auf die Frage nach der Langzeitmotivation über das erste Spielende hinaus (die sog. *Replayability*): Hier findet sich eine nahezu perfekte Gleichverteilung zwischen Zustimmungen und Ablehnungen bei einem ebenfalls fast perfekt neutralen Mittelwert von -0,01 Punkten.

Löst man sich von der singulären Analyse dieser Variablen, kann man einen allgemeinen Index zur Beschreibung der Story-Neigung eines Spielers schaffen, indem man die vier Antwortwerte eines jeden Teilnehmers zu einer einzigen Kennzahl aufaddiert (vgl. die „Likert-Skala", s. Brosius/Koschel 2003, 69). Der Wert der ersten Frage fließt ob ihrer Bedeutung mit doppelter Gewichtung in diesen Likert-Index ein, so dass sich ein Intervall von *-10* bis *+10* für den Story-Affinitäts-Index (*SAI*) ergibt. Je höher der SAI, desto wichtiger ist die Story für das Spielvergnügen des betreffenden Spielers. Es zeigt sich, dass der SAI über die Gesamtheit der Befragten näherungsweise (nach Kolmogorov-Smirnov) normalverteilt ist um den Mittelwert 3,32 und mit der Standardabweichung 2,685, also deutlich im positiven Bereich der Skala liegt. Mehrere Vergleiche des durchschnittlichen SAI zwischen verschiedenen Untergruppen ergeben außerdem, dass der SAI ausgesprochen stabil und konstant ist; es ließen sich keine signifikanten Zusammenhänge zwischen Variablen wie dem Geschlecht, der Spielintensität, dem Alter und fast allen Genrepräferenzen feststellen. Die einzige Ausnahme ist die Vorliebe zum Rollenspiel, die einen hochsignifikanten Einfluss (Irrtumswahrscheinlichkeit < 0,3%*) auf die Story-Affinität hat.

Durchschnittlicher SAI verschiedener Untergruppen			
Männer	3,30	Frauen	3,63
Hardcore-Spieler	3,25	Casual Gamer	3,42
Alter über 30	3,08	Alter zw. 20 und 29	3,50
Actionspieler	3,24	Nicht-Actionspieler	3,52
Strategiespieler	3,32	Nicht-Strategiespieler	3,32
Sportspieler	3,73	Nicht-Sportspieler	3,28
Adventurespieler	3,48	Nicht-Adventurespieler	3,05
Rollenspieler	3,78	Nicht-Rollenspieler	2,37

Die Befragten wurden weiterhin gebeten, verschiedene narrative Methoden zu bewerten. Wie Kocher bereits bei der Diskussion ihres Typenkreises gezeigt hat, gibt es eine Reihe unterschiedlicher narrativer Situationen im Computerspiel, z.B. Tagebücher, Cutscenes oder comic-hafte Illustrationen. Darauf aufbauend wurde für den Fragebogen ein Schema acht distinkter narrativer Methoden entwickelt, die sich in Perspektive, Modus und Interaktivität voneinander unterscheiden. Diese Liste stellt eine Zusammenführung und begriffliche Bereinigung mehrerer Autoren dar. So finden Juuls unsystematische „Ways of Creating Worlds" (2005, 133) ebenso Eingang wie Kochers exemplarische Einteilungen, zusätzlich dazu die Beobachtungen zu Architektur und Level-Design von Henry Jenkins (2004, 126) – der anmerkt, wie selbst in der ansonsten statischen Umgebung des Avatars Geschichten „eingebettet" sein können – sowie die persönliche Spiele-Erfahrung des Autors. Es wurden also acht distinkte narrative Methoden herausdestilliert, die die Befragten wiederum auf einer fünfstufigen Skala bewerten sollten: *Cutscenes, Interactive Cutscenes, Scripted Sequences, Environmental Design, Dialog, Audio Logs (or messages), Books (or other texts in the game world), Manual.*

Es stellte sich heraus, dass die verschiedenen narrativen Methoden auch zum Teil deutlich unterschiedlich bewertet worden sind; für die Analyse bietet es sich an, die Skala vom Intervall *[0;4]* auf *[-2;+2]* umzukodieren, um die Bewertung der Items über ihre Vorzeichen zu verdeutlichen. Wiederum kann anhand eines Vergleichs der Mittelwerte eine Reihenfolge der Beliebtheit erstellt werden. Unter den Ergebnissen sticht vor allem die narrative Methode des *Environmental designs* hervor, die deutlich beliebter ist als die „klassischen" Methoden des Dialogs und der Zwischensequenz. *Quicktime events*, also interaktive Zwischensequenzen, die sporadische Benutzereingaben erfordern, stehen vergleichsweise tief in der Gunst der Spieler und abgeschlagen auf dem letzten Platz findet sich das Handbuch mit dem einzigen tatsächlich negativen Kennwert.

Bewertungen der narrativen Methoden		
	Mittelwert	Standardabweichung
Cutscenes	0,68	1,056
Interactive Cutscenes	0,21	1,175
Scripted Sequences	0,88	0,978
Environmental Design	1,29	0,857
Dialog	0,96	1,017
Audio Logs	0,64	1,007
Books	0,48	1,116
The game's manual	-0,09	1,174

Um zu erforschen, inwiefern die Spieler sich einer Trennung zwischen narrativer und ludischer Ebene bewusst sind, wurden sie im Laufe des Fragebogens gebeten, die Vorgänge eines von zwei Gameplay-Videos des Spiels TOMB RAIDER LEGEND kurz zusammenzufassen, das zufällig ausgewählt und angezeigt wurde. „Video A" zeigt einige für Lara Croft typische Sprung- und Akrobatik-Einlagen und endet in einer nichtinteraktiven Zwischensequenz; „Video B" ist zunächst inhaltsgleich, lässt die Spielfigur allerdings sterben und zeigt dann den Ladebildschirm und das Neuladen des Level-Abschnittes, was offensichtlich einen Bruch in der Narration verursacht.

Für die Interpretation der Ergebnisse mussten die freien Antworten als erstes anhand verschiedener inhaltlicher Kategorien quantifiziert werden (vgl. Brosius/Koschel 2003, 181ff.). Alle Antworten wurden unabhängig vom gezeigten Video auf ihre Reflexionsniveaus bezüglich Story, Narration und Gameplay hin untersucht. Eine 0 bedeutet, dass die betreffende Kategorie in der Antwort nicht erwähnt wurde, eine 1 lässt auf eine deskriptiv-nacherzählende Antwort in dieser Kategorie schließen und eine 2 indiziert funktional-analytische Gedanken. Zusätzlich wurde die Anzahl der Wechsel zwischen den Darstellungsmodi innerhalb einer Antwort gezählt, z.B.:

> Lara is climbing the side of a cliff, which is shown to the players upon arriving in the area. She gets to a river flowing through a crevice in the cliffside, where a boulder tries to take her out. Avoiding this, she continues up the crevice and a cutscene plays out. The cutscene shows the player that there is an enemy soldier above Lara, and that the soldier doesn't notice Lara below

him. He tells somebody on a walkie-talkie that he doesn't see anybody around, and the player resumes control again.

Dieser überdurchschnittlich lange Antworttext illustriert, wie innerhalb einer einzigen Beschreibung fünf Mal der Beschreibungsmodus gewechselt wird. Der Text beginnt nacherzählend auf der Ebene der Story („Lara is climbing"), geht dann über zu einer Deskription des Gameplays („players [...] arriving in the area"), zurück zur Nacherzählung („she continues"), von dort zu einer Identifikation der narrativen Methoden („the cutscene shows") und wieder zurück zur Nacherzählung der Geschichte („He tells somebody"), um schließlich wieder das Gameplay zu thematisieren („the player resumes control again"). Anhand dieses 3x3-dimensionalen Analyseschemas wurden alle gegebenen Antworten auf ihre Reflexionsebenen hin eingestuft.

Im direkten Vergleich der Antworten auf die beiden Videos lassen sich zwei Erkenntnisse zusammenfassen: Generell wird häufiger auf das Gameplay eingegangen als auf die Story, und zwar unabhängig vom präsentierten Video. Und, negativ formuliert, im Falle des Videos mit der Tod-Neustart-Sequenz wird häufiger die Story vollständig aus der Erklärung ausgelassen, während im Fall des Videos mit der abschließenden Zwischensequenz häufiger das Gameplay ausgelassen wird. Dies deutet darauf hin, dass die Spieler sehr wohl in der Lage sind, zwischen den Ebenen des Gameplays und der Narration zu trennen. Der Ladebildschirm wird offensichtlich nicht der Erzählung zugeordnet und somit wird auch der Fehlversuch, der in Laras Tod endet, für die Erzählung als nicht relevant markiert.

Diese Erkenntnisse sowie die Bandbreite der Antworten deuten auf ein dezidiertes Verständnis und eine rezeptionsseitige Trennung der Wirkungsebenen hin. Weiter unterstützt wird diese Vorstellung durch eine Auswertung der Moduswechsel innerhalb der einzelnen Antworten. Im Mittel nutzte jeder Teilnehmer 2,11 Modi, um die Geschehnisse zu beschreiben, und zwar ohne dass die Aufgabenstellung explizit eine umfassende, multimodale Erläuterung eingefordert hätte – daher wird das Bewusstsein der Spieler über Wirkungsstrukturen mit diesem Ergebnis eher unterrepräsentiert. Der durchschnittliche Spieler ist offensichtlich in der Lage, zwischen den Vermittlungsebenen (bzw. Vermittlungs- und Interaktionsebenen) zu unterscheiden. In seltenen Fällen wechselten die Partizipanten sogar sieben Mal oder häufiger den Modus in einer wenige Zeilen umfassenden Antwort, ein profundes Verständnis der ineinander greifenden Spieltechnologien demonstrierend.

Um die Ergebnisse kurz zusammenzufassen: Es konnte im Rahmen der vorliegenden Online-Befragung etabliert werden, dass die Story tatsächlich ein wichtiges Kauf- und damit Gütekriterium für die Spieler darstellt, das zweitwichtigste sogar. Die Spielerschaft präsentierte sich als grundsätzlich story-affin, und zwar über alle Altersklassen, beide Geschlechter und fast alle Genrepräferenzen hinweg. Einzig die Vorliebe zum computerbasierten Rollenspiel teilt das Lager der Spieler in *storyaffin* und *außerordentlich storyaffin*. Damit sind auch die Schwerpunktsetzungen von Bhatty (1999) und Carr (2006) auf das Rollenspiel als überdurchschnittlich narrativem Genre verständlich.

Vor diesem Hintergrund scheint es erstaunlich, dass viele Computerspielforscher der Story als zweitwichtigstem Bestandteil keinen Platz in ihrer modellhaften Betrachtung einräumen. Costikyan (2007) greift als einer der wenigen diesen Trend auf, beschreibt eine konvergierende Entwicklung der Spiele und – möglicherweise am wichtigsten – gesteht ein, dass seine frühen Stellungnahmen zum Oppositionsverhältnis von Interaktivität und Narrativität an Relevanz verloren haben. Nach seinem neuen Verständnis stehen diese beiden Wirkungsebenen in einem gewissen Opferverhältnis zueinander, sind aber nicht (mehr) kategorisch unvereinbar. Juuls Ablehnung jeglicher narrativer Funktionen limitiert seine Spielbetrachtung auf ein untergeordnetes Wirkungsmodell, das lediglich die Regelhaftigkeit des Spielsystems thematisiert, aber weitere wichtige Schichten des medialen Gesamtprodukts Computerspiel gezielt ignoriert. Damit erfährt das Wirkungsmodell von Klimmt durch die Einbeziehung der Rahmenhandlung und der Rollenrepräsentation in die Erklärung des Spaßes eine Aufwertung.

Bhatty stellt zudem das offene System des Pencil-&-Paper-Rollenspiels gegen das geschlossene System des Computerspiels; eine Unterscheidung, die helfen kann, die Einschätzungen der einzelnen narrativen Methoden zu erklären. Mit dem *Environmental design*, dem *Dialog* und der *Scripted sequence* liegen in der Gunst der Spieler alle diejenigen Methoden vorn, die mit einem (zumindest partiellen) Fortbestehen der Spielerkontrolle einhergehen. In allen drei Fällen behält der Spieler die Möglichkeit, seine Spielfigur zu steuern – sei es über das vollständige Aktionsrepertoire oder nur über vorgefertigte Dialogoptionen. Die Methoden des intradiegetischen Texts und der Audiomitteilung erlauben dem Spieler immerhin zumeist, den Zeitpunkt der Rezeption frei zu wählen, auch wenn ihm dann für die Dauer der Ausführung die Kontrolle kurzfristig entzogen wird. Die Zwischensequenz als vollkommener Kontrollverlust des Spielers mag zwar auf das breiteste Repertoire an (filmischen) Gestaltungsmitteln zurückgreifen, präsentiert sich aber vor dem Hintergrund der Studie als überholtes Werkzeug des ludo-literarischen Erzählens. Die interaktive Zwischensequenz wiederum, ein hybridartiger Versuch zur Reintegration des Spielers in die ansonsten passive Erzählsituation, scheitert in der Gunst der befragten Spieler. Mit der als positiv charakterisierten Entwicklung spielinterner Tutorials kann auch das klassische Handbuch zunehmend als obsolet beschrieben werden (s. a. Kocher 2007, 48, Fußnote 45). Zusammenfassend lassen sich alle diejenigen Methoden als zukunftsweisend deklarieren, die geschickt das Storytelling in das Gameplay inkorporieren, ohne die Rechte des Spielers und den Spielfluss mehr als nötig einzuschränken oder zu unterbrechen.

4 Der Versuch eines integrativ-funktionalen Modells

Die bestehenden Theorien zur Erklärung des Wirkungs- und Immersionspotenzials von Computerspielen behandeln zum Großteil entweder die interaktive Komponente oder die narrative Ausrichtung. In vielen Fällen wird eine grundsätzliche Unvereinbarkeit der beiden Wirkungsebenen postuliert. Der Kerngedanke des aufzubauenden Modells ist jedoch explizit die Co-Existenz von Narration und Interaktion im Computerspiel und eine daraus resultierende Steigerung der Wirkung dieser beiden distinkten Ebenen. Das Erleben eines Computerspiels als Ganzem setzt sich nach diesem Verständnis zusammen aus Elementen des Gameplays und Elementen der Narration, die episodisch ineinandergreifen und miteinander verwoben sind. Der Rezipient sieht sich einer Reihe von spielerischen Herausforderungen gegenüber, die von einer Rahmenhandlung begleitet, gelenkt, legitimiert und motiviert werden.

Aus dieser ersten Beschreibung wird deutlich, dass sich der Gegenstandsbereich dieses Modells aus einer Teilmenge der Computerspiele rekrutiert, nämlich all denjenigen Spielen, die durch Setting, Plot oder ästhetische Mittel zusätzliche Inhalte vermitteln, die über die Regelhaftigkeit des Spielsystems hinausgehen. Es bezieht sich in erster Linie auf progressive Spiele der *Ludus*-Kategorie und umfasst demnach hauptsächlich die Pearce'schen Operatoren der *Augmentary story* und der *Metastory*. Spiele, die vornehmlich emergente Strukturen aufweisen – sei es im Spielprinzip und/oder in der Narration, z.B. Spiele der *Paidea* – können mit diesem Modell nur oberflächlich analysiert werden.

Wie ist nun das Verhältnis zwischen dem Gameplay und der Narration in diesen progressiven Computerspielen zu bewerten? Nach Juul müssen die narrativen Aspekte im Spiel zurückstehen hinter der Regelanwendung, sie sind bloß fakultatives Beiwerk; das passive Rezipieren einer Geschichte steht in einem diametralen Gegensatz zum aktiven Steuern des Spielverlaufs. Für Costikyan schließen sich Story und Spiel zwar nicht gegenseitig aus, sie stehen aber in einem direkten

Opferverhältnis zueinander:

[T]here's a direct, immediate conflict between the demands of story and the demands of a game. Divergence from a story's path is likely to make for a less satisfying story; restricting a player's freedom of action is likely to make for a less satisfying game. (Costikyan 2007)

Das Modell, das im Folgenden beschrieben wird, geht allerdings davon aus, dass sich Interaktivität und Narrativität nicht zwingend gegenseitig in ihren Wirkungen beeinträchtigen, sondern dass sie sich auch gegenseitig verstärken können und auf diese Weise ein synergetisches System bilden, dessen Ganzes größer ist als die Summe seiner Teile. Diese Synergieeffekte können in Momentaufnahmen des Spiels beobachtet werden, ihre gesamte Bedeutung offenbart sich jedoch erst in einer Betrachtung der Zeitlichkeit des Spielens. Die Darstellung des Modells folgt dieser Logik, stellt zunächst die Wirkweise an einem gegebenen Zeitpunkt vor und fügt dann eine Zeitachse zur Betrachtung hinzu.

Um zu erklären, wie die synergetische Wirkweise charakterisiert ist, kann auf das von Costikyan beschriebene Opferverhältnis zurückgegriffen werden. Nach dessen Verständnis teilen sich Interaktivität und Narrativität eine gemeinsame Achse und damit eine reziproke Relation zueinander: Ein hoher Wert an Interaktivität impliziert einen niedrigen Wert der Narrativität, und umgekehrt. Dies stellt eine Lockerung von Juuls Absolutheitsanspruch dar, der entweder Interaktivität oder Narrativität, aber niemals beides zugleich, zulässt. Costikyan gesteht einem Spiel also zu, zu einem bestimmten Grad interaktiv zu sein und zu einem bestimmten Grad auch narrativ. Er führt eine Reihe von Beispielen auf, die anhand dieser monoaxialen Kategorisierung eingestuft werden können, fasst aber – ähnlich wie Kocher – komplette Spiele oder sogar Genres zu einem einzigen Wert auf dieser Achse zusammen. Im weiteren Vergleich mit Kochers Modell fällt auf, dass sich der Typenkreis auf Costikyans Opferverhältnis reduzieren ließe, wenn man die Betrachtung der Perspektive ausklammert und die natürlich affinen Achsenpole des Modus und der Interaktivität aufeinanderlegt, also einen dynamisch-mimetischen Pol (= hohe Interaktivität) einem statisch-diegetischen Pol (= hohe Narrativität) gegenüberstellt, was in derselben monoaxialen Betrachtung resultieren würde.

Die empirische Studie im Rahmen dieses Beitrags hat jedoch gezeigt, dass Spiele verschiedene Modi des Erzählens implementieren, die auch von Spielern unterschiedlich wahrgenommen werden. Unterschiedliche Modi können – so die These – unterschiedliche Grade der Narrativität und der Interaktivität innerhalb eines Spiels aufweisen. Die klassische Cutscene ist hoch narrativ, während ein

Abschnitt des möglicherweise actiongeladenen Gameplays hoch interaktiv ist. Insofern erweist sich Costikyans Vorstellung auch auf der niedrigeren Ebene der Klimmt'schen Episode als anwendbar. Es muss jedoch gerade auf dieser Betrachtungsebene die strikte Antiproportionalität von Interaktion und Narration angezweifelt werden. Vermehrt setzen die Spiele narrative Methoden ein, die sowohl Interaktivität erfordern als auch Narrativität bieten. So erlauben bestimmte Methoden eine Vermittlung von Storybestandteilen auch unter Beibehaltung einer gewissen Spielerkontrolle über den Avatar. Und bestimmte Abschnitte im Spielverlauf können trotz ihrer Unmittelbarkeit narrative Fragmente aufweisen. Das Opferverhältnis der beiden Faktoren muss also nicht absolut sein.

So lässt bspw. der First-Person-Shooter *Half-Life 2* den Spieler aus Sicht seiner Spielfigur miterleben, wie sich zwei Charaktere, die nicht vom Spieler gesteuert werden, unterhalten. Währenddessen ist der Spieler frei, die Spielfigur zu bewegen, er kann aber nicht auf die Personen schießen. Auf diesem Wege werden Informationen zur Hintergrundgeschichte vermittelt, aber die Freiheitsgrade des Spielers werden nicht mehr als nötig eingeschränkt: Er kann auch im Raum verstreute Gegenstände aufsammeln, statt der Unterhaltung zuzuhören. Dies ist ein Beispiel für eine *Scripted sequence*, die nur gezielt die Freiheiten des Spielers einschränkt, um den Spielfluss nicht zu unterbrechen. An anderen Stellen des Spiels sind in das Leveldesign Situationen oder Konstellationen eingearbeitet, die Rückschlüsse über frühere Geschehnisse an dieser Stelle erlauben. Diese Instanzen des *Environmental designs* schränken die Interaktivität zumeist überhaupt nicht ein, sind aber dennoch in einem gewissen Maße narrativ.

Der Spieler von *Tomb Raider Legend* oder von *Doom 3* wird im Spielverlauf mit Audionachrichten konfrontiert, die tagebuchähnliche Einträge enthalten oder die über Geschehnisse informieren, die außerhalb des direkten Wahrnehmungsbereichs der Spielfigur liegen. Während dieser Audionachrichten behält der Spieler die Kontrolle über den Avatar. *Tomb Raider Legend* verfügt außerdem über Zwischensequenzen, die reaktionsschnelle Benutzereingaben erfordern, also die eigentlich ausschließlich narrative Methode der Cutscene erweitert um ein gewisses Maß an Interaktion. Im Rollenspiel *Dungeon Siege II*, um nur ein Beispiel zu nennen, sind Bücher und Texte über die Spielwelt verteilt, die der Spieler lesen kann, wenn und wann er es wünscht (vgl. objektorientierte Narration bei Werning 2007). In *Planescape Torment* kann der Spieler mit fast jedem NSC ins Gespräch kommen, auch wenn es für das Fortkommen im spielerischen Sinne keine Bedeutung hat. *Command & Conquer 3: Tiberium Wars* ergänzt die klassischen *Cutscenes* vor und nach den Missionen um audiovisuelle und textuelle Einblen-

dungen *während* der Missionen, ohne den Spielfluss zu behindern.
   Diese kurze Liste an prototypischen Beispielen verdeutlicht, wie aktuelle Spiele versuchen, die Narration mit der Interaktion zu verbinden. Dazu müssen sie aber, wie Costikyan andeutet, in narrativen Abschnitten die Freiheitsgrade des Spielers gezielt und vorübergehend einschränken. Während eine *Cutscene* den absoluten Kontrollverlust bedeutet, schränkt eine *Scripted sequence* nur diejenigen Funktionen ein, die für die Vermittlung der Informationen hinderlich wären. Dies kann über unterschiedlichste Maßnahmen geschehen, je nach Situation und Genre. In einem First-Person-Shooter wird möglicherweise die Waffenkontrolle eingeschränkt, die Bewegungskontrolle jedoch erhalten. An anderer Stelle wird möglicherweise die Bewegungskontrolle entzogen solange das Ereignis andauert, während der Spieler noch immer die Blickrichtung der Spielfigur beeinflussen kann. In einem Strategiespiel andererseits, das eine Vogelperspektive zur Darstellung der (Kampf-)Handlungen nutzt, kann das Spiel zur Informationsvermittlung kurzfristig die Steuerung des Darstellungsausschnitts übernehmen.
   Je restriktiver die Freiheitsgrade in einem bestimmten Abschnitt gehandhabt werden, desto geringer ist sein Interaktionspotenzial, und desto höher ist – tendenziell – der Anteil der Narration. Über eine solche Feinsteuerung ist es möglich, eine Art Flaschenhals für die Handlung im Gameplay zu forcieren. Der Spieler muss, um im Spiel und der Handlung fortschreiten zu können, einen bestimmten Punkt passieren, an dem er weniger Möglichkeiten der Interaktion hat als im gewöhnlichen Gameplay. So garantiert der Game Designer, dass trotz einer wahrgenommenen grundsätzlichen Freiheit des Spielers die Handlung in den intendierten Bahnen verläuft. Anders ausgedrückt: Die narrationslastigen Abschnitte, die weniger Freiheitsgrade aufweisen, entsprechen in etwa den *Kernels* der Geschichte, die freieren Abschnitte den *Satellites*. Und Bhattys restriktives Element der *Misery*, die den Helden (und damit den Spieler) auf dem Pfad der Geschichte halten soll, wird ergänzt durch einen spielmechanikseitig realisierten Flaschenhals. Der Spieler, dem Freiheit in seinem Tun suggeriert wird, ist gleichzeitig daran gebunden, die Handlung auf eine bestimmte vorgesehene Weise voranzutreiben.
   Die konkrete Implementation des Flaschenhals-Konzepts kann variieren. In First-Person-Shootern kann z.B. ein sog. Trigger gesetzt werden, ein unsichtbarer Kontrollpunkt, der bei Überschreitung ein bestimmtes Ereignis aktiviert, z.B. eine *Scripted sequence*. In Rollenspielen wird häufig ein Quest-System eingesetzt, das das Fortschreiten nur beim Erreichen bestimmter Bedingungen erlaubt. Strategiespiele oder progressive Puzzlespiele knüpfen Sieg- und Niederlagebedingungen

an den Spielfortschritt und verbinden damit die weiteren Geschehnisse in der Story. Das Flaschenhals-Konzept impliziert außerdem, dass es narrative Methoden auf der Ebene der *Satellites* geben kann, die von einem Teil der Spieler nicht wahrgenommen werden; sei es, weil sie bewusst den betreffenden Erzählinstanzen aus dem Weg gehen, wie z.b. bei intradiegetischen Büchern im Rollenspiel, oder sei es, weil sie unaufmerksam waren und das betreffende Ereignis nicht ausgelöst haben. Man könnte hier von probabilistischer Narration sprechen: wichtige *Plot points* (also *Kernels*) werden mit einer sehr hohen Wahrscheinlichkeit wahrgenommen, weil sie an prominenterer Stelle und mit einem engeren Flaschenhals implementiert werden, weniger wichtige Details der Narration (wie nichtzentrale Hintergrundinformationen und *Satellites*) werden von einem geringeren Prozentsatz der Spieler wahrgenommen.

Dem in der Theorie wahrzunehmenden Widerspruch aus der Freiheit des Spielers und dem Flaschenhals-Konzept wird im Spiel auf zweierlei Arten begegnet. Zum einen verdeutlicht die Spielmechanik, dass es für die Progression im Spielverlauf unumgänglich ist, den fraglichen Punkt zu passieren. Der Spieler hat zwar die Möglichkeit, die Handlungen des Avatars zu bestimmen, aber nur eine bestimmte Handlungsweise lässt ihn im Spiel fortfahren. Zum anderen generiert das Spiel nach Möglichkeit auf der Ebene der Narration einen Anreiz für den Avatar, der den Spieler dazu bringt, die vorgesehene Handlung auch ausführen zu *wollen*. Der Spieler, der diesem Anreiz folgt, bemerkt die Einschränkungen seiner Freiheit gar nicht, denn in seiner Wahrnehmung durfte er alles tun, was er tun wollte. Zudem beweisen einige Spiele einen vergleichsweise freien Umgang mit Flaschenhälsen, weil sie – ähnlich wie Hypertext-Fiktionen – mehrere Alternativen zulassen und basierend auf den Entscheidungen des Spielers einen von mehreren prädeterminierten Pfaden einschlagen. In einem solchen Fall werden die Trigger oder Quests in Abhängigkeit bestimmter Bedingungen vom Programm ausgewertet, um den Fortgang der Geschichte an die Handlungen des Spielers anzupassen.

An diesem Punkt werden die gegenseitigen Synergieeffekte von Narration und Interaktion offenkundig. Die Wirkung der Story wird verstärkt, weil der Spieler in den gameplaybetonten Abschnitten des Spiels ein Gefühl der Immersion und der Bindung an die Charaktere erfährt, die in klassischen Geschichten nicht erreicht werden kann. Und die Wirkung des Spiels wird verstärkt, weil das Lösen von Rätseln und das Überkommen von Hindernissen vor einem narrativen Hintergrund nicht (mehr) nur Selbstzweck ist, sondern motiviert und rhythmisiert wird.

Interaktive Narration im Computerspiel

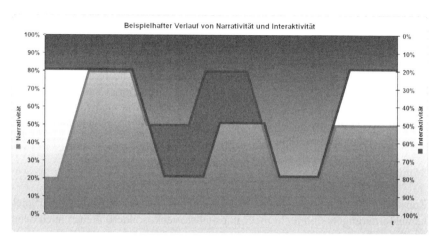

Abb. 1: Das eingeschränkte Opferverhältnis zwischen Interaktivität und Narrativität in einer fiktiven Spielsession

Das volle Wirkungspotenzial eines Computerspiels ist nicht durch eine globale Anschauung oder Momentaufnahme zu erfahren, sondern nur auf der Basis der Zeitachse der Spielsession. Der beispielhafte Verlauf in Abbildung 1 illustriert, wie sich in einer Spielsitzung die Intensitäten von Narrativität und Interaktivität gegeneinander verschieben können. Eine Intro-Sequenz zu Beginn des Spiels führt möglicherweise in die Handlung ein und dient dann als *Gameplay catapult* (vgl. Klevjer 2002) für einen Abschnitt mit hoher Interaktivität. In diesem Abschnitt entfaltet die Narration trotz der hohen Interaktivität weiterhin ihre Wirkung, z.b. weil der Spieler sich die im Intro vermittelte Rollenzuweisung bewusst macht oder weil er spielerisch das Setting und seine Umwelt erlebt. Nach diesem ersten Abschnitt des Gameplays wird möglicherweise das Aktionsrepertoire des Spielers kurzfristig eingeschränkt, um weitere narrative Informationen zu präsentieren, was die Interaktivität leicht vermindert, während die Narrativität leicht ansteigt. Daraufhin dominiert, so das Beispiel weiter, eine actionreiche Sequenz das Spiel-Erlebnis und die Narration verliert für den Moment an Wichtigkeit, bevor der Avatar bspw. einen Dialog mit einem NSC beginnt, was die Interaktivität der Sequenz vermindert und ihre Narrativität weiter ansteigen lässt. Die einzelnen Ausschläge der dargestellten Kurven lassen sich übertragen auf Klimmts Episodenbegriff und sind daher in ihrer zeitlichen Dimensionierung flexibel.

Im obigen Schaubild sind die funktionalen Synergieeffekte, die sich aus dieser Verzahnung von Narration und Interaktion ergeben, nicht dargestellt, um das Beispiel nicht unnötig kompliziert zu machen. Wären sie eingezeichnet, so wären die Überschneidungsbereiche größer und die Distinktion der einzelnen Abschnitte wäre weniger deutlich, weil narrative Komponenten in die ludische Erfahrung abstrahlen und umgekehrt. Story und Gameplay eines Spiels sind bidirektional über verschiedene Funktionen miteinander verknüpft, wie mehrfach angedeutet worden ist. Diese Funktionen und ihre synergetischen Wirkungen können nun im Einzelnen betrachtet werden.

Motivation:

Zunächst bildet die Story einen Handlungsrahmen für das Gameplay. Die Spielherausforderungen sind nicht mehr nur Selbstzweck, sondern dienen auch dazu, die Reise des Protagonisten zu konkretisieren und zu motivieren. Das Spielziel „Überlebe bis zum Levelende!" wird somit erweitert um eine narrative Dimension, die z.B. lauten könnte „Rette die Prinzessin!" – sofern die umgebende Narration etabliert hat, dass die Prinzessin in Gefahr ist. Damit wirkt die Story wie eine Art ludischer *MacGuffin* (vgl. Truffaut 2003, 325), ein Vorwand also, um den Protagonisten in der Handlung fortschreiten zu lassen. Diese intradiegetische (Charakter-) Motivation weitet sich auf zwei Arten auf den Spieler aus: Zum einen identifiziert sich der Spieler mit seinem Avatar und übernimmt daher dessen intrinsische Motivation, zum anderen erwartet der Spieler in seiner Rolle als *Narratee* gespannt den Fortgang der Geschichte, was es nötig macht, dem weiteren Spielverlauf zu folgen. Annähernd synonym mit der Motivationsfunktion kann die Belohnungsfunktion narrativer Abschnitte gewertet werden. Wenn der Spieler nach einer bestandenen Aufgabe belohnt wird durch eine *Cutscene*, kann die Aussicht auf eben diese Belohnung auch als Motivation angesehen werden – speziell im Hinblick auf meist überdurchschnittlich lange *Outros*, also Sequenzen, die den Schluss der Handlung nach Beendigung aller ludischen Herausforderungen darstellen.

Orientierung:

Mit der Motivation in gewisser Weise verwandt ist die Funktion der Orientierung. Durch die narrative Verortung der Handlung kann auch der Spieler seinem Aufgabenkatalog besser folgen, denn zur bloßen ludischen Aufgabenstellung

Interaktive Narration im Computerspiel

kommt die Ebene des narrativen *Tasks* (nach Vogler/Bhatty) hinzu, die dem Spieler zusätzlich vermittelt, was das Spiel von ihm erwartet. Der Avatar (und mit ihm sein Spieler) wird gleichsam narrativ durch die anstehenden Herausforderungen gelotst, was gleichzeitig einen Stillstand der Handlung zu vermeiden hilft und sie in den intendierten Bahnen hält, ohne zu offensichtlich die Spielerfreiheiten zu beschränken. Offensichtlichstes Beispiel für diese Orientierungsfunktion sind *Quests*, die dem Spieler die Aufgabe, den Schauplatz und die zu erwartende Belohnung mehr oder minder explizit mitteilen. Die narrative Verankerung der Quests in der Rahmenhandlung kann variieren.

Instruktion:

Wiederum verwandt, aber nicht deckungsgleich, ist die ludische Anleitung des Spielers in einer narrativen Anmutung. Statt den Spieler ausschließlich via extradiegetischer Texte (seien es nun Abschnitte des Handbuchs oder Einblendungen zur Spielzeit) zu instruieren, setzen viele aktuelle Spiele Tutorial-Levels ein, in denen eine Ausbildung des Avatars simuliert wird. Dies bietet eine narrativ verankerte Möglichkeit, dem Spieler (durch den Avatar) die Feinheiten des Gameplays und der Steuerung beizubringen. *Half-Life* lässt den Spieler einen „Hazard Course" durchlaufen, der vorgibt, den Avatar in die Benutzung seines Schutzanzugs einzuweisen, *Thief: The Dark Project* stellt den ersten Spielabschnitt als eine Art Initiationsritus dar, und mehrere *Tomb-Raider*-Spiele lassen den Spieler das Anwesen von Lara Croft spielerisch erkunden, um ihn mit der Steuerung vertraut zu machen, um nur einige Beispiele zu nennen. Im Rahmen der Instruktionsfunktion ist *Breaking the fourth wall* ein häufig anzutreffendes Stilmittel der Narration, wenn z.B. ein NSC dem Avatar mitteilt, welchen Knopf er zu drücken hat, um zu springen, richtet sich in Wirklichkeit das Spiel über den Umweg des NSCs an den Spieler und forciert damit einen Bruch in der *Suspension of disbelief.*

Rhythmisierung:

Die drei bisher genannten Funktionen bezeichnen Effekte der Story auf das Gameplay. Die Funktion der Rhythmisierung wirkt in beiden Richtungen, von der Story zum Gameplay und umgekehrt. Was Klevjer schon speziell für die *Cutscene* ausgeführt hat, lässt sich auch auf alle anderen narrativen Methoden ausweiten und analog auch auf gameplayzentrische Abschnitte. So bilden (tendenziell) narrative Abschnitte (tendenzielle) Ruhepausen im Gameplay; über die der Druck des Spielens kurzfristig erleichtert wird, was zu Ketten von Anspannungs- und Entspannungsphasen führt, die konsistent sind mit Klimmts Episodendefinition – auch wenn seine Betrachtung nur die ludische Wirkung fokussiert. Es ist daher anzunehmen, dass die Einbeziehung der narrativen Wirkung in dieses Modell die wahrgenommene Flow-Intensität sowie die Ausschläge der Spannungskurve verstärkt.

Umgekehrt rhythmisiert das Gameplay aber auch die Erzählung. In actionreichen Abschnitten wird die Handlung zwar nicht vorangetrieben, die Rahmenhandlung und Rollenzuweisung wirken aber dennoch hintergründig weiter. So verstärkt sich die Wirkung der Narration über die Zeit, da die *Plot points* nicht unmittelbar aufeinander folgen, sondern zunächst in den Abschnitten mit hohem Interaktionspotenzial in ihren Auswirkungen weiter erkundet und direkt erfahrbar gemacht werden.

Suspense:

Die erste Funktion, die vom Gameplay auf die Wahrnehmung Story abstrahlt, muss offensichtlich die Erzeugung von *Suspense* (im filmwissenschaftlichen Sinne, vgl. z.B. Truffaut 2003, 61f.) sein. Die Unsicherheit über den Ausgang einer Episode und/oder des Handlungsbogens, die Klimmt auf der Ebene des Gameplays identifiziert, überträgt und verstärkt sich auf der Ebene der Story. Wenn eine ludische Aufgabe narrativ eingebunden ist, empfindet der Spieler die Ungewissheit ob seiner Fertigkeiten nicht nur im Spielkontext, sondern er fragt sich auch, ob er in der Lage sein wird, die Prinzessin zu retten, um beim obigen Beispiel zu bleiben. Damit ergibt sich zusätzlich zum episodischen Spannungsauf- und -abbau nach Klimmt (mindestens) ein zeitlich übergeordneter Spannungsbogen auf der Ebene der Narration, der aber von den kleineren Einheiten maßgeblich verstärkt wird.

Immersion:

Der Begriff der Immersion ist schwer zu definieren, schwebt er doch irgendwo zwischen der Identifikation mit der Hauptfigur eines narrativen Werks, dem Flow-Konzept von Csikszentmihalyi und dem Aufgehen in den Interaktivitätsmodalitäten eines Spielsystems (vgl. auch Kocher 2007, 61ff. und Szulborski 2005, 17ff.). Ohne die Immersionsfunktion punktgenau zwischen diesen Vorschlägen aufhängen zu wollen, kann die immersionssteigernde Wirkung des Spiels auf die narrative Komponente festgehalten werden. Der Spieler ist, auf diese oder jene Weise, fasziniert und gefesselt von der dargestellten Welt und seinen Bewohnern, die er ludisch erleben kann. Diese emotionale Bindung des Spielers mit der Welt und vor allem mit seinem Avatar überträgt sich auch auf die eher narrativen Abschnitte des Spiels. Es ist anzunehmen, dass die Intensität der Bindung wegen der interaktiven Einbeziehung derjenigen Abschnitte, in denen der Spieler das Geschick des Avatars lenkt, höher ist als in Medien, in denen der Rezipient keine derart direkte Verbindung zum Protagonisten hat, z.B. dem klassischen Film.

Moralisierung:

Schließlich bergen aktuelle Spiele auch Möglichkeiten, den Spieler durch seine immersive Einbeziehung in die Handlung vor schwierige Entscheidungen zu stellen, die nicht nur Auswirkungen auf der Seite der Spielmechanik haben können, sondern auch im Rahmen der dargestellten Fiktion. Der Spieler kann also auch mit moralischen Dilemmata konfrontiert werden, die ihm seine ludische Handlungsnotwendigkeit schmerzlich vor Augen führen. Damit grenzen sich aktuelle Computerspiele mit ihren interaktiv-narrativen Potenzialen deutlich ab von älteren Vertretern, die von ihren Spielern seltenst Entscheidungen verlangt haben, deren Auswirkungen innerhalb der Geschichte relevant gewesen wären. Durch die Verheiratung von Interaktion und Narrativität in neueren Spielen können dem Spieler aber solche „unangenehmen" Fragen präsentiert werden. Neben dem Rollenspiel *Knights of the old Republic*, das dem Spieler kontinuierlich moralische Entscheidungen zwischen der hellen und der dunklen Seite der *Macht* abverlangt, sticht hier Peter Molyneux's *God game Black & White* hervor, das den Spieler kontinuierlich sein Zugehörigkeitsgefühl zu einer der Parteien im Kampf von Gut gegen Böse austarieren lässt.

5 Fazit

Das nunmehr entwickelte Kategorienraster für die Analyse aktueller progressiver Computerspiele stellt Erklärungsansätze für das Spannungsfeld zwischen Narration und Interaktion vor, die auf einer gemeinsamen, teilweise sogar synergetischen Wirkweise der beiden Rezeptionsebenen beruhen. Damit versucht es, zwischen den bestehenden Ansätzen der Ludologie und der Narratologie zu vermitteln: Abgesehen von den jeweiligen Absolutheitsansprüchen der vorgestellten

Theorien im Hinblick auf ihre Erklärungskraft der Wirkung des Computerspiels lassen sie sich auch unter dem Dach des integrativ-funktionalen Modells anwenden, um die Seite des Gameplays und die Seite der Story im Detail zu beleuchten. Die Resultate lassen sich dann mit dem hier vorgestellten Ansatz auf ihre synergetischen Auswirkungen für die jeweils andere Seite des Spiels untersuchen, um ein globaleres Bild der Wirkung, der Potenziale und der Anziehungskraft des Computerspiels zu erhalten.

Nach dem integrativ-funktionalen Modell sind Spiele also potenziell gleichzeitig interaktive Herausforderungen und zu erlebende Geschichten. Der besondere Reiz des Mediums lässt sich zum Teil erklären durch das beständige Wechselspiel aus Spielen und Erzähltbekommen, aus Selbererzählen und Spielballsein, das die Grenzen herkömmlicher Spiel- und Erzählmedien verwischt. Die beiden Wirkungsebenen lassen sich prinzipiell unabhängig voneinander betrachten, ihre funktionalen Zusammenhänge werden jedoch erst in der umfassenden Betrachtung offenkundig. So motiviert, orientiert, instruiert und rhythmisiert die Story das Gameplay und so verstärkt das Spiel die *Suspense*, die Immersion und die Moralisierung der Narration. Das Gesamtprodukt Computerspiel kann auf diese Weise mehr sein als eine fesselnde Geschichte und eine spannende interaktive Erfahrung, mehr als die Summe seiner Teile.

Literatur

Bateman, C. & Boon, R. (2005): *"21st Century Game Design: Designing for the Market."* <http://www.gamasutra.com/features/20051110/bateman_01.shtml>. In: Gamasutra.com <http://www.gamasutra.com/>. Zuletzt abgerufen: Jan 2008.

Bhatty, M. (1999): *Interaktives Story Telling: Zur historischen Entwicklung und konzeptionellen Strukturierung interaktiver Geschichten*. Aachen: Shaker.

Bosnjak, M. (2003): „Teilnahmeverhalten bei Web-Befragungen – Nonresponse und Selbstselektion". In: Theobald, A. & Dreyer, M. & Starsetzki, T. (Hrsg.), *Online-Marktforschung. Theoretische Grundlagen und praktische Erfahrungen*. Wiesbaden: Gabler, 55-71.

Brosius, H.-B. & Koschel, F. (2003/2001): *Methoden der empirischen Kommunikationsforschung. Eine Einführung*. (2. Aufl.) Wiesbaden: Westdeutscher.

Carr, D. (2006): "Games and Narrative." In: Carr, D. & Buckingham, D., Burn, A. & Schott, G.: *Computer Games. Text, Narrative and Play*. Cambridge, MA: Polity, 30-44.

Chatman, S. (1978): *Story and Discourse: Narrative Structure in Fiction and Film*. Ithaca, NY: Cornell University Press.

Costikyan, G. (2007): "Games, Storytelling, and Breaking the String" <http://www.electronicbookreview.com/thread/firstperson/storyish>. In: *electronic book review: thread First Person* <http://www.electronicbookreview.com/thread/firstperson>. Zuletzt abgerufen: Feb 2008.

Csikszentmihalyi, M. (1992/1985): *Das flow-Erlebnis. Jenseits von Angst und Langeweile: im Tun aufgehen*. (4. Aufl.) Stuttgart: Klett-Cotta.

Davis, J. P. & Steury, K. & Pagulayan, R. (2005): "A survey method for assessing perceptions of a game: The consumer playtest in game design." <http://www.gamestudies.org/0501/davis_steury_pagulayan/> In: *Game Studies* <http://www.gamestudies.org/0501/>, Nr. 05/01. Zuletzt abgerufen: Jan 2008.
Frasca, G. (1999): "Ludology meets Narratology: Similitude and differences between (video)games and narrative" <http://www.ludology.org/articles/ludology.htm>. In: *Ludology.org* <http://www.ludology.org>. Zuletzt abgerufen: Jan 2008.
Hauptmanns, P. & Lander, B. (2003): „Zur Problematik von Internet-Stichproben." In: Theobald, A. & Dreyer, M.& Starsetzki, T. (Hrsg.): *Online-Marktforschung. Theoretische Grundlagen und praktische Erfahrungen*. Wiesbaden: Gabler, 27-40.
Jenkins, H. (2004): "Game Design as Narrative Architecture." In: Wardrip-Fruin, N., Harrigan, P. (Hrsg.), *FirstPerson. New Media as Story, Performance, and Game*. Cambridge, MA: The MIT Press, 118-130.
Juul, J. (2001): "Games Telling stories?" <http://www.gamestudies.org/0101/juul-gts/>. In: *Game Studies* <http://www.gamestudies.org/0101/>, Nr. 01/01. Zuletzt abgerufen: Jan 2008.
Juul, J. (2002): "The Open and the Closed: Game of emergence and games of progression." In: Mäyrä, F. (Hrsg.), *Computer Game and Digital Cultures Conference Proceedings*. Tampere: Tampere University Press, 323-329.
Juul, J. (2005): *Half-Real. Video Games between Real Rules and Fictional Worlds*. Cambridge, MA: The MIT Press.
Klevjer, R. (2002): *In Defense of Cutscenes*. <http://www.uib.no/people/smkrk/docs/klevjerpaper.htm>. Zuletzt abgerufen: Jan 2008.
Klimmt, C. (2006): „Zur Rekonstruktion des Unterhaltungserlebens beim Computerspielen." In: Kaminski, W.; Lorber, M. (Hrsg.), *Clash of Realities. Computerspiele und soziale Wirklichkeit*. München: Kopaed, 65-79.
Klimmt, C. & Hartmann, T. (2006): "Effectance, Self-Efficacy, and the Motivation to Play Video Games." In: Vorderer, P. & Bryant, J. (Hrsg.), *Playing Video Games. Motives, Responses, and Consequences*. Mahwah, NJ: Lawrence Erlbaum Associates, 133-146.
Kocher, M. (2007): *Folge dem Pixelkaninchen! Ästhetik und Narrativität digitaler Spiele*. Zürich: Chronos.
Stanzel, F. K. (2001/1979): *Theorie des Erzählens*. (7. Aufl.) Göttingen: Vandenhoeck & Ruprecht.
Starsetzki, T. (2003): „Rekrutierungsformen und ihre Einsatzbereiche." In: Theobald, A. & Dreyer, M. & Starsetzki, Thomas (Hrsg.), *Online-Marktforschung. Theoretische Grundlagen und praktische Erfahrungen*. Wiesbaden: Gabler, 41-53.
Szulborski, D. (2005): *This Is Not A Game. A Guide to Alternate Reality Gaming*. Macungie, PA: New Fiction Publishing.
Thompson, C. (2007): "Halo 3: How Microsoft Labs Invented a New Science of Play." <http://www.wired.com/gaming/virtualworlds/magazine/15-09/ff_halo?currentPage=all>. In: *Wired Magazine* <http://www.wired.com/wired/issue/15-09>, Nr. 09/15. Zuletzt abgerufen: Jan 2008.
Truffaut, F. (2003/1966): *Mr. Hitchcock, wie haben Sie das gemacht?* (2. Aufl.) München: Heyne.
Werning, S. (2007): "'Translating Narrative into Code' – Thoughts on a Technology-Centric Model of Digital Games as Programmable Media." <http://www.eludamos.org/index.php/eludamos/article/view/8/29>. In: *eludamos* <http://www.eludamos.org/index.php/eludamos/issue/view/2/showToc>, Nr. 01/01. Zuletzt abgerufen: Feb 2008.
Winkler, C. (2007): „Bioshock" <http://d-frag.de/blog/2007/09/04/bioshock>. In: *d-frag.de* <http://d-frag.de>. Zuletzt abgerufen: Jan 2008.
Yee, N. (2006): "The Demographics, Motivations and Derived Experiences of Users of Massively-Multiuser Online Graphical Environments." <http://www.nickyee.com/pubs/Yee%20-%20MMORPG%20Demographics%202006.pdf> In: *The Deadalus Project*, <http://www.nickyee.com/daedalus/archives/001539.php>. Zuletzt abgerufen: Jan 2008.

Spiele

Black & White (2001): Lionhead Studios, EA Games (PC).
Command & Conquer 3: Tiberium Wars (2007): EA Los Angeles, EA Games (PC, Konsole).
Doom 3 (2004): id Software, Activision (PC, Konsole).
Dungeon Siege II (2005): Gas Powered Games, Microsoft Game Studios (PC).
Half-Life (1998): Valve Software, Sierra On-Line (PC).
Half-Life 2 (2004): Valve Software, Sierra Entertainment (PC, Konsole).
Planescape Torment (1999): Black Isle Studios, Interplay Production (PC).
Star Wars: Knights of the old Republic (2003): BioWare, LucasArts (PC, Konsole).
Thief: The dark Project (1998): Looking Glass Studios, Eidos Interactive (PC).
Tomb Raider (1996): Core Design Ltd., Eidos Interactive (PC, Konsole).
Tomb Raider Legend (auch: LARA CROFT: TOMB RAIDER LEGEND) (2006): Crystal Dynamics, Eidos Interactive (PC, Konsole).

II. Spiele – Form und Inhalt

Spielerische Aspekte digitaler Medien – Rollen, Regeln, Interaktionen

Britta Neitzel

Immer mehr Menschen spielen mit dem Computer statt nur damit zu arbeiten. Die Computerspielbranche wächst ständig und stellt inzwischen einen ernstzunehmenden Faktor im Unterhaltungssektor dar. Das ist kein Geheimnis mehr. Doch der Einfluss der Computerspiele geht über das rein Quantitative hinaus, die gegenwärtige Medienkultur ist durchdrungen vom Spielerischen. Dies zeigt sich eben nicht nur in der zunehmenden Spielfreudigkeit der Menschen – so ist auch im Fernsehen ein zunehmender Anteil unterschiedlichster Spielshows zu bemerken – oder an der formalen Übernahme spielerischer Elemente in vormals vor allem erzählende mediale Formen, wie es zum Beispiel der Band Spielformen im Spielfilm von Leschke und Venus (2007) thematisiert. Diese Durchdringung zeigt sich vor allem darin, dass zunehmend spielerische Gebrauchsweisen mit digitalen Medien zu beobachten sind, und dass digitale Medien bis zu einem gewissen Grad einen spielerischen Umgang mit ihnen fordern.

Im Folgenden werde ich zunächst auf eine gesellschaftliche Funktion des Spielen insbesondere des Spielens mit Technik eingehen, und damit die These, dass „Spiele und populäres Entertainment [...] seit dem ausgehenden 19. Jahrhundert entscheidende Medien für die Durchsetzung neuer Technologien und die Verbreitung gesellschaftlicher Technikakzeptanz [sind]." (Poser 2006, 7) untermauern. Es folgt eine Diskussion der Regeln, die sowohl Computerspiele als auch andere Computerprogramme konstituieren und ihren Gebrauch regulieren, und den durch Rollen oder Regeln organisierten Interaktionen in digitalen Medien.

1 Conflict Enculturation Theory

Die Spielforscher John M. Roberts und Brian Sutton-Smith haben 1962 anhand einer vergleichenden Studie zu Kinderspielen die *conflict enculturation theory* entwickelt, übersetzt etwa „Theorie des Einpassens von Konflikten in die Kultur" (vgl. Roberts/Sutton-Smith 1962). Diese Theorie bietet eine kultursoziologische Erklärung für die Entwicklung des vermehrten Spielens mit dem Computer, indem sie die gesellschaftliche Funktion des Spielerischen zu erklären sucht. Die Theorie geht davon aus, dass Spiele immer auf gesellschaftlich relevanten Konflikten beruhen. „Games have to do with some of the major tasks of survival in the groups in which they are found" (Sutton-Smith 1986, 63). Diese Konflikte würden von Spielen adaptiert und eine symbolische Lösung in dem vom Spiel geschaffenen Freiraum angegangen. McLuhan (1968, 255) konstatiert einen ähnlichen Bezug zwischen einer Gesellschaft und ihren Spielen: „Spiele sind Volkskunst, kollektive gesellschaftliche Reaktionen auf die Haupttriebkräfte oder Wirkungsweisen einer Kultur. Spiele sind wie Institutionen, Ausweitungen des sozialen Menschen und der organisierten Gesellschaft, ...".

Bei seinen Überlegungen zur Enkulturierungsfunktion der Computerspiele kommt Sutton-Smith zu der Überzeugung, dass es der Umgang mit der Maschine selbst ist, den es zu meistern gilt: „The adaptive problem in the video game is to ‚beat the machine'" (Sutton-Smith 1986, 66). Denn die gesellschaftlichen Probleme, die in Videospielen adaptiert würden, gründeten zumeist auf der Computertechnologie, es sei der Umgang mit Raumfahrt, Atombomben, Robotern u. Ä. Die Videospiele nun reduzierten die ‚Maschine' und die mit ihr verbundenen Probleme auf ein menschliches Maß, auf eine Ebene, die eine Reaktion und einen Umgang mit ihnen erlaubte, und so ein Angstpotential abbaute. „Video games are, among other things, a human response to the fear of the great machine" (ebd., 67). Im konkreten Spiel sei der Computer zwar als Gegner zu verstehen und jedes Videospiel ein Wettkampf, jedoch habe der Computer die gleichen Fähigkeiten wie menschliche Spieler und sei insofern ein bezwingbarer Gegner. Nach wie vor sei der Computer jedoch auch Regelgeber, der die Art des Spiels und den Umgang mit ihm festlege (ebd., 66). Tatsächlich sind Computerspiele, die allein gegen den Computer gespielt werden, darauf angelegt, schließlich den Spieler gewinnen zu lassen, der sich so der ›Maschine‹ überlegen fühlen kann. Ließen Spiele nicht die Möglichkeit des Gewinnens zu, so würden sie nicht lange oder nicht häufig gespielt werden, da sich kaum jemand freiwillig ständigem Verlieren aussetzt. Folgrichtig können die meisten Computerspiele mit unterschiedlichem Schwierigkeitsgrad gespielt werden, so dass die Spieler nach ihren Fähigkeiten auswählen und schließlich gewinnen können. Das bedeutet jedoch nicht, dass, beginnt ein Spieler ein Spiel, er dies beim ersten Mal durchspielen kann. Vielmehr ist auch bei einem skalierbaren Schwierigkeitsgrad ein Üben notwendig, was wiederum zu dem Gefühl beiträgt, für den Sieg wirklich etwas getan zu haben.

Wer will schon einen Sieg geschenkt bekommen?

Wird die Enkulturierungsfunktion von Computerspielen betrachtet, so ist also nicht entscheidend, *was* gespielt oder *was* in der spielerischen Welt geschieht, sondern die Tatsache, *dass* mit einem Gerät, dem Computer, gespielt wird, so dass der Umgang mit ihm enkulturiert wird.

Die technikenkulturierende Funktion von Computerspielen setzt mit dem Spiel Tennis for Two einen der Anfangspunkte der Computerspielgeschichte. Ich spreche hier von *einem* Anfangspunkt der Computerspielgeschichte, weil es, wie bei anderen (technischen) Medien auch, in der Geschichte der Computerspiele weder einen einzigen „Erfinder" noch ein „erstes Spiel" gibt, vielmehr beginnt die Computerspielgeschichte jeweils in Abhängigkeit vom Fokus des historiographischen Ansatzes (vgl. exemplarisch Malliet/de Meyer 2004). Das Anliegen des Physikers William Higinbotham nun war es, einem nicht fachkundigen Publikum mit diesem Spiel technische Geräte näher zu bringen. Hinginbotham arbeitete, nachdem er einige Zeit beim Manhattan Projekt beschäftigt war, am Brookhaven National Laboratory (BNL), einem 1947 von der US-Regierung auf einem ehemaligen Armee-Stützpunkt auf Long Island, New York, eingerichteten Forschungslabor. Dem Department of Energy unterstellt wurde und wird am BNL physikalische Grundlagenforschung betrieben, vor allem im Bereich der Nuklearphysik (Vgl. zum BNL: http://www.bnl.gov, zu Higinbotham: http://www.bnl.gov/bnlweb/history/higinbotham.asp). Higinbotham war 1951-1968 am BLN Leiter der Instrumentation Abteilung, d. h. einer Abteilung, die sich mit der Entwicklung von wissenschaftlichen Geräten beschäftigte. Um die Arbeit der Abteilung für den Tag der offenen Tür aufzubereiten, wollte er nicht nur Statistiken zeigen, sondern baute mit einem Kollegen zusammen Tennis for Two, eine Anwendung für einen Analogcomputer, die heute oft als das erste Videospiel bezeichnet wird. Von außen war ein schwarzer Kasten unter einem Oszilloskop zu sehen, jedoch konnten die Besucher selbst Hand anlegen und damit spielen. Auch wenn ihnen damit die Bedeutung der Technik und der Forschung am BNL unklar geblieben sein mag, so verlor die Technik mit Tennis for Two an Unzugänglichkeit, indem sie durch das Spiel zu etwas wurde, das man auch anfassen und selbst beeinflussen konnte.

Abb. 1: Tennis for Two am BLN

Auch historisch lässt sich zeigen, dass jede neue Technik auch einen spielerischen Aspekt nach sich zog. In der zweiten Hälfte des 19. Jh.s wurde die Eisenbahn zu einem zunehmend frequentierten Verkehrsmittel. Die erste Achterbahn als spielerisches Äquivalent zur Eisenbahn wurde 1898 im Vergnügungspark Coney Island bei New York eröffnet. Zwar sind Ähnlichkeiten in der Technik unverkennbar, doch mag eine Achterbahn nicht auf den ersten Blick als spielerisch erscheinen. Sie verkörpert jedoch, wie alle anderen schnellen Fahrgeschäfte auch, das Konzept von illinx – dem Schwindel, den Caillois (1960) neben agon, alea und mimikry als eine Grundkategorie des Spiels bezeichnet (zu Achterbahn und illinx s. a. Szabo (2006)). Liest man aus der Frühzeit der Eisenbahn stammende Warnungen vor den Eisenbahnfahrten, in denen die unglaubliche Geschwindigkeit dieses Gefährts sogar für gesundheitsschädlich gehalten wird – Egon Friedell nennt in seiner Kulturgeschichte der Neuzeit (Friedell 2004, 1028) ein Gutachten der medizinischen Fakultät zu Erlangen, das dafür plädiert, „den Fahrbetrieb mit öffentlichen Dampfwagen zu untersagen: die schnelle Bewegung erzeuge unfehlbar Gehirnkrankheiten, schon der bloße Anblick des rasch dahinsausenden Zuges könne dies bewirken." – so lässt sich nachvollziehen, dass Achterbahnfahrten eine quasi karthartische Wirkung gehabt haben können, indem man sich dem Schock und dem Schrecken in einem gesicherten Terrain aussetzte und so das Geschwindigkeitsgefühl beim Eisenbahnfahren auf ein Normalmaß reduzierte.

Im Zuge der Industrialisierung, die gekennzeichnet war durch die Umstellung von handwerklicher Arbeit auf die Fabrikarbeit, entstand jedoch nicht nur die Eisenbahn, sondern auch eine Vielzahl von ersten Spielautomaten, die die Arbeit an den Maschinen wieder aufnahmen und in einen spielerischen Zusammenhang transponierten. In der zweiten Hälfte des 19. Jh.s findet man laut Hutamo (2007, 24f.) in den Straßen der Städte: „Verkaufsmaschinen, ‚Kaufstimulatoren', Maschinen zum Glücksspiel, Maschinen zum Kräftemessen, Wahrsagemaschinen, Elektroschockmaschinen, Spielmaschinen, automatisierte Minitheater (oder ‚Arbeitsmaschinen') Maschinen, die Bilder oder Töne produzieren, automatische Waagen." Diese Automaten haben eines gemeinsam: Der Benutzer wirft ein Geldstück ein, drückt dann eventuell noch einen Knopf oder bedient einen Hebel woraufhin die Maschine etwas tut. Die Benutzer machen damit also einerseits das Gegenteil von dem was sie tagtäglich bei der Arbeit tun: Sie verschwenden etwas statt zu produzieren, wiederholen jedoch das, was sie tagtäglich bei der Arbeit tun: Sie bedienen Maschinen. Auch die Orte, an denen mit den Automaten gespielt werden konnte, werden – ähnlich einer Fabrik – zentral organisiert: Neben den einzelnen Automaten, die das Stadtbild prägen, entstehen Vergnügungsparks und so genannte penny arcades oder Spielhallen, die nach Aufkommen des Films zum Teil mit Kinos im hinteren Teil gekoppelt wurden. D. h. es entstehen Orte, an denen die Automaten aufgereiht standen und die besucht wurden, um sich zu amüsieren. Wie die Produktion wird auch die Reproduktion der Arbeitskraft in der Freizeit industrialisiert.

Seit dem ausgehenden 19. Jh. wurden sowohl die zur Produktion eingesetzten Maschinen als auch die Spielautomaten zunehmend komplexer. Weder in der Produktion noch in der Freizeit genügte es mehr, lediglich einen Hebel zu bedienen und so eine automatisierten Ablauf in Gang zu setzten (auch wenn diese Form der Arbeit natürlich noch besteht). Vielmehr musste zunehmend die Geschwindigkeit des Prozesses oder der Ablauf kontrolliert werden, bis schließlich bei den Computerspielen die Geschicklichkeit oder Strategie eines Spielers den Ausgang des Spiels bestimmt.

Wie die Automaten können auch Computerspiele als eine Form der Aneignung und des sich Gewöhnens an eine neue Produktionstechnologie gelten, dienen also der Enkulturation der Produktionstechnologie Computer.

Sowohl die Achterbahn als auch die Spielautomaten und die Computerspiele sind Spiele insofern sie dem Ernst und der Arbeit gegenüber gestellt sind, eine Gegenüberstellung, die etwa Huizinga (1994) in seiner Bestimmung des Spiels vornimmt. Spielt ein Spieler so ist er unproduktiv – d. h. durch das Spielen will der Spieler nicht etwas außerhalb des Spiels liegendes erreichen, er spielt vielmehr für den Moment. Das Spiel ist selbstbezüglich und in sich abgeschlossen, wie es Scheuerl (1990) definiert.

Spielautomaten sind jedoch insofern keine Spiele, als der Ablauf und das Ende bekannt sind. Wirft man ein Geldstück in einen Automaten hinein, so tut er (wenn er funktioniert) genau das, was er soll: Er spuckt ein Schokoladenei aus oder ein Kaugummi, er lässt Puppen tanzen oder spielt ein Musikstück. Das Spielerische jedoch lässt den Ablauf und das Ende offen. Die Spieler greifen ein in das Geschehen und beeinflussen es – sie lösen nicht nur einen automatisch ablaufenden Prozess aus. Und dies ist sowohl bei einem Fußballspiel der Fall, beim Puppenspiel als auch beim Computerspiel. Im Unterschied zur Enkulturierungsfunktion der Spielautomaten, die vor allem darin bestand, sich in einem spielerischen Umfeld – der Freizeit – an die Maschinen zu gewöhnen, erfordert die Produktionstechnologie Computer auch in Arbeitszusammenhängen einen spielerischen Umgang. Nachdem die Batch-Programme, die Anweisungen, die über Lochkarten eingegeben wurden, abarbeiteten, von den so genannten interaktiven Computerprogrammen abgelöst wurden, läuft die Arbeit am Computer nicht mehr automatisch ab. Vielmehr lassen es die Programme zu, dass in den Verarbeitungsprozess eingegriffen und er modifiziert wird. Im Unterschied zum Spielen mit Technik in vergangenen Zeiten durchdringt heutzutage, so meine These, das Spielerische auch den Arbeitsprozess.

2   Konstitutive und regulative Regeln

Im Spiel sind, wie oben gesagt, der genaue Ablauf und das Ende offen. Diese Offenheit wird durch Regeln zugleich eingeschränkt und ermöglicht. Den Regeln folgend wird festgelegt, wer gewonnen und wer verloren hat und was zu tun ist, um zu gewinnen bzw. zu unterlassen, um nicht zu verlieren. Nun gibt es jedoch unterschiedliche Arten von Regeln. Aus der Linguistik möchte ich die bisher in den Games Studies nicht beachtete Unterscheidung zwischen konstitutiven und regulativen Regeln von John R. Searle (2003) übernehmen. Nach Searle sind konstitutive Regeln Regeln, die Handlungen erst ermöglichen, sie eben konstituieren. Solche Regeln sind bei dem, was gemeinhin unter Spielregeln verstanden wird, am Werk. Die Regeln für Schach zum Beispiel konstituieren das Schachspiel. Sie legen fest wo gespielt wird: Auf einem aus 64 Feldern bestehenden schwarz-weiß gewürfelten Feld. Wer spielt: Zwei Spieler spielen gegeneinander. Sie bestimmen die Spielfiguren, mit denen die Spieler spielen: eine weiße und eine schwarze

Partei mit jeweils acht Bauern, zwei Türmen, zwei Springern, zwei Läufern einer Dame und einem König. Sie legen fest, wie die Figuren auf dem Brett bewegt werden dürfen, dass abwechselnd gezogen wird, dass nur jeweils eine Figur auf einem Feld stehen darf, eine Partei gegnerische Figuren schlagen darf und auch die Gewinnbedingungen: Du hast gewonnen, wenn der gegnerische König sich nicht mehr bewegen kann, ohne dass er in diesem oder im nächsten Zug von einer deiner Figuren geschlagen werden kann. Dieser – ggf. sogar unvollständige – Katalog von Regeln zeigt deutlich, wie aufwändig es ist, ein Spiel zu entwerfen (abgesehen davon, dass es nicht nur funktionieren muss, sondern den Spielern auch noch Spaß machen soll). Er zeigt auch, wie rigide die Regeln sind, die ein Spiel konstituieren: Schach existiert ohne die Regeln nicht und nur wer die Regeln befolgt, spielt auch Schach. Würden zwei Figuren zugleich oder ein Turm diagonal über das Feld gezogen, so würden zwar die Spielfiguren bewegt, aber kein Schach gespielt, sondern entweder ein anderes Spiel gespielt oder einfach nur mit den Figuren „herumgespielt". Ein Schachspiel ist nur das, was seine Spielregeln festlegen.

Regulative Regeln hingegen beziehen sich auf Handlungen, die nicht erst durch diese Regeln entstehen, sondern unabhängig von ihnen existieren. Dies ist zum Beispiel bei Verkehrsregeln der Fall – es gibt zwar z. B. in Deutschland das Linksfahrverbot, aber wenn jemand auf der linken Straßenseite fährt, dann nimmt er immer noch am Verkehr teil (Wie lange dies der Fall ist, wäre eine andere Frage.). Der Großteil der Regeln, die unseren Alltag regeln, sind regulative Regeln. Einige, wie die Verkehrsregeln, sind niedergeschrieben und ein Verstoß gegen sie wird geahndet. Andere werden im täglichen Gebrauch erlernt, können also als allgemein bekannt angenommen werden, wie zum Beispiel, dass man sich in einer Schlange hinten anzustellen hat. Wieder andere, wie zum Beispiel viele Benimmregeln, sind sehr vage und müssen oftmals in der direkten Interaktion ausgetestet werden: Welche Anrede wählt man in einem Brief an Vorgesetzte? Begrüßt man die schon Anwesenden, wenn man einen Fahrstuhl betritt? Wie verhält man sich in einer Gruppe von Personen, die man (noch) nicht kennt?

2.1 Weitere Bestimmungen konstitutiver und regulativer Regeln

Ist die Unterscheidung zwischen konstitutiven und regulativen Regeln getroffen, so können weitergehend noch einige spezifische Eigenschaften von konstitutiven Regeln ausgemacht werden, die jedoch nur zum Teil auf regulative Regeln zutreffen. Regulative und konstitutive Regeln unterscheiden sich vor allem im Grad ihrer Festgelegtheit und Verbindlichkeit. In Bereichen, in denen lebensbedrohliche Situationen (Verkehr) oder schwere ökonomische Einbußen eintreten können, werden auch regulative Regeln zunehmend präziser formuliert und restriktiver geahndet.

Katie Salen und Eric Zimmerman (2004) nennen folgende Charakteristika von Spielregeln, also konstitutiven Regeln:
- Spielregeln limitieren die Handlungen von Spielern – „Du darfst den Ball nicht werfen." Allein diese Eigenschaft trifft auch auf alle regulativen Regeln zu.
- Spielregeln sind eindeutig und explizit. Es heißt: „Du darfst den Ball nicht werfen" und nicht: „Du solltest den Ball nach Möglichkeit nicht werfen". Das trifft keinesfalls auf alle regulativen Regeln zu, zwar sind Verkehrsregeln eindeutig und explizit, Regeln der sozialen Interaktion jedoch nicht.
- Spielregeln sind festgelegt, so gibt es zum Beispiel Regelbücher. Auch dies ist nicht bei allen regulativen Regeln der Fall, auch hier lässt sich die Straßenverkehrsordnung als festgelegtes Regelwerk nennen, der „Knigge" jedoch enthält nur Empfehlungen.
- Spielregeln sind verbindlich. – Wer sich nicht an die Regeln hält, spielt falsch oder etwas anderes. Auch die Verbindlichkeit ist nicht bei allen regulativen Regeln gegeben.
- Spielregeln werden von allen Spielern anerkannt. Dies bedeutet, dass die Spielregeln nicht nur das Spiel konstituieren, sondern auch die Gruppe von Spielern, die ein bestimmtes Spiel spielt. Nur Personen, die die Regeln eines Spiels anerkennen, wären demnach auch Spieler dieses Spiels. Es können drei Gruppen von Nicht-Spielern, zum Beispiel in einem Fußballspiel, unterschieden werden: Menschen, die sich einen Ball zuwerfen und sich nicht als Fußballspieler bezeichnen, sind keine Fußballspieler. Menschen, die behaupten, Fußball zu spielen, jedoch heimlich die Hände benutzen, erkennen die Regeln des Spiels zwar nicht an, tun jedoch so als würden sie sie anerkennen. Dies sind Falschspieler. Personen schließlich, die behaupten, Fußball zu spielen, jedoch ganz offen die Hände benutzen, erkennen die Regeln des Spiels nicht an und sind Spielverderber, weil sie das Spiel stören und ggf. lächerlich machen. „Der Spieler, der sich den Regeln widersetzt oder sich ihnen entzieht, ist ein Spielverderber. Der Spielverderber ist etwas ganz anderes als der Falschspieler. Dieser stellt sich so, als spiele er das Spiel, und erkennt dem Scheine nach den Zauberkreis des Spiels immer noch an. Ihm vergibt die Spielgemeinschaft seine Sünden leichter, als dem Spielverderber, denn

dieser zertrümmert ihre Welt selbst" (Huizinga 1994, 20). Das Schlimmste, das einem Spiel also nach Huizinga passieren kann, ist das Bezweifeln der Gültigkeit der durch die kontitutiven Regeln geschaffenen Spielwelt. Regulative Regeln hingegen bestehen oftmals aus Soll- oder Kann-Bestimmungen, bzw. entwickeln sich erst in einer konkreten Situation, ob und inwieweit sie von Personen anerkannt werden, liegt bei diesen Personen, die sich bei einer Nichtanerkennung jedoch ggf. Sanktionen zuziehen.
- Spielregeln sind wiederholbar. Sie gelten für jeden Spielzug, werden also innerhalb einer Partie wiederholt angewandt, wie auch für jede neue Partie, die nur gespielt werden kann, weil die Regeln eben wiederholbar sind. Auch hier verhält es sich bei regulativen Regeln anders.

2.2 Spielregeln als Programme

Spielregeln sind also, so kann man sagen, Vorschriften für Handlungsabläufe und damit Programme. Damit sind wir bei einer grundlegenden Gemeinsamkeit zwischen Spielen und digitalen Medien angelangt. Programme sind die Grundlage für die Arbeit von Computern und die Arbeit mit Computern. Und Computerprogramme haben genau die Eigenschaften, wie sie auch Spielregeln haben.

Computerprogramme arbeiten mit eindeutigen und expliziten Instruktionen. Sie sind eine Abfolge von logischen Operationen. Am bekanntesten ist wohl der ‚if ... then' (else) Befehl, die wenn-dann Bedingung: „Wenn x gegeben ist, dann mache y – oder etwas anderes." Und auch die Eingabe durch die Benutzer muss eindeutig sein. Die gesprochene oder geschriebene Instruktion: „Puschel, mach' das Bild mal schön!" an Photoshop wird das Programm eher unbeeindruckt lassen. Selbst wenn sich Photoshop durch ‚Puschel' angesprochen fühlen würde, könnte es doch mit dem Begriff ‚schön' nichts anfangen, sondern würde die Bildeigenschaften durch viele einzelne Parameter, wie Größe, Auflösung, Farbgebung, Schärfe, Ebenen, Gradation, etc. definieren, also wieder durch exakt bestimmbare Eigenschaften. ‚Mach' mal' birgt das zweite große Problem, denn ein Benutzer muss ganz spezifische und vom Programm definierte Tätigkeiten ausführen, um zu einem Ergebnis zu kommen, das er als schön bezeichnen würde.

Ein Computerprogramm limitiert die Handlungen von Benutzern, ist festgelegt und verbindlich. Ein Programm wird geschrieben und hier werden die Funktionen definiert. Es ist festgelegt, dass ein Benutzer bei Photoshop einen Rahmen markieren und dann den Befehl ‚Freistellen' wählen muss, damit er nur noch einen bestimmten Ausschnitt des Bildes vor sich hat. Ein anderer Befehl wird dem Benutzer an dieser Stelle nicht weiterhelfen. Es ist möglich die Funktionen umzudefinieren oder umzuprogrammieren – dann handelt es sich aber nicht mehr um das gleiche Programm.

Ein Computerprogramm wird zudem von allen Benutzern anerkannt. Im Gegensatz zum Spiel geschieht dies nicht freiwillig. Um mit einem Programm zu arbeiten, muss es von einem Benutzer ‚anerkannt' werden. Ihm bleibt nichts anderes übrig.

Zu guter Letzt: Computerprogramme sind wiederholbar. Wie ein Spiel kann ein Programm immer wieder ausgeführt werden. Und – und dies ist der entscheidende Unterschied zu Automaten und die Gemeinsamkeit mit dem Spiel – es arbeitet mit Variablen. D. h. in Abhängigkeit von den Eingaben wird sich der Ablauf und das Ergebnis verändern. Dies ist die Grundlage für Simulationen, in denen gezielt einzelne Variablen verändert werden, um zu überprüfen, wie sich das System unter diesen veränderten Bedingungen verhält, und dies ist die Grundlage für jedes Spiel, das sich durch die Handlungen der Spieler in seinem Ablauf und ggf. auch in seinem Ausgang verändert. Während Spiele also als Programme bezeichnet werden können, wäre es auch nicht abwegig, Computerprogramme als Spiele zu bezeichnen. Allein die Gewinnbedingungen sind bei Programmen, die nicht zum Spiel eingesetzt werden, nicht so leicht einsichtig wie in einem Spiel; denn das Ergebnis der Arbeit an einem Programm – sei es ein Text, ein Bild, eine Kalkulation – wird aus dem spielerischen Programmzusammenhang heraus genommen und in Zusammenhängen eingesetzt, die nicht konstitutiven sondern regulativen Regeln unterworfen sind. Und dass in solchen Zusammenhängen keine klaren Gewinnbedingungen durch Regeln formuliert werden, wird aus untenstehender Tabelle deutlich. In solchen Zusammenhängen stehen andere Funktionen im Vordergrund, wie zum Beispiel die Interaktion und die Rolle, die man in einer sozialen Gruppe einnimmt. Damit sind wir beim zweiten Aspekt des Spielerischen in den digitalen Medien, angelangt, den Rollen.

Konstitutive Regeln	Regulative Regeln	Programme
eindeutig und explizit	teilweise uneindeutig	eindeutig und explizit
limitieren Spielhandlungen	sollen Handlungen limitierten	limitieren Handlungen
festgelegt	teilweise festgelegt	festgelegt
verbindlich	teilweise verbindlich	verbindlich
werden von allen Spielern anerkannt	Verhandlungssache	müssen anerkannt werden
wiederholbar	teilweise wiederholbar	wiederholbar
arbeiten mit klar definierten Variablen	eine potenziell unbegrenzte Zahl von Variablen	arbeiten mit klar definierten Variablen

Tabelle 1: Eigenschaften von Regeln und Programmen

Exkurs: Regelebenen von Computerspielen

Bevor ich jedoch zu den Rollen komme, soll die Regelhaftigkeit von Computerspielen, die sowohl Spiele als auch Computerprogramme sind, also mit einem doppelten Regelwerk versehen sind, noch einmal genauer betrachtet werden. Den konstitutiven Rahmen für ein Computerspiel gibt das Programm, durch das es definiert wird, vor. Es limitiert die Spielhandlungen, ermöglicht sie jedoch auch erst. So bestimmt es die für den Spieler möglichen Bewegungen im virtuellen Raum, bestimmt, ob ein Avatar laufen oder springen kann, ob es überhaupt einen Avatar gibt und die Umgebung, in der er erscheint. Spielfeld, Spielfiguren und mögliche Züge werden vom Programm vorgegeben (vgl. Neitzel 2001). Die Regeln des Programms sind, soweit nicht besondere Fähigkeiten im Umgang mit Computerprogramm beim Spieler vorliegen, unhintergehbar. Die Programmregeln regeln damit fast alles, was im Computerspiel passiert. Bezieht man sich auf Alexander R. Galloway (2006), der ein Computerspiel als einen aus vier Aspekten zusammengesetzten Prozess bezeichnet – diese Aspekte sind die *diegetic* und *nondiegetic operator acts* sowie die *diegetic* und *nondiegetic machine acts* – so unterliegen sowohl die digetischen und nicht diegegetischen Spielerhandlungen als auch die digetischen Maschinenhandlungen den Programmregeln. Lediglich Störungen, wie Programmausfälle und Bugs, die Galloway den nicht-diegetischen Maschinenhandlungen zurechnet, werden als Störung eben nicht von den Programmregeln festgelegt.

Während das Programm einerseits konstitutiv die Möglichkeit des Spiels überhaupt festlegt, existieren noch die spezifischen Gewinnbedingungen für ein Spiel. Sie legen fest, was zu tun ist, um zu gewinnen, wann das Ziel erreicht wird und auch wann das Spiel verloren ist. Dies sind nun spezifische konstitutive Spielregeln, ohne deren Befolgung das vom Spiel vorgegebene Ziel nicht erreicht werden kann. Die nicht-diegische Maschinenhandlung des game over gehört in den Bereich der Gewinnbedingungen. Das Ziel des Spiels kann auf verschiedene Arten erreicht werden, so zum Beispiel durch hinreichendes Üben, aber auch durch Falschspielen. Was jedoch als Falschspielen im Computerspiel gilt, ist nicht explizit geregelt. Im Single-Player Spiel insbesondere wäre zu fragen, wen ein Spieler eigentlich betrügt, wenn er zum Beispiel einen Walk-Through benutzt. Zudem werden Cheats in fast jedem Spiel von Entwicklerseite her angeboten, so dass das Auffinden von solchen Möglichkeiten, sich Vorteile zu verschaffen, fast als Spiel im Spiel gewertet werden kann. In Bezug auf Falschspielen kommen im Computerspiel vor allem regulative Regeln zum Tragen: Spieler, die die Hilfe eines Walk-Throughs in Anspruch nehmen, können von der Spielergemeinschaft als Falschspieler bezeichnet werden, da sie das Ende eines Spiels nicht aus eigener Kraft erreicht haben. Verhaltensregeln werden insbesondere in Multi-Player Spielen wichtig, in denen es darauf ankommt, fair zu spielen oder zu kämpfen (zum ‚Falschspielen' im Computerspiel s. Consalvo 2007 und Kücklich 2004).

Die beiden konstitutiven Regelebenen – Möglichkeitsbedingungen und Gewinnbedingungen – verdeutlichen noch einmal die funktionale Ähnlichkeit von Computerspielen und anderen Computerprogrammen. Der Unterschied besteht vor allem auf der Ebene der ins Regelwerk implementierten Gewinnbedingungen, die sich nur in Spielen finden. Allerdings sind Gewinnbedingungen keine notwendige Bedingung um Spiele zu konstituieren, so enthalten Rollenspielen eben keine Gewinnbedingungen.

3 Rollen

Roger Caillois geht in seiner 1958 verfassten und schon 1960 auf Deutsch erschienenen Abhandlung über die Spiele und die Menschen davon aus, dass Spiele entweder geregelt oder fiktiv sind, nicht aber beides zusammen. Caillois schreibt, dass „die Fiktion, also das Gefühl des als ob die Regel ersetzt und genau die gleiche Funktion erfüllt" (Caillois 1960, 15). Das Gefühl des als ob kommt im Rollenspiel zum Tragen. Denn im Rollenspiel wird so getan, als ob man eine andere Person sei.

Das Als Ob wirkt in allen Rollenspielen, so im Kinderspiel, in dem ein Kind mit ausgebreiteten Armen durch die Wohnung läuft, Brummgeräusche von sich gibt und beim Kühlschrank zum Tanken anhält, beim Cowboy und Indianer Spiel, beim Puppenspiel und natürlich auch beim Theaterspiel. In all diesen Spielen regelt die Fiktion das Verhalten der Spielenden, schreibt vor, was getan werden darf, um nicht aus der Rolle zu fallen – ein Flugzeug trinkt eben nicht, sondern tankt. Die Fiktion legt die Bedeutung der Spielgegenstände fest und ggf. auch ein Spielfeld. Caillois' Gegenüberstellung von Regeln und Fiktion scheint also etwas unglücklich gewählt, denn Rollenspiele regeln sehr wohl das Verhalten der Spielenden. Der entscheidende Unterschied liegt darin, dass ein Rollenspiel keine Gewinnbedingungen enthält. Ein Rollenspiel kann nicht gewonnen oder verloren werden und auch können und werden die Regeln der Fiktion während des Spiels oftmals durch Umdeutungen und Erweiterungen verändert, eine Ausnahme bildet natürlich das institutionalisierte Theater. Dadurch ist auch der Ablauf erheblich variabler. Spiele nach Regeln werden im Englischen als Games bezeichnet, Spiele mit der Fiktion als Play.

Rollenspiele sind eine paradoxe Angelegenheit. Denn man tut so – und dies möglichst überzeugt und überzeugend, als sei man etwas oder jemand anders, muss aber wissen, dass man eben nicht diese andere Person ist. Schauspieler sollen ihre Rolle so überzeugend wie möglich spielen; sie müssen aber zugleich wissen, dass sie nur eine Rolle spielen. Ein Schauspieler wäre nicht mehr Schauspieler und würde in Schizophrenie verfallen, wenn er nicht die Fähigkeit hätte, zwischen dem eigenen Selbst und der von ihm auf der Bühne repräsentierten Figur zu unterscheiden. Und nicht nur die Schauspieler, sondern auch das Publikum muss wissen, dass Theater nur ein Spiel ist. Riefe heutzutage ein Zuschauer einem Helden auf der Bühne eine Warnung vor dem Schurken zu, so spräche dies zwar einerseits für die Qualität der Darstellung, andererseits aber auch für die Unfähigkeit des betreffenden Zuschauers, das Paradox zu erkennen. Beim Rollenspiel stellt sich also nicht die Frage ‚To be or not to be', Rollenspiel ist vielmehr ein gleichzeitiges to be and not to be (vgl. Neitzel 2007).

Das Rollenspiel nun findet sich in vielfältigen digitalen Anwendungen. Sehr bekannt ist natürlich das im Jahr 2006 veröffentlichte Second Life. Second Life wurde und wird damit beworben, dass man sich mit quasi unendlichen Gestaltungsmöglichkeiten einen Avatar, ein zweites Selbst, erstellen kann, mit dem man dann sein zweites Leben führt. Auch wenn tatsächliche Benutzerzahlen schwer festzustellen sind, so scheint dies doch für viele Menschen attraktiv zu sein. Natürlich sind die Gestaltungsmöglichkeiten nicht unendlich, sondern beginnen mit einem ganz klaren und restriktiven Auswahlprozess. Man kann zwischen männlich und weiblich wählen und dann jeweils aus sechs verschiedenen Typen. Im „Appearance Editor" geht es dann an die weitere Gestaltung des Avatars. Hier sind die Möglichkeiten schon größer und zu den unentgeltlich angebotenen Möglichkeiten lassen sich noch weitere hinzukaufen. Im Appearance Editor wird noch einmal deutlich, dass es sich bei Second Life um ein komplexes Programm handelt. Nicht zuletzt deshalb lassen Firmen oder auch Prominente ihre Avatare von Profis gestalten.

Doch zurück zum Rollenspiel. Während ein Spieler an seinem Avatar herumbastelt, erscheint im Appearance Editor ein Fenster mit folgender Aussage: „You look marvelous. Take your time and edit your appearance and be sure to save it when you're done."

Abb. 2: Appearance Editor in Second Live

Abgesehen davon dass man sich fragen kann, ob man wirklich fabelhaft aussieht, wird hier das Paradox des Rollenspiels wieder deutlich. Denn wer ist mit „You look marvelous!" eigentlich gemeint? Dieses Kompliment kann sich nicht auf das Aussehen des Spielers vor dem Monitor beziehen, denn dieser wird vom Programm gar nicht gesehen. Also bezieht sich das Kompliment auf die Figur auf dem Monitor. Diese aber ist ja gar nicht der mit „You" angesprochene Spieler, insofern müsste es „he, she, it looks marvelous" heißen. Auf der anderen Seite ist aber der Avatar der Stellvertreter des Spielers in der Fiktion, also innerhalb des Spiels doch der Spieler, denn durch den Avatar wird der Spieler von den anderen Spielern angesprochen, durch ihn bewegt er sich in der Spielwelt und durch ihn spricht er mit den Mitspielern. Der Avatar ist eine Extension des Spielers, die es ihm möglich macht, in der Spielwelt zu agieren und zugleich ist er eine fiktionale durch das Programm vorgegebene und vom Spieler modifizierbare Figur. Das Verhältnis zwischen Rolle und Spieler ist also beim digitalen Rollenspiel etwas anders beschaffen als beim konventionellen Rollenspiel. Stecken Spieler und Rolle im konventionellen Rollenspiel in einem Körper, so wird die Rolle im digitalen Rollenspiel vom Körper des Spielers getrennt und einem, wie Sybille Krämer (2000) es nennt, Datenkörper übertragen.

Dieses Als Ob, das Vorgeben etwas zu sein, ohne es tatsächlich zu sein, findet sich jedoch nicht nur in explizit spielerischen Computeranwendungen, sondern in der Oberflächengestaltung eines jeden Programms. Nehmen wir das Beispiel des Papierkorbs (Abb. 3). Der Papierkorb kann zunächst einmal als ein Bild, das auf der Oberfläche eines Computermonitors erscheint, interpretiert werden. Er unterscheidet sich jedoch von einem herkömmlichen Bild, denn ein Bild würde keine Rolle spielen, also nicht so tun als wäre es ein Papierkorb, oder besser: es hätte nicht die Funktion eines Papierkorbs, sondern würde lediglich das Abbild eines Papierkorbs sein. Das Icon auf dem Monitor jedoch verhält sich anders. Obwohl es nur so aussieht wie ein Papierkorb und gar kein Papierkorb ist (man kann kein Papier hineintun und zur Mülltonne tragen kann man es auch nicht), funktioniert es doch für den Benutzer wie ein Papierkorb. Er schiebt seine überflüssigen Dateien hinein und ab und zu wählt er die Funktion „Papierkorb entleeren" – bringt also den Papierkorb zur Mülltonne. Jedoch wirft ein Benutzer kein Dokument in einen Papierkorb, er bewegt vielmehr die Maus zu einem bestimmten Icon, das er über ein anderes Icon schiebt, was wiederum eine bestimmte Rechenoperation im Rechner auslöst, indem dieser nämlich den Pfad zum Dokument umdefiniert. Die Benutzung eines grafikbasierten Programms ist also wiederum ein Spiel. Und auch in einem Computerspiel erschießt ein Spieler keine Moorhühner, sondern betätigt bestimmte Tasten zu einem bestimmten Zeitpunkt, was Operationen im Computer auslöst. Ohne die Fiktion, ein Moorhuhn zu erschießen und ohne die Fiktion, etwas in den Papierkorb zu legen aber würden weder das Moorhuhnspiel noch das Papierkorbspiel funktionieren. Damit man mit einem grafikbasierten Programm eine Datei löschen kann, muss man so tun als ob man die Datei in den Papierkorb wirft. Der Umgang mit grafikbasierten Programmen enthält Aspekte des Rollenspiels.

Abb. 3: Der Papierkorb

4 Interaktion und Partizipation

Spielen ist keine interpretative Tätigkeit, sondern eine partizipative. Spieler und Spielerinnen bestimmen den Ablauf des Spiels und seinen Ausgang, ganz schlicht: Beim Spielen tun sie etwas. Auch die oben schon angesprochenen so genannten interaktiven Programme entfalten ihre Fähigkeiten erst, wenn Benutzer Eingaben vornehmen, auf die die Programme dann reagieren, worauf die Benutzer dann ihrerseits reagieren. Brenda Laurel (1991, 1) sieht das interessante Potential eines Computers „in its capacity to represent action in which humans can participate". Es ist ein Wechselspiel.

Wie bei jedem Spiel, gab es auch unter den Computerspielern Ansätze, nicht nur nach den Regeln zu spielen, sondern Spielregeln auch zu verändern und neue aufzustellen. Die Computerspiel-Szene war von Beginn an geprägt von Modifikationspraktiken der Spieler, insbesondere da die frühen, in BASIC geschriebenen Spiele noch relativ einfach umzuprogrammieren waren. Aus der so genannten ‚Warez-Szene', die den Kopierschutz von proprietärer Software hackte, entstand in den 80er Jahren die Demo-Szene, in der Modifikationen von Spielen ausgetauscht wurden (vgl. Schäfer 2006 oder auch die Ausstellung origami digital – demos without restrictions). Dieses Potenzial wird heute von Computerspielfirmen (prominente Beispiele sind id-software und Valve) genutzt, um die Spieler länger an eine Spielserie zu binden. Von Spielern hergestellte Modifikationen werden in die nachfolgenden Produkte übernommen. Am weitest gehenden und bekanntesten ist die Totalmodifikation Counter-Strike, die von ‚Moddern' unentgeltlich aus dem Spiel Half-Life (Valve 1998) entwickelt wurde. Valve brachte diese Entwicklung dann 2000 als Half-Life: Counter-Strike auf den Markt (vgl. Laukkanen 2005).

Doch es muss nicht bei der unentgeltlichen Arbeit bleiben, insbesondere in journalistischen Berichten wird immer wieder hervorgehoben, dass aus begeisterten Spielern auch erfolgreiche Game-Designer werden können (vgl. King/Borland 2003; Kushner 2004).

Auch Fan-Fiction (vgl. Jenkins 1992) muss heute nicht mehr unbedingt geschrieben oder gefilmt werden, die digitalen Medien bieten selbst die Tools, um sie zu erstellen. So können z. B. Machinima als die digitale Version der Fan-Fiction bezeichnet werden. Machinima (ein Kunstwort aus cinema, machine und animation) sind digitale Filme, die mit Hilfe von Game-Engines (Programmkomplexen für zusammenhängende Funktionen) erstellt werden (vgl. Lowood 2007). Die Computerspiele werden so einerseits kommentiert und fortgeschrieben, andererseits stellen die Amateur-Regisseure auch ihr eigenes Können aus. Machinima müssen jedoch nicht in geschlossenen Fan-Kreisen verbleiben, so werden die Red vs. Blue- Filme, die seit 2001 aus dem Spiel Halo entstanden, inzwischen auf DVD vertrieben (vgl. http://rvb.roosterteeth.com (28.10.2008)).

Diese hier kurz beschriebene Partizipation hat inzwischen auch einen großen Teil der Struktur des Internets ergriffen. Das Internet besteht nicht mehr nur aus relativ statischen Websites, sondern als das so genannte Web 2.0 aus Tools, die zur Teilnahme einladen. Blogs schießen aus dem Boden und You Tube feiert ungeahnte Erfolge. Second Life wurde oben schon erwähnt. So genannte ‚Social Software' scheint die Zukunft zu sein. Das Internet wird nicht mehr nur genutzt, um etwas auszustellen, auszusagen oder vorzustellen, Plattformen wie You Tube haben vielmehr immer auch eine Kommentar-Funktion. D. h. auch wenn man nur etwas ausstellt, so wird doch impliziert, dass es auch gesehen und kommentiert wird, worauf wiederum mit einem Kommentar reagiert werden kann. Ein Wechselspiel.

Insbesondere in den Selbstdarstellungsvideos, die man gehäuft auf You Tube findet, wird dabei der Aspekt des Rollenspiels wieder deutlich. Lonelygirl15 erlangte beispielsweise in diesem Zusammenhang Bekanntheit. In Form eines regelmäßigen Videoblogs präsentierte Lonelygirl15 alias ‚Bree' sich seit August 2006 auf You Tube. Eine schnell wachsende Zahl von Fans verfolgte das ‚persönliche Videotagebuch' des vermeintlich 16jährigen Mädchens, das mit seinen Fans zudem über eine MySpace-Seite Kontakt hielt. Die 16jährige 'Bree' aber entpuppte sich als eine 20jährige neuseeländische Schauspielerin namens Jessica Rose, und die Videobeiträge als Teil einer fiktionalen Serie, die von der Creative Arts Agency (CAA) produziert wurde. Die LG15-Serie ist mittlerweile ein kommerziell erfolgreiches fiktionales Serienformat mit dutzenden Charakteren und verschiedenen Spin-Offs, die zusammen vermutlich weltweit mehrere Millionen Zuschauer erreichen (vgl. http://en.wikipedia.org/wiki/Lonelygirl15 (16.07.2008)). Bevor aber öffentlich bekannt wurde, dass es sich um Fiktion handelt, war LonelyGirl15 eher als ein Alternate Reality Game zu bezeichnen. Seit diesem Skandal besteht in der You Tube-Community eine erhöhte Aufmerksamkeit in Hinblick auf mögliche ‚Fälschungen'. Vor allem macht er aber deutlich, dass die vorgeblich authentischen Selbstdarstellungen Rollenspiele sind. Ob auch hier Gewinnbedingungen vorliegen und wer sie definiert, wäre zu untersuchen.

Das Spielerische durchdringt die digitalen Medien in Hinblick auf durch Programme geregelte Möglichkeiten des Gebrauchs, die durch diese Programme geregelte Interaktion, das Spiel mit Visualisierungen und Rollen und Partizipationsangebote. Dadurch werden Grenzen durchlässig, Grenzen zwischen Sender und Empfänger, zwischen Ich und Nicht-Ich und zwischen Spiel und Arbeit.

Literatur

Caillois, R. (1960): *Die Spiele und die Menschen. Maske und Rausch.* Stuttgart: Curt E. Schwab.
Consalvo, M. (2007): *Cheating. Gaining Advantage in Videogames.* Cambridge, Mass.: MIT Press.
Friedell, E. (2004): *Kulturgeschichte der Neuzeit.* Bd. 2, München: dtv.
Galloway, A. R. (2004): Gamic Action, Four Moments. In: ders.: *Gaming. Essays on Algorithmic Culture.* Minneapolis; London: University of Minnesota Press, 1-38.
Huizinga, J. (1994): *Homo Ludens. Vom Ursprung der Kultur im Spiel.* Reinbek bei Hamburg: Rowohlt.
Hutamo, E. (2007): Neues Spiel, neues Glück. Eine Archäologie des elektronischen Spiels. In: Pias, C. & Holtorf, C. (Hrsg.), *Escape! Computerspiele als Kulturtechnik.* Köln; Weimar; Wien: Böhlau, 15-43.
Jenkins, Henry (1992): *Textual Poachers. Television Fans and Participatory Culture.* London: Routledge.
King, B. & Borland, J. (2003): *Dungeons and Dreamers: The Rise of Computer Game Culture from Geek to Chic.* Mc-Graw Hill.
Krämer, S. (2000): 'Performativität' und 'Verkörperung'. Über zwei Leitlinien für eine Reflexion der Medien". In: Pias, C. (Hrsg.), *Neue Vorträge zur Medienkultur.* Weimar 2000, 185-197.
Kücklich, J. (2004): *Modding, Cheating und Skinning. Konfigurative Praktiken in Computer- und Videospielen.* [Online-Dokument] URL http://www.dichtung-digital.org/2004/2-Kuecklich-b.htm
Kushner, D. (2004): *Masters of Doom: How Two Guys Created an Empire and Transformed Pop Culture.* London: Random House Trade.
Laukkanen, T. (2005): *Modding Scenes. Introduction to user-created content in computer gaming,* Tampere: Hypermedia Laboratory Net Series 9 (http://tampub.uta.fi/tup/951-44-6448-6.pdf) [Abfragedatum 17.07.2008]
Laurel, B. (1991): *Computers as Theatre, Reading.* Mass.: Addison-Wesley.
Leschke, R. & Venus, J. (Hrsg.) (2007): *Spielformen im Spielfilm. Zur Medienmorphologie des Kinos nach der Postmoderne.* Bielefeld: Transcript.
Lowood, H. (2007): High-perfomance play: The making of machinima. In: Clarke, A. & Mitchell, G. (Hrsg.), *Videogames and Art: Intersections and Interactions.* London: Intellect Books; Chicago 2007, 59-79.
Malliet, S. & Meyer, G. (2004): The History of the Video Game. In: Raessens, J. & Goldstein, J.: *Handbook of Computer Game Studies.* MIT Press, 23-45.
McLuhan, M. (1968): *Die magischen Kanäle.* Düsseldorf/Wien: Econ.
Neitzel, B. (2001): Die Frage nach Gott, oder: Warum spielen wir eigentlich so gerne Computerspiele? In: *Ästhetik & Kommunikation,* H. 115, 32. Jhg., Winter 2001/02, 61-67.
Neitzel, B. (2004): Wer bin ich? Zur Avatar-Spieler Bindung, In: Neitzel, B.; Nohr, R. F. & Bopp, M. (Hgg.), *„See? I'm real ..." Multidisziplinäre Zugänge zum Computerspiel am Beispiel von „Silent Hill",* Münster, 193-212.
Neitzel, B. (2007): To be and not to be – Zum Spiel mit Identitäten im neueren populären Spielfilm. In: Leschke, R. & Venus, J. (Hgg.), *Spielformen im Spielfilm. Zur Medienmorphologie des Kinos nach der Postmoderne.* Bielefeld, 367-389.
Origami digital – demos without restrictions, Ausstellung im Museum für Angewandte Kunst, Frankfurt 2002-2003. http://www.digitalcraft.org/index.php?artikel_id=411

Poser, S. (2006): Einleitung. In: Gebauer, G. [et. al] (Hgg.), *Kalkuliertes Risiko. Technik, Spiel und Sport an der Grenze*. Frankfurt/New York: Campus.

Roberts, J. M. & Sutton-Smith, B. (1962): Child Training and Game Involvement. In: *Ethology*, 1, 1962, 166-185.

Salen, K. & Zimmerman, E. (2004): *Rules of Play. Game Design Fundamentals*. Cambridge, Mass.: MIT Press.

Schäfer, M. T. (2006): Spielen jenseits der Gebrauchsanweisung. Partizipation als Output des Konsums softwarebasierter Produkte. In: Neitzel, B. & Nohr, R. (Hgg.), *Das Spiel mit dem Medium. Partizipation, Immersion, Interaktion*. Marburg: Schüren, 296-312.

Scheuerl, H. (1990): *Das Spiel*. Weinheim und Basel: Beltz, 11. Aufl.

Searle, J. R. (2003): *Sprechakte. Ein sprachphilosophischer Essay*. Frankfurt/Main: Suhrkamp.

Sutton-Smith, B. (1986): *Toys as Culture*. New York, London: Gardener.

Szabo, S.-R. (2006): *Rausch und Rummel. Attraktionen auf Jahrmärkten und in Vergnügungsparks. Eine soziologische Kulturgeschichte*. Bielefeld: Transcript.

Das Medium der Spaßgesellschaft:
Offene Fragen der Unterhaltungsforschung
über Computerspiele

Christoph Klimmt

1 Problemstellung

Dass Computerspielen eine höchst unterhaltsame Beschäftigung ist, lässt sich an zahlreichen Beobachtungen festmachen: an den nach wie vor wachsenden Verkaufszahlen des Bundesverbands Interaktiver Unterhaltungssoftware (BIU), an der großen Beliebtheit der Computerspielnutzung bei Kindern, Jugendlichen (JIM) und Erwachsenen (laut der Mediastudie „Typologie der Wünsche" 2008 spielen rund 20 Millionen Bundesbürger zumindest „selten" Computer- und/oder Videospiele) – oder einfach an einer typischen Spielsituation, die zumeist von gebannter Aufmerksamkeit und gelegentlich sehr intensiven Emotionen geprägt ist. Sich wissenschaftlich mit Computerspielspaß zu beschäftigen, bedeutet also vermeintlich, eine alltägliche Selbstverständlichkeit aufzuarbeiten. Die Relevanz solcher Forschungsbemühungen ist jedoch auf den zweiten Blick beachtlich. Denn Spielspaß ist die Schlüsselgröße, um den Aufstieg des Mediums Computerspiel zu einem der beliebtesten Angebote gerade für Kinder und Jugendliche zu verstehen und zu erklären. Zugleich ist Spielspaß die entscheidende Ursache dafür, dass sich die Gesellschaft über die Wirkungen von gewalthaltigen Computerspielen (z. B. Hartmann 2006) oder das Risiko von Computerspiel-„Sucht" (Grüsser/ Thalemann/Griffiths 2007) überhaupt Sorgen macht. Denn ohne Spielspaß gäbe es die gesellschaftliche Bedeutung von Computerspielen mangels Akzeptanz und Verbreitung nicht; und ohne Spielspaß würde den Spielen auch das Motivationspotenzial fehlen, aus dem heraus exzessive oder gar suchtartige Spielnutzung erwachsen könnte. Schließlich ist Spielspaß auch das Werkzeug, das Optimisten ausnutzen wollen, um mit Computerspielen die Gesellschaft voranzubringen: „Serious Games" (Ritterfeld/Cody/Vorderer, in Druck) sollen Hoffnungen nach neuen, effektiven Wegen des Lernens in vielen Lebensbereichen erfüllen, gerade weil ihre Unterhaltsamkeit Möglichkeiten freiwilliger, selbstgesteuerter Auseinandersetzung schafft, die für erfolgreiche Instruktion von großem Vorteil ist (Ritterfeld/Weber 2006). Diese Fragen besitzen auch immer eine Dimension der Geschlechterforschung, zumal Unterschiede in der Nutzung von Computerspielen für Jungen und Mädchen (und in noch stärkerem Maße für Männer und Frauen) gut dokumentiert sind (vgl. Lucas/Sherry 2004; Hartmann/Klimmt 2006).

Spielspaß theoretisch-systematisch zu modellieren und empirisch zu untersuchen ist daher keineswegs eine triviale Forschungsaufgabe, sondern angesichts der dynamischen Entwicklung und Ausbreitung von Computerspielen eine prioritäre Angelegenheit für die Kommunikations- und Medienwissenschaft. In diesem Beitrag wird zunächst der Stand der bisherigen Spielspaßforschung zusammengefasst. Der Schwerpunkt des Kapitels liegt jedoch auf den noch offenen Fragen zum Spielvergnügen: Computerspiele entwickeln sich so rasant weiter, dass die wissenschaftliche Rekonstruktion ihrer Unterhaltsamkeit noch längst nicht alle relevanten Facetten angemessen berücksichtigen konnte. Diese offenen Fragen und forschungsorganisatorische Perspektiven ihrer künftigen Beantwortung werden im vorliegenden Beitrag diskutiert.

2 Was wir wissen: Stand der Spielspaßforschung

Das Spielvergnügen und Motivationspotenzial von Computerspielen hat in der Rückschau der bisherigen thematischen Veröffentlichungen die Wissenschaft bislang eher selten und sporadisch interessiert (Klimmt 2006). Frühe Ansätze, beispielsweise von Malone (1981), wurden nicht weiter aufgegriffen, obwohl schon damals die Ausbreitung von Videospielen zu einem Massenmedium in vollem Gange war. In der Medien- und Kommunikationswissenschaft erwachte das Interesse am Spielspaß erst zusammen mit dem Wachstum des übergeordneten Bereichs der Unterhaltungsforschung (Zillmann/Vorderer 2000; speziell zu Computerspielen in diesem Band: Grodal 2000). Theoriegeleitete und empirische Studien sind jedoch bis heute ausgesprochen rar gesät, wenngleich sich eine Reihe von Spaßfaktoren mittlerweile empirisch gut belegen lassen. Diese werden im Folgenden in aufgabenbezogene (2.1.) und narrationsbezogene (2.2.) Faktoren differenziert, bevor mit dem Spannungskonzept ein integrierter Spaßanteil beschrieben wird (2.3.).

2.1 Leistungs- und aufgabenbezogener Spielspaß

Die Interaktivität des Mediums Computerspiel versetzt seine Nutzer/innen in die Situation, in simulierten Welten aktiv handeln zu können – und zu müssen, soll sich Spielspaß überhaupt einstellen. Die Responsivität des Mediums, also die direkt-unmittelbare Umsetzung von Spielereingaben in Ereignisse in der Spielwelt, wurde mit Hilfe verschiedener konzeptueller Zugänge als Determinante des Unterhaltungserlebens beim Gaming identifiziert.

Eine gewissermaßen ‚kleinteilige' Perspektive nimmt dabei die Anwendung des Konzepts „Selbstwirksamkeitserleben" ein (Klimmt 2006; Klimmt/Hartmann 2006). Hier wird argumentiert, dass die direkte Rückmeldung, die die Spieler/innen auf ihre Eingaben erhalten, das Gefühl eigener kausaler Wirksamkeit induziert, eine Erfahrungsqualität, die (in minimalen Dosen) mit jedem Mausklick oder Tastendruck erneut hergestellt wird und damit einen wenig bemerkten, aber verlässlich vorhandenen Erfahrungsanteil am Gesamt-Spielspaß darstellt. Dass die Erfahrung eigener Wirksamkeit positiv besetzt ist, kann mit Rückgriff auf evolutionspsychologische Ansätze (White 1959) begründet werden – der Mensch strebt danach, die Wirkungen seines Handelns zu erfahren und erlebt sich positiv, wenn zu erkennen ist, was er getan oder erreicht hat. Computerspiele liefern genau diese Wirksamkeitserfahrung sehr verlässlich. Ein Experiment von Klimmt, Hartmann und Frey (2007) konnte nachweisen, dass eine künstlich reduzierte Selbstwirksamkeitserfahrung den Spielspaß von Computerspieler/inne/n substanziell reduziert.

Ein prominenterer konzeptueller Zugang zum aufgabenbasierten Spielspaß ist das Flow-Konzept. Csikszentmihalyi (1990) hat die ‚optimal experience', das „Im Tun Aufgehen", als Erlebenszustand charakterisiert, der sich bei optimaler Auslastung der Handlungskapazitäten während der Bewältigung einer Aufgabe einstellt. Kletterer, Chirurgen oder auch Schachspieler konzentrieren sich dann so sehr auf ihre Aufgabe, dass sie einen veränderten Bewusstseinszustand erreichen und ‚wie von selbst' handeln; ihr Zeitgefühl ist verändert, und die Erfahrung wird als extrem positiv beschrieben. Voraussetzung für das Eintreten von Flusserleben ist die Passung zwischen Anforderungen und Fähigkeiten, da sonst Langeweile (Unterforderung) oder Angst (Überforderung) entstehen, die das positive Selbsterleben zunichte machen. Schlütz (2002) und Sherry (2004) argumentieren, dass Computerspiele besonders gut geeignet sind, Flusserleben zu induzieren, weil sie einen permanenten Strom von Aufgaben generieren, die die Spieler/innen bewältigen müssen; dynamische Anpassungen des Schwierigkeitsgrads sind bei

Computerspielen besonders effektiv zu erreichen und steigern daher die Wahrscheinlichkeit, dass die Spieler/innen dauerhaft im ‚Flow' verbleiben. Rheinberg und Vollmayer (2003) sowie Keller und Bless (2008) konnten das Eintreten von Flusserleben bei der Passung von Spielerfähigkeiten und Spielschwierigkeit experimentell demonstrieren.

Eine dritte aufgaben- und leistungsbezogene Dimension des Computerspielspaßes lässt sich unter Rückgriff auf Selbstwerttheorien modellieren. Klimmt (2006) argumentiert, dass Erfolge im Computerspiel, beispielsweise die Bewältigung einer Mission in einem Kampfspiel oder die Lösung eines schwierigen Rätsels, mit einer Selbsterfahrung von Kompetenz und Überlegenheit einhergehen. Diese Rückmeldung über die eigene gute Leistung würde dann das Selbstwertgefühl der Spieler/innen steigern und damit positive Emotionen, nämlich Stolz und Freude auslösen (Weiner 1985). Diese positiven Emotionen wiederum sind dann Teil des Spielvergnügens insgesamt. Ein Experiment von Klimmt (2006, Studie 2) und eine Umfragestudie von Behr, Klimmt und Vorderer (2008) zeigen allerdings, dass der Zusammenhang zwischen Spielerfolg und Unterhaltungserleben wesentlich komplizierter zu sein scheint, insbesondere weil die Spieler/innen teilweise hochgesteckte Erwartungshaltungen an ihre eigene Leistung aufweisen und damit selbst bei vergleichsweise guten Leistungen das Risiko eingehen, ‚sich selbst zu enttäuschen' und ergo keinen Spielspaß zu generieren. Außerdem scheint der Spielspaß nicht nur durch erreichte gute Leistungen, sondern schon durch das Hinarbeiten auf die Bewältigung sehr schwieriger Aufgaben zu entstehen. Aktuelle Experimente (Klimmt/Hefner/Vorderer/Roth 2008) zeigen zudem, dass für sehr erfahrene Spieler die Leistungsdimension wesentlich spaßrelevanter ist als für Novizen, die sich auch sehr gut mit einem Computerspiel unterhalten fühlen, wenn sie mäßig erfolgreich agieren. Der Komplex aus Spielleistung und Selbstwertgefühl ist demzufolge zweifelsfrei hochrelevant für die Genese von Unterhaltungserleben beim Computerspielen, doch ist dieser Spaßprozess abhängig von einer Reihe personologischer und wohl auch spielbezogener und situativer Moderatoren, insbesondere den Erwartungshaltungen der Spieler/innen an sich selbst, die als Referenzgröße für die Beurteilung einer erbrachten Spielleistung dienen.

2.2 Narrationsbezogene Spielspaßfaktoren

Die meisten Computerspiele beinhalten auch eine Geschichte (Klimmt 2001). Oftmals ist sie nicht sehr umfangreich oder komplex, und meist lehnt sie sich an tradierte Geschichts-Archetypen an, beispielsweise den Kampf Gut gegen Böse oder die Saga eines einsamen Helden. Im Unterschied zu Romanen oder Filmen sind die Geschichten in Computerspielen nicht nur fiktional, sondern interaktiv erfahrbar; die Spieler/innen gestalten (innerhalb bestimmter Grenzen) die Geschichte selbst mit (Vorderer 2000). Die Unterhaltungsforschung im Bereich der Textlektüre (z. B. Oatley 1994) und des Fernsehens (Vorderer/Wulff/Friedrichsen 1996) hat verschiedene Wege aufgezeigt, wie in diesen Medien Plots und Storyqualitäten zum Unterhaltungserleben des Publikums beitragen. Im Fall der interaktiven Computerspielgeschichten ist davon auszugehen, dass hier ebenfalls Unterhaltungsprozesse begründet sind. So konnten Schneider, Lang, Shin & Bradley (2004) quasi-experimentell zeigen, dass narrativ aufgeladene Spielepisoden emotional intensiver und unterhaltsamer empfunden werden als vergleichbare Spielepisoden, die ohne Hintergrundgeschichte auskommen. Konzeptionell wird die positive Erfahrungsqualität des Erlebens interaktiver Geschichten mit dem ursprünglich literaturwissenschaftlichen Ansatz der Identifikation erklärt (Klimmt 2006; Klimmt/Hefner/Vorderer 2007). Durch die Interaktivität des Spiels weist das Erleben der Geschichte in einem Computerspiel einen starken Selbstbezug auf (McDonald/Kim 2001), so dass sich die Spieler/innen (phasenweise) als Teil der Geschichte, als fiktionale Person in der Spielwelt erfahren. Diese Identifikation führt zu einer veränderten Selbstwahrnehmung in dem Sinne, dass sich die Spieler/innen Eigenschaften ihrer Spielfigur (z. B. eines Kriegshelden) in höherem Maße selbst zuschreiben und sich dadurch etwa als mutiger, erfolgreicher, attraktiver oder mächtiger erleben als sie sich außerhalb der Spielsituation wahrnehmen würden. Diese simulierte Selbsterfahrung durch Identifikation reduziert dann vorübergehend die Selbstdiskrepanz (Higgins 1987), also die wahrgenommenen Unterschiede zwischen der eigenen Selbstwahrnehmung und dem Wunsch-Selbst, dem idealen, angestrebten Selbstbild. Identifikation mit Computerspielfiguren (die narrativ mit Bedeutung versehen werden, beispielsweise durch eine Kriegsgeschichte oder eine märchenartige Spielwelt in vielen Rollenspielen) trägt somit zum Spielspaß bei, indem den Spieler/innen eine Rolle angeboten wird, die mit einer veränderten, positiveren Selbstwahrnehmung einhergeht. Diese temporäre Reduktion von Selbstdiskrepanz wird von positiven Gefühlen begleitet, die wiederum Teil des Unterhaltungserlebens werden. Erste empirische Studien von Hefner, Klimmt und Vorderer (2007) sowie Bessiere, Seay und Kiesler (2007) können diese Annahmen empirisch untermauern.

2.3 Verquickung von Leistungs- und Story-Dimensionen: Spannung

Eine letzte empirisch belegte Dimension des Computerspielspaßes bringt die Aspekte von Leistungshandeln und interaktivem Geschichtenerleben zusammen. Gemeint ist der Zustand der Spannung (suspense), der für die Rezeption von nicht-interaktiven Unterhaltungsangeboten gut belegt ist (Vorderer et al. 1996), insbesondere für Krimis (Zillmann, 1994) und für Sportübertragungen (Zillmann, Bryant/Sapolsky 1989). Die Grundrezeptur für das Zustandekommen von Spannung in solchen nicht-interaktiven Rezeptionssituationen besteht aus den beiden Faktoren Relevanz und Unsicherheit. Spannung entsteht dann, wenn das Geschehen (beispielsweise in einem TV-Krimi) für die Rezipient/inn/en subjektiv relevant ist, das Publikum also ein Interesse daran hat, dass sich die Ereignisse in einer bestimmten Art und Weise entwickeln. Diese Präferenz für einen bestimmten Ausgang einer Episode (beispielsweise der Wunsch, dass der Polizist eine Bedrohung überstehen möge, der gepaart ist mit der Sorge, dass genau dass Gegenteil eintreten könnte) wird typischerweise unter Rückgriff auf die affective disposition theory von Zillmann (1996) erklärt, wonach emotionale Relevanzprozesse beim Publikum durch moralische Werturteile über die in der präsentierten Geschichte handelnden Charaktere entstehen. Moralisch positiv bewertete Charaktere werden vom Publikum mit Empathie und Wohlwollen begleitet, ihnen wünschen die Rezipient/innen entsprechend positive Ereignisse; zugleich wünschen sie, dass solchen Charakteren keine negativen Ereignisse (z. B. Tod, Erniedrigung) widerfahren. Moralisch negativ beurteilte Charaktere hingegen werden vom Publikum in genau gegensätzlicher Weise rezipiert: Ihnen wünscht man eben nichts Positives, sondern erhofft negative Ereignisse wie Strafe oder Erniedrigung (,counterempathy', vgl. Zillmann 1994; 1996). Derartig konfigurierte emotionale Relevanzprozesse erzeugen also spezifische Präferenzen über den Fortgang einer Geschichte: Die ,Guten' mögen gewinnen, die ,Bösen' dagegen verlieren. Spannung entsteht nun aus solchen Präferenzen immer dann, wenn das Publikum in Unsicherheit über den tatsächlichen Fortgang einer Episode gelassen wird. Beispielsweise mag es in einer Krimiszene zu einer Gefahr für den moralisch positiv bewerteten Protagonisten kommen. Solange der oder die Regisseur/in die Rezipient/innen im Unklaren darüber lässt, wie die Situation zu Ende gehen wird, müssen diese also Sorge haben, dass dem sympathischen Protagonisten etwas Negatives zustoßen könnte. Zugleich hegen die Rezipient/ inn/en die Hoffnung, dass die Situation doch noch gut ausgehen werde. Eben diese Ängste und Hoffnungen charakterisieren nach Zillmann (1994) den Zustand der Spannung während der Medienrezeption. Sobald die Situation aufgelöst wird (zumeist durch das ersehnte gute Ende für den sympathischen Protagonisten), weichen die Emotionen einem Gefühl der Erleichterung, bevor (möglicherweise) in einer neuen Episode wiederum Spannung aufgebaut werden kann.

Spannung ist zweifelsfrei eine der wichtigsten Manifestationen von Unterhaltungserleben im Bereich der nicht-interaktiven Medienangebote. Die (teils intensive) emotionale Anteilnahme mit den Figuren der Geschichte und die neugierige, affektiv aufgeladene Fokussierung darauf, wie es wohl weitergehen wird, empfinden die meisten Menschen (mit unterschiedlichen präferierten Niveaus) als eine angenehme Erfahrungsqualität (Vorderer et al. 1996).

Unter Berücksichtigung der Besonderheiten von Computerspielen – die mit der Interaktivität zusammenhängen – lässt sich das Spannungskonzept auch für die Erklärung des Unterhaltungserlebens beim Computerspielen anwenden. Klimmt (2006) argumentiert, dass die emotionalen Relevanzprozesse, die die Voraussetzung für Spannung sind, bei den meisten Situationen in Computerspielen, ebenfalls gegeben sind: Stürmt in einem Shooter-Spiel beispielsweise ein Gegner auf die Spieler/innen ein, wird deren Ziel, das Spiel zu gewinnen oder zumindest einen bestimmten Ort ‚lebendig' zu erreichen, akut in Frage gestellt. Ob die Spieler/innen die Aufgabe erfolgreich lösen können, also im Beispiel den Gegner besiegen können, ist zunächst unklar. Insofern bestehen in vielen Computerspiel-Episoden genau die gleichen Voraussetzungen für Spannung – emotionale Relevanz und Präferenz für einen bestimmten Situationsausgang einerseits und Ungewissheit über den tatsächlichen Situationsausgang andererseits. Weil beim Computerspiel qua Interaktivität aber persönliche Ziele der Spieler zur Disposition stehen (es geht um ihren eigenen Erfolg, ihr eigenes ‚Schicksal'), sind diese emotionalen Relevanzprozesse möglicherweise sogar noch stärker als bei der Rezeption nicht-interaktiver Unterhaltungsangebote, wo es ja ‚nur' um die Beobachtung von Gefahren anderer Charaktere geht.

Eine weitere Modifikation des Spannungskonzepts muss vorgenommen werden, weil die Ungewissheit über den Ausgang einer Spielsituation nicht vornehmlich von den Eigenschaften und Entscheidungen eines autonomen Protagonisten abhängen (wie etwa im TV-Krimi), sondern vielmehr die Fähigkeiten und Entscheidungen der Spieler/innen selbst in Frage stehen, denn nur die Spieler/innen können durch ihr Handeln die Situation zum gewünschten Ende bringen. Daher hat Spannung im Computerspiel immer auch eine leistungsbezogene Komponente, weil das Ausmaß der Spannung erzeugenden Unsicherheit direkt vom Leistungsvermögen der Spieler/innen abhängt. Ein sehr erfahrener Spieler eines Shooters wird beispielsweise den Angriff durch einen einzelnen leicht bewaffneten Gegner aufgrund seines ihm bekannten Leistungsvermögens nicht als spannend empfinden, weil für ihn keine Unsicherheit in Bezug auf den Ausgang des bevorstehenden Kampfes besteht – und ohne Unsicherheit ergibt sich auch keine Spannung. Ein wenig geübter Spieler dagegen wird bei identischer Bedrohungslage ein hohes Maß an Unsicherheit verspüren, denn ihm ist nicht klar, ob er diesen Gegner besiegen können wird. Entsprechend wird ein solcher Spieler deutlich mehr Spannung in der gleichen Episode erleben (möglicherweise sogar so viel Spannung, dass die Sorge um den Situationsausgang schon nicht mehr als Nervenkitzel positiv erlebt werden kann). Insofern verbindet das ‚interaktive Spannungskonzept' die Ebene bedeutungsaufgeladener Geschichten in Computerspielen mit dem Leistungsaspekt. Weil sich die Spieler/innen fast kontinuierlich mit neuen Aufgabensituationen konfrontiert sehen, lässt sich die Tätigkeit des Computerspielens als ein schnellebiger Zyklus aus Spannungs- und Lösungserfahrungen rekonstruieren (Klimmt 2006); die Spieler/innen befinden sich fast permanent in einem Zustand gespannter Erwartungshaltung darüber, was wohl als nächstes passieren wird und wie sie die anstehende Situation bewältigen werden. Das ständige Aufflackern von Spannung im Computerspiel lässt diesen explanatorischen Ansatz daher in den Mittelpunkt der theoretischen Rekonstruktion von Spielspaß rücken: Computerspielen ist zuallererst und fast durchgängig spannend.

Dass dieser Zustand als unterhaltsam empfunden wird, zeigt ein Experiment von Klimmt, Rizzo, Vorderer, Koch und Fischer (2009): Hier wurde ein Computerspiel-Level – mit der Aufgabe, eine arabische Innenstadt auf der Suche nach einer Vase zu erkunden – narrativ entweder als touristischer Spaziergang gerahmt mit dem Ziel, auf dem Basar ein Kunstobjekt zu erwerben oder aber als Undercover-Geheimdiensteinsatz mit der Mission, militärisch wichtige Informationen im Feindgebiet zu bergen (die sich in eben jener Vase befanden). Dadurch wurde die Ungewissheit darüber, ob im Spiel etwas Negatives (nämlich eine plötzliche Bedrohung) geschehen könnte, systematisch manipuliert, obwohl das Spiel selbst (Umgebung, visuelle Darstellung, Sounds, sogar die zu erledigende Aufgabe) identisch mit der nicht-spannenden Variante waren. Die Versuchspersonen fanden den spannungserzeugenden Geheimdienst-Level deutlich unterhaltsamer als den spannungsfreien Spaziergang-Level.

Die erfolgreiche Übertragung des Spannungskonzepts aus der Film- und Fernsehforschung auf Computerspiele demonstriert, wie die hybriden Eigenschaften von Computerspielen als Medium einerseits und als Spiel(gerät) andererseits (Klimmt 2001) zu spezifischen Erfahrungsqualitäten führen, die dann das besondere Unterhaltungserleben der Nutzer/innen bedingen. Hier spiegelt sich die in den eher geistes- und kulturwissenschaftlich geprägten „Game Studies" geführte Debatte über die ludischen und die narrativen Wurzeln von Computerspielen (vgl. dazu Sallge, in diesem Band; Schumacher, in diesem Band; Neitzel, in diesem Band) im Licht kommunikationswissenschaftlicher Theorien wieder: Erst die Verquickung der vormals (zumeist) getrennten Domänen des Spielen und Handelns einerseits und des Erleben vorgeprägter Geschichten andererseits schafft das besondere Faszinations- und Motivationspotenzial von Computerspielen.

Am Spaßfaktor Spannung lässt sich schließlich auch veranschaulichen, dass die Spielspaßforschung konzeptionelle Erklärungen für die eingangs erwähnten Geschlechterunterschiede in der Präferenz für Computerspiele erreichen kann. Denn Geschlechterunterschiede lassen sich zum einen auf den Leistungs- und Wettbewerbs-Aspekt von Spannung zurückführen: Frauen empfinden bei direkten Leistungsvergleichen, dem sogenannten sozialen Wettbewerb, deutlich weniger Positives als Männer; entsprechend gering ist ihre Präferenz für (spannende) herausfordernde Computerspiele (Hartmann/Klimmt 2006). Zum anderen sind auch Gender-Unterschiede hinsichtlich der narrationsbezogenen Komponente von Spannung in Computerspielen anzunehmen: Viele typische Plots, die Computerspiel-Episoden Spannung verleihen, beispielsweise Kriegsgeschichten, bei denen es um die Rettung der Welt im Angesicht übermächtiger Feinde geht, sprechen Mädchen und Frauen deutlich weniger an als Jungen und Männer. Die aus der Rahmengeschichte entstehenden Identifikationsangebote vieler Spannungs-Spiele – Kriegshelden, Polizisten, Sporthelden – sind für Mädchen und Frauen wenig attraktiv und induzieren daher auch kaum Spielspaß in Form von Spannung. Umgekehrt besitzen Computerspiele, die dezidiert weibliche Interessen im Bereich der Rahmengeschichte ansprechen – beispielsweise „Die Sims"® –, nachweisbar hohes Unterhaltungspotenziale für Spielerinnen (Klimmt 2005; Lucas/Sherry 2004; Hartmann/Klimmt 2006).

3 Blinde Flecken und neue Spielformen: Herausforderungen für die Spielspaßforschung

Die bisher referierten Befunde fassen den Stand unseres Wissens über die Freude am Computerspielen sicherlich nicht erschöpfend, aber gewiss unter Einschluss der wichtigsten bisher identifizierten Dimensionen und Determinanten zusammen. Damit ist jedoch nicht impliziert, dass die wissenschaftliche Aufarbeitung der Arten und Ursachen von Computerspielspaß bereits weit fortgeschritten sei. Das Gegenteil ist der Fall: Es fehlen zum einen empirische Studien, die die bisher erarbeiteten Dimensionen genauer und mit Bezug auf mehr unterschiedliche Spielgenres überprüfen. Die Breite der vorliegenden empirischen Befunde ist gerade mit Blick auf die weit ausdifferenzierte Landschaft der Computerspiele vollkommen ungenügend. Ein zweites, noch gewichtigeres Defizit besteht darin, dass wichtige Eigenschaften von Computerspielen bislang noch nicht zureichend in Spielspaßmodellen abgebildet sind. Schließlich ergeben sich neue Fragen nach dem Spielspaß durch die dynamische Weiterentwicklung und Ausdifferenzierung des Mediums selbst. In diesem Abschnitt wird daher versucht, die ungelösten Aufgaben der Spielspaßforschung zu systematisieren.

3.1 Ästhetische Rezeptionsdimensionen

Computerspiele bieten immer auch sensorische Erfahrungen, insbesondere visuelle und auditive Eindrücke, teilweise auch taktile Reize. In der bisherigen Forschung wurde diese Tatsache, die ja auf eine ästhetische Rezeptionskategorie verweist, vollkommen vernachlässigt. Zwar existieren Reflektionen über Darstellungsformen und ästhetische Repräsentationen von Raum, Zeit und anderen Aspekten (z. B. Wolf 1995; Walz 2003). Doch wurden ästhetische Erfahrungen beim Computerspielen bislang nicht systematisch-theoriegestützt als Teilprozess des Computerspielspaßes modelliert. Dieser Mangel muss auch deswegen verwundern, weil die einschlägigen Fachmagazine, die neue Spiele testen und besprechen, gerade in der „guten Grafik" und dem „guten Sound" zwei der wichtigsten Qualitäts- und Beurteilungskriterien sehen und weil ein erheblicher Teil des Fortschritt in der Spieletechnologie auf ästhetische Verbesserungen im Sinne von Special Effects und verbesserter Raumrepräsentation abzielt (Wolf/Perron 2003).

Einer der wenigen Versuche, die audiovisuelle Ästhetik von Computerspielen als Spielspaßfaktor auch empirisch zu rekonstruieren, ist die Umfragestudie von Kuhrcke, Klimmt und Vorderer (2006). Unter Rückgriff auf die Vandalismus-Theorie von Greenberger und Allen (1980) wurde hier gezeigt, dass die Beobachtung von Zerstörungsvorgängen in Kriegsspielen einen ästhetischen, motivational relevanten Wert für die Spieler besitzt: Zerstörungsvorgänge im Computerspiel sind ästhetische Ereignisse im Sinne von Berlyne (1960), zumal sowohl der Prozess (etwa Lichtblitze und Explosionen, Rauchwolken, lautes Getöse) als auch das Ergebnis von Zerstörung (Ruinen, verbogenes Metall, Fahrzeugwracks) gerade bei modernen Computerspielen die Ästhetikdimensionen der Komplexität und Neuartigkeit beinhalten. Man denke beispielsweise an die „Bullet Time" in den Shooter-Spielen der „Max Payne"-Reihe. Hier können die Spieler/innen per Tastendruck die Ereignisse in Zeitlupe ablaufen lassen, was es der Spielfigur ermöglicht, spektakuläre Bewegungen auszuführen und sich auch einer feindlichen Überzahl erfolgreich zu erwehren, wobei jede einzelne Kugel (Bullet) wegen der zeitverlangsamten Darstellung visuell verfolgt werden kann. Befragungsdaten von Vielspielern stützen die Annahme, dass solche ästhetischen Erfahrungen zum Spielspaß beitragen (Kuhrcke et al. 2006).

Allerdings gilt es im Bereich der Spielästhetik noch andere Facetten im Hinblick auf den Spielspaß zu untersuchen. Hier ist vor allem die Integration von ästhetischen Elementen aus anderen Medien in Computerspiele hervorzuheben. Computerspiele machen zahlreiche Anleihen bei den Darstellungsweisen anderer Medienangebote. Teilweise sind diese sehr explizit, etwa in offiziellen „Star Wars"-Computerspielen, die die gleiche Architektur und die gleichen Raumschiffe beinhalten wie die zugrundeliegenden Filme. In anderen Fällen müssen die Spieler/innen die Verbindung zu ästhetischen Vorbildern erst selbst herstellen, beispielsweise die Parallelen zwischen Action-Filmen von John Woo und der geschilderten „Bullet Time" in den „Max Payne"-Shootern. Solche Verbindungen und Zitate zu erkennen und zu würdigen dürfte ebenfalls eine wichtige, wenngleich sehr voraussetzungsreiche Dimension von Spielspaß darstellen: Nicht jede/r Spieler/in wird jede ästhetische Zitation oder Parallele entdecken, weil das Vorwissen über Original-Medien, über Regisseure, Filmtechniken etc. stark variiert. Im Moment der Erkenntnis solcher ästhetischen Parallelen dürften die Spieler/innen jedoch positive Erfahrungsqualitäten von Überraschung und von eigener Kompetenz (im Sinne der Aktualisierung eigener Expertise) erhalten (vgl. Groeben/Vorderer 1988), die dann zum Spielspaß beitragen. Wie genau ästhetische Rezeptionsprozesse und Spielspaß zusammenhängen, muss indes noch unter Rückgriff auf solidere Theorien und mit empirischer Forschung ergründet werden.

3.2 Neugierprozesse

Eine weitere Facette von Computerspielen, die bislang zu wenig Berücksichtigung in der Spielspaßforschung gefunden hat, ist die Evokation von Neugier.

Computerspiele können in vielfältiger Weise ‚neugierig machen'. Ein geradezu klassisches Werkzeug ist der „Fog of War", der „Nebel des Krieges", der in Strategiespielen diejenigen Teile der aus der Vogelperspektive gezeigten Landkarte verdeckt, die die Spieler/innen noch nicht erkundet haben. Die visualisierte Verheißung, neues in diesem Nebel entdecken zu können, stimuliert unweigerlich die Entsendung von Kundschaftern, die den Nebel lichten und die Ungewissheit über das Verborgene beseitigen sollen. Andere Formen der Neugierevokation in Computerspielen beziehen sich auf die hinweisgeleitete Suche nach Objekten (beispielsweise in Rollenspielen) oder die Erkundung noch unbekannter Terrains (zum Beispiel in Shooter-Spielen). Auch die Erprobung neuer Werkzeuge oder Waffen stellt einen neugiergetriebenen Prozess dar, und schließlich erzeugen auch die Rätsel in Adventure-Spielen Neugier darüber, wie man sie wird lösen können und was passieren wird, sobald die Lösung geschafft ist.

Neugierverhalten und Exploration sind in den meisten Fällen emotional positiv besetzt (Schneider 1996; Voss 1981). Konzeptionell bestehen zudem enge Überschneidungen zwischen Neugiererleben und Spannung (Berlyne 1960; in Bezug auf Computerspiele: Klimmt 2006). Insofern ist davon auszugehen, dass spielseitig induzierte Neugierprozesse auch für die Genese von Spielspaß von Bedeutung sind. Eine systematische Rekonstruktion der Entstehung von Neugier und ihrer Rückwirkung auf das Spielvergnügen steht aber sowohl in theoretischer als auch in empirischer Hinsicht noch aus.

3.3 Multiplayer-Gaming

In keinem anderen Bereich wird der technische Fortschritt des Computerspielesektors so deutlich wie bei den Mehrspieler-Varianten. Nutzungsstudien zeigen, dass ein zunehmender Anteil der Spieltätigkeit gemeinsam mit und/oder gegen andere menschliche Spieler/innen ausgeführt wird (z. B. MPFS 2008). Dabei spielen neben Konsolenspielen für mehrere anwesende Spieler/innen lokale Netzwerke (LANs, vgl. Jansz/Martens 2005) und vor allem internetbasierte Modi eine zentrale Rolle. Internetspiele wiederum lassen sich ihrerseits ausdifferenzieren, beispielsweise in Persistente Online-Spielwelten wie „World of Warcraft" (Yee 2006; Chan/Vorderer 2006), Browserspiele (Klimmt/Schmid/Orthmann 2008), Mehrspielerpartien mit herkömmlichen Kauftiteln auf speziellen Spieleservern (Pena/Hancock 2006) und den in größerem Maßstab organisierten „eSports" mit Online-Ligabetrieb und –Turnieren (Müller-Lietzkow 2006).

An der Tatsache, dass Computerspielen nun gemeinsam mit einem, mehreren oder sehr vielen anderen Menschen stattfinden kann, lassen sich vielfältige konzeptuelle Implikationen für den Spielspaß festmachen (Klimmt, 2006). Diese sind bislang allerdings kaum systematisiert oder empirisch nachvollzogen worden.

Klimmt (2006) argumentiert, dass vom Mehrspieler-Modus insbesondere der Spaßfaktor Spannung betroffen ist (vgl. oben: 2.3). Durch das Wissen, dass die Unsicherheit auslösenden Spielaufgaben (z. B. Bedrohungen) von echten Menschen und nicht vom Computer – womöglich sogar von guten Freunden – ausgelöst werden, intensivieren sich die emotionalen Relevanzprozesse in jeder einzelnen Spielsituation. Nun steht mehr auf dem Spiel, Erfolg oder Misserfolg sind nicht nur für den Spieler oder die Spielerin erkennbar, sondern werden öffentlich; statt eines einsamen Leistungstests ergibt sich nun eine soziale Situation, in der Reputation oder auch Spott zu ernten sind. Diese erhöhte Relevanz dürfte das Spannungsempfinden gegenüber einer Einzelspielerpartie dramatisch steigern und den Unterhaltungswert von Mehrspielermodi zu Großteilen erklären. Eine Experimentalstudie von Ravaja et al. (2005) untermauert diese Annahme: Sein experimenteller Vergleich von Spielern, die entweder alleine, gegen einen Fremden oder gegen einen guten Freund spielten, ergab, dass die soziale Spielsituation zu deutlich intensiveren physiologischen Emotionsprozessen führte, was im Sinne gesteigerter Spannung beim Spiel gelten kann.

Neben dieser direkten Rückbindung des Mehrspieler-Aspekts an das bereits etablierte Spielspaßkonzept Spannung bestehen noch diverse theoretische Richtungen, die zur Aufklärung des Mehrspieler-Spielspaßes verfolgt werden müssen. Dazu gehört beispielsweise der Aspekt des sozialen Wettbewerbs (Vorderer, Hartmann/Klimmt 2006), der gerade im Bereich des eSports kultiviert wird und möglicherweise für bestimmte Spieler neuartige (zumindest bislang nicht modellierte) Komponenten von Spielspaß aufschließt.

Neben diesen eher auf Wettbewerb und Konflikt zwischen den menschlichen Spieler/inne/n abzielenden Konzeptlinien birgt aber auch gerade der Aspekt der Kollaboration zwischen Spieler/inne/n das Potenzial, vielfältige neue Dimensionen und Determinanten von Computerspielspaß zu identifizieren (Klimmt 2006; Yee 2006). Die Möglichkeit, sich mit anderen Spieler/innen etwa über Chatkommunikation oder auch Sprachkommunikation (Voice over IP, vgl. Williams/Caplan/Xiong 2007) zu verständigen, ermöglicht für viele Titel neue Formen von Spieltiefe und Komplexität, die ihrerseits mit dem Unterhaltungserleben verbunden sein könnten. Die teilweise intensive Kommunikation mit anderen Spieler/innen kann aber auch durch den Erhalt emotionaler Unterstützung (Pena/Hancock,

2006) zum Spielspaß beitragen oder gleich ganz neue Dimensionen im Sinn von stabilen sozialen Beziehungen öffnen, die dann eher zur Sozialpsychologie des Internets zu zählen sind als ein genuines Feld des Spielspaßes darstellen (Steinkuehler/Williams 2006; McKenna/Bargh 1999).

Diese Beispiele sind sicherlich keine vollständige Aufzählung der (denkbaren) Implikationen von Mehrspieler-Varianten für den Spielspaß; sie sollen vielmehr die Bandbreite der Verbindungen, die zwischen Multiplayer-Gaming und Spielvergnügen herzustellen sein könnten, verdeutlichen und die enorme theoretische Komplexität andeuten, die hier für die künftige Spielspaßforschung noch zu bewältigen sein wird.

3.4 Casual Gaming und Mobile Gaming

Zu den interessanten Manifestationen der Ausdifferenzierung des Mediums Computerspiel gehören neuere Formen, die zu Zeiten und/oder an Orten genutzt werden können, die keine ausdauernde, intensive Beschäftigung mit dem Spiel erlauben. Gemeint sind die Gelegenheitsspiele oder casual games. In das Betriebssystem Windows® sind einige beliebte casual games fest integriert, im Internet finden sich zahlreiche teils kostenpflichtige Angebote, die oftmals über zusätzliche Browser-Software aufwandsarm und schnell zu nutzen sind. An casual games wird deutlich, dass Computerspiele nun auch Orte erreichen und bei Gelegenheiten angeboten werden, wo früher allenfalls die nicht-interaktive Unterhaltungsnutzung möglich oder angezeigt war. So versuchen Internetseiten, ihre Attraktivität dort durch casual games zu steigern, wo sie vorher nur mit Bildern oder Videos gelockt haben. Fluglinien rüsten ihre Sitze mit Videospielsystemen aus, die die herkömmlichen Minifernseher ablösen. Spezielle Spieleportale im Internet halten kleinere und größere casual games bereit, die immer wieder zwischendurch, etwa am Arbeitsplatz, eingeschoben werden können.

Mobile Spiele, also Computerspiele, die auf portablen Endgeräten wie etwa Mobiltelefonen genutzt werden können, weisen Ähnlichkeiten mit casual games insofern auf, als dass auch sie eher für die Nutzung in kürzeren Aktivitätspausen oder zum Füllen von Wartezeiten konzipiert sind. Längere Spielnutzungen verbieten sich zumeist wegen der kleinen Displaygrößen; allerdings existieren neben dem schon geradezu traditionsreichen „Game Boy"® von Nintendo immer mehr erfolgreiche tragbare Spielekonsolen, die dank aufwändiger Technik nicht mehr nur als mobile Zeitfüller abgetan werden sollten, sondern schon beinahe ‚vollwertige' Spielerlebnisse, wie sie von Bildschirmspielen auf PC oder Wohnzimmerkonsolen bekannt sind, ermöglichen (Lübberstedt 2003, Phillips/Butt/ Blaszczynski 2006).

Aus der Sicht des Spielspaßes sind casual games und mobile Spiele interessant, weil sie zumeist aufgrund ihrer kurzen Nutzungsdauer weniger Involvement und Energieleistung bei den Spielern zu verlangen scheinen. Zugleich ist die psychische Situation, in der solche Spiele genutzt werden (sollen), beispielsweise am Arbeitsplatz oder in Verkehrsmitteln, eine andere als bei der herkömmlichen Freizeitnutzung von Computerspielen. Insofern ergeben sich hier interessante konzeptuelle Perspektiven, wie ‚leichtes Gaming' in einer spezifischen Belastungssituation eine eigene Form der Unterhaltung bewirken können, zum Beispiel Ablenkung von einem Stressor, einmaliges Aufrichten des Selbstwertgefühls durch ein Erfolgserleben oder Wiederherstellung einer positiven Atmosphäre im Großraumbüro durch spielebezogene Leistungsvergleiche. Reinicke und Trepte (2008) haben die Wirkungsweise von casual games nach einer Belastungssituation experimentell untersucht und fanden Hinweise auf eben solche erholungsbezogenen Leistungen. Die bei vielen casual games beobachtbare humorvolle inhaltliche Gestaltung (etwa bei den vielfach verbreiteten „Yetisports"-Spielen) verdient ebenfalls eingehendere Betrachtung als Dimension des Spielspaßes. Insofern erweitern casual games und mobile Spiele die Bandbreite der denkbaren Spaßprozesse beim Computerspielen in unterschiedliche Richtungen, die jeweils theoretisch und empirisch rekonstruiert werden müssen.

3.5 Physical Gaming

Nachdem sich der Fortschritt der Computerspieletechnologie lange Zeit fast ausschließlich auf die Verbesserung der visuellen und auditiven Darstellungsqualitäten konzentriert hatte, sind in jüngster Zeit verstärkte Bemühungen zu erkennen, auch andere Aspekte technisch auszudifferenzieren. Hier sind insbesondere neue Eingabe- und Steuerungsformen zu nennen. Die „Wii"®-Konsole von Nintendo ermöglicht durch Eingabegeräte mit Lage- und Bewegungssensoren vollkommen neuartige Steuerungsmodi, vor allem ‚natürliche' Bewegungsabläufe, die mehr oder weniger direkt in die Spielwelt übersetzt werden können. Ein Golfspiel kann nun gesteuert werden, indem echte Schlagbewegungen vor dem Bildschirm ausgeführt, durch das Eingabegerät gemessen und in einen virtuellen Schlag umgesetzt werden. Ähnliche authentische Bewegungsabläufe können für viele andere Sportspiele, aber auch Kampfspiele realisiert werden. Eine Sensormatte erlaubt zudem die Nutzung von Balance und Fußbewegungen zur Spielsteuerung; dieses

System vervielfacht daher die Möglichkeiten, wie Spieler/innen mit einem gegebenen Spiel interagieren können. Ein anderes Beispiel für bewegungsorientiertes Spielen ist die erfolgreiche Spielreihe „Guitar Hero"®, die mit einem eigenen Eingabegerät, einer Miniatur-Gitarre, ausgeliefert wird und die Spieler/innen mit Hilfe einer einfachen Musikvisualisierung in eine virtuelle Rockband integriert. Das gut getimte Anschlagen dieser Mini-E-Gitarre unterscheidet sich ebenfalls fundamental von herkömmlichen Eingabesystemen für Computerspiele, nämlich Maus, Keyboardtasten oder Controllern mit Knöpfen.

Für die Modellierung des Spielspaßes sind solche Steuerungstechnologien insofern relevant, weil sie die Dimension der Körperlichkeit wesentlich stärker in das Spielerleben einbeziehen als das konventionelle Spielen am Schreibtisch oder auf dem Sofa. Hier ergeben sich unmittelbar Anknüpfungspunkte an die Forschung zum Präsenzerleben in virtuellen Medienumgebungen (z. B. Wirth et al. 2007), also die Wahrnehmung der eigenen ‚Anwesenheit' in der Spielwelt, die ihrerseits eng mit dem Unterhaltungserleben verbunden ist (Klimmt/Vorderer 2003), etwa weil sie Spannungsprozesse intensivieren kann. Darüber hinaus sind hier aber Anknüpfungspunkte etwa an sportwissenschaftliche Erkenntnisse zur Freude an körperlicher Bewegung und Effektivität zu suchen, weil der Unterschied der neuen Steuerungstechnologien beim physical gaming gerade in der Erfahrung der eigenen körperlichen Aktivität besteht. Die verstärkte körperliche Aktivität (die bei einigen Spielen durchaus intensiv werden kann) dürfte insbesondere die Physiologie hinter dem Spielerleben substanziell beeinflussen, etwa die Euphorie nach einem Spielerfolg nochmals steigern. Insofern sind auch hier verschiedene konzeptionelle und mithin wissenschaftsdisziplinäre Richtungen zu bedenken, wenn die Implikationen des physical gaming für den Spielspaß aufgearbeitet werden sollen.

3.6 Pervasive gaming

Ein weiterer technologiegetriebener Trend im Bereich der Computerspiele sind ortsgebundene Computerspiele, die tragbare und online vernetzte Spielgeräte (z. B. Mobiltelefone mit GPS-Ortung) einbeziehen. So genannte Pervasive Games oder Location Based Games (vgl. ausführlich: Prinz, in diesem Band) nutzen daher nicht nur die virtuellen Darstellungen von Spielwelten, sondern beziehen reale Schauplätze mit ein und erfordern von den Spieler/innen zumeist eigene aktive Bewegung an diesen Schauplätzen. Die Integration von Computerspieltechnologie und physischer Umgebung ermöglicht beispielsweise fortgeschrittene Varianten der altbekannten Schnitzeljagd und öffnet neuartige, geradezu einzigartige Spielmodi und -erfahrungen, etwa wenn historische Stätten mit einem teambasierten Adventurespiel verblendet werden.

Auch wenn bislang vorwiegend experimentelle Prototypen solcher Spiele existieren und Location Based Games noch keine Massenform des Computerspiels darstellen, zeichnet sich hier eine weitere Facette interaktiver Unterhaltungsangebote ab, die hinsichtlich ihres Motivationspotenzials untersucht werden sollte; sie steht geradezu exemplarisch für die neueren Entwicklungen im Bereich der medienvermittelten interpersonalen Kommunikation, die gerade für die spielerische Interaktion miteinander neue Wege ebnet (Williams et al. 2007; Klimmt/ Hartmann 2008). Weil pervasive games aber über die medienvermittelte Seite hinausgreifen, ist hier die Einbindung von Konzepten aus der ‚herkömmlichen' Spielforschung vordringlich (z. B. Oerter 1999). Eine wichtige Frage in Bezug auf das Spielerleben ergibt sich etwa hinsichtlich der erreichbaren Stabilität einer Spielillusion: Wie kann angesichts der vielfältigen spielexternen Eindrücke (Passanten, Fahrzeuge, Lärm) das Erleben der Spieler/innen in einer fiktionalen Geschichte und Umgebung (etwa in einem historischen Setting) aufrechterhalten werden, und wie ist der Spielspaß beeinflusst, wenn die Illusion durch äußere Faktoren an einem realen Schauplatz unterbrochen wird? Bislang ist die Forschung zu pervasive games noch stark auf die technische Realisation und Usability fokussiert, für die weitere Entwicklung dieses Spielesegments hin zu einem massenkompatiblen Unterhaltungsangebot werden aber erlebens- und spaßbezogene Fragen in Zukunft an Bedeutung gewinnen.

3.7 Co-Kreation und Modding

Lange Zeit waren Computerspiele ähnlich wie Hollywood-Filme fertige Produkte, die die Nutzer/innen zwar auswählen, aber nicht ihren persönlichen Vorlieben anpassen konnten. Die komplexe Softwaretechnologie hinter Computerspielen machte es Laien (und damit praktisch allen Spieler/inne/n) unmöglich, einen Titel zu verändern und ihm eigene Ideen hinzuzufügen. Mittlerweile existieren jedoch für zahlreiche Spiele Editorenprogramme, mit denen (involvierte, kenntnisreiche) Spieler/innen kreativ und konstruktiv an Computerspiele Hand anlegen können. Gemeint ist das so genannte Modding, also die Modifikation von handelsüblichen Computerspielen hinsichtlich ihrer Formen und Inhalte (Behr 2008). Solche ‚Mods' können geringfügige Verbesserungen eines Spiels (etwa Behebung von technischen Fehlern), umfangreiche Erweiterungen (z. B. durch neue Geschichten, geografische Umwelten oder Charaktere) oder gänzlich neue Spiele einschließlich eines anderen Genres und Regelwerks darstellen. Viele Mod-Projekte sind kollaborative Vorhaben, an denen teils international vernetzte Teams von Computerspieler/inne/n arbeiten und die beachtliches Kreationspotenzial entwickeln. Daran ist auch die Spieleindustrie interessiert und stellt daher entsprechende Autorenwerkzeuge zur Verfügung. Beim Modding steht also im Grund nicht eine neue Form des Spielspaßes oder -erlebens im Mittelpunkt, sondern vielmehr die konstruktive Beschäftigung mit einem Computerspiel (das man zuvor jedoch intensiv genutzt haben muss, um zielgerichtete Veränderungen überhaupt planen zu können).

Andere Formen der kreativ-konstruktiven Spielenutzung finden innerhalb von vorgegebenen virtuellen Spielwelten statt. Das Multiuser-Rollenspiel „Lord of the Rings Online – Schatten von Angmar"® ermöglicht beispielsweise die individuelle Inneneinrichtung von Häusern für die virtuellen Bewohner/innen der Spielwelten. Damit werden Trends zur virtuellen Selbstdarstellung aus social network sites und „Second Life"® (vgl. Thimm/Klement, in diesem Band) integriert, was wiederum auf die sozialen Spielspaßprozesse des Multiplayer-Gamings zurückverweist (vgl. oben: 3.3).

Die kreativ-konstruktive Seite der Verwendung von Computerspielen sollte jedoch insofern auf spezifische Motivationspotenziale untersucht werden, weil die Lösung aus den festen Vorgaben der Spieleanbieter und die autonome Herstellung neuer, einzigartiger Spielelemente einen fundamentalen Schritt heraus aus der Handlungslogik marktüblicher Computerspiele markiert: Die bisherige Spielspaßforschung konzentrierte sich auf die Frage, wie die Spieler/innen unter den Vorgaben des fertig entwickelten Spiels mit seiner spezifischen Geschichte und Umweltdarstellung, seinem Regelwerk und Eingabesystemen ihren Spielspaß maximieren (können) (Klimmt 2006). Modding und die Co-Kreation neuer Spielvarianten entlastet die Spieler/innen von dieser strukturellen Abhängigkeit von den Vorgaben des fertig entwickelten Spiels. Damit ergeben sich nicht nur Fragen nach der Freude am (kollaborativen, arbeitsintensiven) Kreieren und Erschaffen (Behr 2008), sondern auch die Frage, wie diese ‚Befreiung' oder Rückgewinnung von Autonomie der Spieler/innen gegenüber der Spielsoftware auf das Erleben vorproduzierter Spielvarianten zurückwirkt. Beispielsweise ist denkbar, dass Spieler/innen, die sich auch als Modder verstehen, industriell entwickelte Spiele sehr viel kritischer betrachten und weniger auf konventionelle Spielspaßmaximierung bedacht sind als vielmehr distanziert und auf der Suche nach Anregungen für neue Kreationen durch das Spielgeschehen wandern. In dem Maße, in dem sich

Modder eher auf Augenhöhe mit den Produzenten kommerzieller Spiele sehen, könnte sich hier also ein Analog zum distinguiert-distanzierten Rezeptionsmodus der E-Kultur (mit seiner Wertschätzung für gute Performance und professionelle Ästhetik, aber auch der vorwissensintensiven, kritischen Auseinandersetzung mit dem Werk, vgl. Groeben/Vorderer 1988) im Bereich der Computerspiele herausbilden. Entsprechend ergeben sich in der Tat sehr interessante konzeptuelle Implikationen für den Spielspaß durch die Modding-Bewegung; mithin ist natürlich auch die Frage aufzugreifen, inwiefern und welche gemoddete(n) Spiele das Unterhaltungserleben von Spieler/innen im Vergleich zu anbieterseitig vorproduzierten Spielvarianten beeinflussen.

4 Forschungsorganisatorische Antwortperspektiven

Die in diesem Beitrag thematisierten Herausforderungen für die Spielspaßforschung sind vermutlich noch nicht vollständig. Sie zeigen aber bereits deutlich, dass die Bandbreite der Eigenschaften von Computerspielen, die etwas mit dem Spielspaß zu tun haben könnten und der Konzepte, die zur Beschreibung und Erklärung von Spielspaß dienen könnten, noch längst nicht ausgeschöpft ist. Aus sozial-/kommunikationswissenschaftlicher Perspkektive kann daher von einem in theoretischer und vor allem empirischer Hinsicht abgeschlossenen Forschungsprogramm zum Spielspaß keine Rede sein; im Gegenteil, die Anzahl der offenen Fragen scheint schneller zu wachsen als die konzeptionellen Antworten, die bisher gewonnen werden konnten.

Entsprechend gilt es, Forschungsorganisationsstrategien zu entwickeln, um der gesellschaftlich so relevanten Frage nach dem Unterhaltungserleben beim Computerspielen in Zukunft noch mehr wissenschaftliche Aufmerksamkeit zu widmen und die Effektivität der Spielspaßforschung zu steigern. Hier ist zunächst festzustellen, dass Spielspaß ein Arbeitsfeld darstellt, das den Mehrwert interdisziplinärer Forschung geradezu paradigmatisch erkennen lässt. Die Vielseitigkeit des Mediums, sein Hybridcharakter als Spielobjekt und Kommunikationsplattform (Klimmt 2001) und seine dynamische Weiterentwicklung und Ausdifferenzierung sorgen dafür, dass Erkenntnisse höchst unterschiedlicher Disziplinen nutzbar gemacht werden könnten – und im Grund auch gebraucht werden –, um mit der vollständigen theoretischen Modellierung des Spielspaßes voranzukommen. Die Bandbreite der angesprochenen Disziplinen reicht dabei von ingenieur- und computerwissenschaftlichen Fächern (zum Beispiel der Usability-Forschung und der Human-Computer-Interaction) über die bislang im Spielspaßbereich führenden Fächer der Kommunikations- und Medienwissenschaft, der Psychologie und der kulturwissenschaftlich geprägten „Game Studies" (vgl. dazu Copier/Raessens 2003; Sallge, in diesem Band) bis hin zur Sportwissenschaft (vgl. oben: 3.5) und der Theaterwissenschaft, die Beiträge zum Performance-Begriff liefern kann und den ‚Auftritt' der Spieler/innen in der Spielwelt, beispielsweise unter dem Gesichtspunkt der Identifikation mit einer Spielfigur (vgl. oben: 2.2), mit historischer und hermeneutischer Reflexion bereichern kann (z. B. von Brincken 2008). Weil die Kommunikations- und Medienwissenschaft traditionell stark auf interdisziplinäre Bezüge setzt und auch angewiesen ist (Vorderer/Klimmt/Hartmann 2006), eignet sie sich in besonderer Weise als disziplinäre Integrationsplattform der fächerübergreifenden Forschung zu Spielspaß. Entsprechend sollte gerade aus dieser Disziplin der Impuls kommen, neben der eigenen monodisziplinären Arbeit über Spielspaß auch den interdisziplinären Fortschritt zu organisieren. Ein Beispiel dafür ist das von der europäischen Kommission geförderte Projekt „Fun of Gaming" (FUGA 2006-2009), das unter medienpsychologischer Führung verschiedene Disziplinen von der Neurowissenschaft bis zur Kommunikationswissenschaft zusammenbringt, um gemeinsam spezifische Facetten des Unterhaltungserlebens beim Spielen zu untersuchen. Ähnliche und möglicherweise noch größere Forschungsprogramme sollten in Zukunft versuchen, die große Bandbreite von Fächern, die beim Spielspaß ‚mitreden' können und sollten, zum Forschungsdialog zusammenzubringen. Der hier vorliegende Band trägt zur inhaltlichen Grundlegung solcher multidisziplinärer Ansätze bereits mit erfreulicher Themen- und Autorenvielfalt bei.

Eine wichtige Zielperspektive für die integriert-interdisziplinäre Erforschung des Spielspaßes ist die Frage nach dem Wesen von Unterhaltungserleben beim Mediengebrauch an sich. Darüber wird in vielerlei Kontexten nachgedacht (z. B. in der Kommunikationswissenschaft: Bryant/Vorderer 2006; Klimmt/Vorderer, in Druck). Unterhaltungserleben selbst kann – wie eingangs dieses Kapitels am Beispiel des Spielspaßes expliziert, über sehr unterschiedliche kognitiv-affektive Routen oder Prozesse entstehen oder – je nach Sichtweise – in genau diesen Prozessen bestehen. Die interdisziplinäre Ergründung des Spielspaßes beim Gaming, die ja notgedrungen auf eine konsensfähige Terminologie zurückgreifen können muss, sollte daher die Debatte des Unterhaltungsbegriffs an den Anfang stellen. Auf diese Weise würde insbesondere aus kommunikationswissenschaftlicher Perspektive auch ein theoretischer Integrationsrahmen für die Bemühungen um den Spielspaß entstehen, weil das Unterhaltungserleben beim Gaming als spezifische Manifestation des übergeordneten Forschungsgegenstands „Unterhaltung durch Medien" abgeleitet werden könnte (Klimmt 2006). Damit würde auch eine disziplinübergreifende Grundlage für die Integration von Spaßfaktoren auf unterschiedlichen Analyseebenen (von physiologischen Basisprozessen wie etwa Erregung über individuelle Denkprozesse und Gefühle wie zum Beispiel Stolz und soziale Gruppenprozesse bis hin zu gesellschaftlich-kulturellen Aspekten, vgl. Klimmt & Vorderer, in Druck) geschaffen werden, die der theoretischen Sättigung sowohl des Unterhaltungs- als auch des Spielspaßbegriffs ausgesprochen dienlich wäre. In diesem Sinne soll das vorliegende Kapitel als Impuls verstanden werden, die anstehenden Herausforderungen durch disziplinierte, konsensbereite interdisziplinäre Kollaboration anzugehen und die ausgesprochen anspruchsvolle und gesellschaftlich so wichtige Frage nach dem Spielspaß mit größerer Breite und Tiefe zu ergründen.

Literatur

Behr, K.-M. (2008): Kreative Spiel(weiter)entwicklung. Modding als Sonderform des Umgangs mit Computerspielen. In: Quandt, T., Wimmer J. & Wolling J. (Hrsg.), *Die Computerspieler – Studien zur Nutzung von Computergames*. Wiesbaden: Verlag für Sozialwissenschaften, 193-207.
Behr, K.-M., Klimmt, C. & Vorderer, P. (2008): Der Zusammenhang zwischen Leistungshandeln und Unterhaltungserleben im Computerspiel. In: Quandt, T., Wimmer J. & Wolling J. (Hrsg.), *Die Computerspieler – Studien zur Nutzung von Computergames*. Wiesbaden: Verlag für Sozialwissenschaften, 225-240.
Berlyne, D. E. (1960): *Conflict, arousal, and curiosity*. New York: McGraw-Hill.
Bessiere, K., Seay, A. F. & Kiesler, S. (2007): The ideal elf: Identity exploration in World of Warcraft. CyberPsychology & Behavior, 10(4), 530-535.
Brincken, J. von (2008, Juni): *Thrilling Killings oder ‚Der digitale Mord als eine schöne Kunst betrachtet': ‚Böse Videospiele' in der Tradition des Erhabenen*. Vortrag auf dem Symposion „Emotional Gaming" der Universität München, 28. Juni 2008, München.
Bryant, J. & Vorderer, P. (Hrsg.): (2006): *Psychology of entertainment*. Mahwah, NJ: Lawrence Erlbaum Associates.
Chan, E. & Vorderer, P. (2006): Massively multiplayer online games. In: Vorderer, P. & Bryant, J. (Hrsg.), *Playing video games: Motives, responses, and consequences*. Mahwah: Lawrence Erlbaum Associates, 77-90.
Copier, M. & Raessens, J. (Hrsg.). (2003): *Level Up: Digital games research conference*. Utrecht: Faculty of Arts, Utrecht University.
Csikszentmihalyi, M. (1990): *Flow: The psychology of optimal experience*. New York: Harper Row.
Greenberger, D. B. & Allen, V. L. (1980): *Destruction and complexity: An application of aesthetic theory*. Personality and Social Psychology Bulletin, 6 (3), 479-483.
Grodal, T. (2000): Video games and the pleasures of control. In: Zillmann, D. & Vorderer, P. (Hrsg.), *Media entertainment. The psychology of its appeal*. Mahwah, NJ: Erlbaum, 197-212.
Groeben, N. & Vorderer, P. (1988): *Leserpsychologie. Lesemotivation – Lektürewirkung*. Münster: Aschendorff.

Grüsser, S., Thalemann, R. & Griffiths, M. (2007): *Excessive computer game playing: Evidence for addiction and aggression?*, Cyberpsychology and Behavior, 10 (2), 290-292.

Hartmann, T. (2006): Gewaltspiele und Aggression – aktuelle Forschung und Implikationen. In: Kaminski, W. & Lorber, (Hrsg.), Clash of Realities: Computerspiele und soziale Wirklichkeit (S. 81-99). München: Kopäd.

Hartmann, T., & Klimmt, C. (2006): *Gender and computer games: Exploring females' dislikes. Journal of Computer-Mediated Communication*, 11(4), Artikel 2. http://jcmc.indiana.edu/vol11/issue4/hartmann.html.

Hefner, D., Klimmt, C. & Vorderer, P. (2007): Identification with the player character as determinant of video game enjoyment. In: Ma, L., Nakatsu, R., & Rauterberg, M. (Hrsg.), *International Conference on Entertainment Computing 2007* (Lecture Notes in Computer Science 4740). Berlin: Springer, 39-48.

Higgins, E. T. (1987): *Self-discrepancy: A theory relating self and affect*. Psychological Review, 94 (3), 319-340.

Jansz, J. & Martens, L. (2005): *Gaming at a LAN event: The social context of playing video games*. New Media & Society, 7 (3), 333-355.

Keller, J. & Bless, H. (2008): *Flow and regulatory compatibility: An experimental approach to the flow model of intrinsic motivation*. Personality and Social Psychology Bulletin, 34 (2), 196-209.

Klimmt, C. (2001): *Computer-Spiel: Interaktive Unterhaltungsangebote als Synthese aus Medium und Spielzeug*. Zeitschrift für Medienpsychologie, 13(1), 22-32.

Klimmt, C. (2005): *Verkaufsstart von „Die Sims"*. Zeitschrift für Medienpsychologie, 17 (1), 24-26.

Klimmt, C. (2006): *Computerspielen als Handlung: Dimensionen und Determinanten des Erlebens interaktiver Unterhaltungsangebote*. Köln: Halem.

Klimmt, C. & Hartmann, T. (2006): Effectance, self-efficacy, and the motivation to play video games. In: Vorderer, P. & Bryant J. (Hrsg.), *Playing video games: Motives, responses, and consequences*. Mahwah: Lawrence Erlbaum Associates, 132-145.

Klimmt, C. & Hartmann, T. (2008): Mediated interpersonal communication in multiplayer video games: Implications for entertainment and relationship management. In: Konijn, E., Tanis, M., Utz, S., & Barnes, S. (Hrsg.), *Mediated interpersonal communication*. New York: Routledge, 309-330.

Klimmt, C. & Vorderer, P. (2003): *Media Psychology „is not yet there": Introducing theories on media entertainment to the Presence debate*. Presence: Teleoperators and Virtual Environments, 12 (4), 346-359.

Klimmt, C. & Vorderer, P. (in Druck): Media entertainment. In: Berger, C., Roloff, M., & Roskos-Ewoldsen, D. (Eds.), *Handbook of Communication Science* (2nd edition). London: Sage.

Klimmt, C., Hartmann, T. & Frey, A. (2007): *Effectance and control as determinants of video game enjoyment*. CyberPsychology & Behavior, 10 (6), 845-847.

Klimmt, C., Hefner, D. & Vorderer, P. (2007, Mai): *Identification with media characters as temporary alteration of media users' self-concept*. Vortrag auf der Jahrestagung der International Communication Association, 24.-28.05.2007, San Francisco.

Klimmt, C., Schmid, H. & Hartmann, J. (2008, März): *Motivations of browser gamers: The case of „Travian" players*. Vortrag auf der Tagung "General Online Research" (GOR08), 10-12. März 2008, Hamburg.

Klimmt, C., Hefner, D., Vorderer, P. & Roth, C. (2008, Mai): *Exploring the complex relationships between player performance, self-esteem processes, and video game enjoyment*. Vortrag auf der Konferenz der International Communication Association (ICA, Game Studies Interest Group), 22.-26. Mai 2008, Montreal.

Klimmt, C., Rizzo, A., Vorderer, P., Koch, J. & Fischer, T. (2009): Experimental evidence for suspense as determinant of video game enjoyment. *CyberPsychology and Behavior, 12* (1), 29-31.

Kuhrcke, T., Klimmt, C. & Vorderer, P. (2006, Juni): *Why is virtual fighting fun? Motivational predictors of exposure to violent video games.* Vortrag in der Mass Communication Division auf der Konferenz der International Communication Association (ICA), 19.-23. Juni 2006, Dresden.

Lübberstedt, H. (2003): Mobile Unterhaltung – Das Handy auf dem Weg zur Spielekonsole. In: Beck, U. & Sommer, W. (Hrsg.), *Tagungsband Edut@in 2002.* Karlsruhe: Karlsruher Messe- und Kongressgesellschaft, 183-188.

Lucas, K. & Sherry, J. L. (2004): *Sex differences in video game play: A communication-based explanation.* Communication Research, 31 (5), 499-523.

Malone, T. W. (1981): *What makes computer games fun?*, Byte, 6(12), 258-277.

McDonald, D. G. & Kim, H. (2001): *When i die, i feel small: electronic game characters and the social self.* Journal of Broadcasting and Electronic Media, 45(2), 241-258.

McKenna, K. Y. A. & Bargh, J. A. (1999): *Causes and consequences of social interaction on the Internet: A conceptual framework.* Media Psychology, 1, 249-269.

MPFS (Hrsg.). (2008): *Jugend, Information Multimedia 2007.* Stuttgart: MPFS.

Müller-Lietzkow, J. (2006): *Leben in medialen Welten – eSport als Leistungs- und Lernfeld.* Merz Wissenschaft, 50, 28-33.

Oatley, K. (1994): *A taxonomy of the emotions of literary response and a theory of identification in fictional narrative.* Poetics, 23, 53-74.

Oerter, R. (1999): *Psychologie des Spiels. Ein handlungstheoretischer Ansatz.* Weinheim: Beltz.

Pena, J. & Hancock, J. T. (2006): *An analysis of socioemotional and task communication in online multiplayer video games.* Communication Research, 33 (1), 92-109.

Phillips, J. G., Butt, S. & Blaszczynski, A. (2006): *Personality and self-reported use of mobile phones for games.* CyberPsychology & Behavior. 9(6), 753-758.

Ravaja, N., Saari, T., Turpeinen, M., Laarni, J., Salminen, M. & Kivikangas, M. (2005): Spatial presence and emotions during video game playing: Does it matter with whom you play? In: Slater, M. (Hrsg.), *Presence 2005 Conference Proceedings.* London: University College, 327-333.

Reinecke, L., & Trepte, S. (2008): *In a working mood? The effects of mood management processes on subsequent cognitive performance.* Journal of Media Psychology, 20(1), 3-14.

Rheinberg, F. & Vollmeyer, R. (2003): *Flow-Erleben in einem Computerspiel unter experimentell variierten Bedingungen.* Zeitschrift für Psychologie, 201 (4), 161-170.

Ritterfeld, U. & Weber, R. (2006): Video games for entertainment and education. In: Vorderer, P. & Bryant, J. (Hrsg.), *Playing video games: Motives, responses, consequences.* Mahwah, NJ: Lawrence Erlbaum Associates, 399-414.

Ritterfeld, U., Cody, M. & Vorderer, P. (Hrsg.) (in Druck): *Serious games: Effects and mechanisms.* New York: Routledge/LEA.

Schlütz, D. (2002): *Bildschirmspiele und ihre Faszination. Zuwendungsmotive, Gratifikationen und Erleben interaktiver Medienangebote.* München: Reinhard Fischer.

Schneider, E. F., Lang, A., Shin, M. & Bradley, S. D. (2004): *Death with a story: How story impacts emotional, motivational, and physiological responses to first-person shooter video games.* Human Communication Research, 30 (3), 361-375.

Schneider, K. (1996): Intrinsisch (autotelisch) motiviertes Verhalten – dargestellt an den Beispielen des Neugierverhaltens sowie verwandter Verhaltenssysteme (Spielen und leistungsmotiviertes Handeln). In: Kuhl, J. & Heckhausen, H. (Hrsg.), *Enzyklopädie der Psychologie* Band C 4/4. Göttingen: Hogrefe, 119-152.

Sherry, J. L. (2004): *Flow and media enjoyment.* Communication Theory, 14 (4), 328-347.

Steinkuehler, C. & Williams, D. (2006): *Where everybody knows your (screen) name: Online games as ‚third places'.* Journal of Computer-Mediated Communication, 11(4), Artikel 2.

Vorderer, P. (2000): Interactive entertainment and beyond. In: Zillmann, D. & Vorderer, P. (Hrsg.), *Media entertainment: The psychology of its appeal*. Mahwah, NJ: Lawrence Erlbaum Associates, 21-36.
Vorderer, P., Hartmann, T. & Klimmt, C. (2006): Explaining the enjoyment of playing video games: The role of competition. In: Marinelli, D. (Hrsg.), *ICEC conference proceedings 2003: Essays on the future of interactive entertainment*. Pittsburgh: Carnegie Mellon University Press, 107-120.
Vorderer, P., Klimmt, C. & Hartmann, T. (2006): *Interdisziplinarität*. Publizistik, 50 (5), Sonderheft 5/2005-2006: „50 Jahre Publizistik", 301-314.
Vorderer, P., Wulff, H. J. & Friedrichsen, M. (Hrsg.) (1996): *Suspense: Conceptualizations, theoretical analyses, and empirical explorations*. Mahwah, NJ: Lawrence Erlbaum Associates.
Voss, H.-G. (1981): *Kognition und exploratives Handeln*. In: Voss, H.-G. & Keller, H. (Hrsg.), *Neugierforschung. Grundlagen, Theorien, Anwendungen*. Weinheim: Beltz, 175-196.
Walz, S. P. (2003): Delightful identification and persuasion: Towards an analytical and applied rhetoric of digital games. In: Copier, M. & Raessens, J. (Hrsg.), *Level up: Digital games research conference*. Utrecht: Utrecht University, 194-207.
Weiner, B. (1985): *An attribution theory of achievement motivation and emotion*. Psychological Review, 92(4), 548-573.
White, R. W. (1959): *Motivation reconsidered: The concept of competence*. Psychological Review, 66(5), 297-333.
Williams, D., Caplan, S. & Xiong, L. (2007): *Can you hear me now? The social impact of voice in online communities*. Human Communication Research, 33, 427-449.
Wirth, W., Hartmann, T., Böcking, S., Vorderer, P., Klimmt, C., Schramm, H., Saari, T., Laarni, J., Ravaja, N., Ribeiro Gouveia, F., Biocca, F., Sacau, A., Jäncke, L., Baumgartner, T. & Jäncke, P. (2007): *A process model of the formation of Spatial Presence experiences*. Media Psychology, 9 (3), 493-525.
Wolf, M. J. P. (1995): *Inventing space. Toward a taxonomy of on- and off-screen space in video games*. Film Quarterly, 51(1), 11-23.
Wolf, M. J. P. & Perron, B. (Hrsg.) (2003): *The video game theory reader*. London: Routledge.
Yee, N. (2006): *Motivations for play in online games*. Cyberpsychology and Behavior, 9 (6), 772-775.
Zillmann, D. (1994): *Mechanisms of emotional involvement with drama*. Poetics, 23, 33-51.
Zillmann, D. (1996): The psychology of suspense in dramatic exposition. In: Vorderer, P., Wulff, H. J. & Friedrichsen, M. (Hrsg.), *Suspense: Conceptualizations, theoretical analyses, and empirical explorations*. Mahwah, NJ: Lawrence Erlbaum Associates, 199-231.
Zillmann, D. & Vorderer, P. (Hrsg.) (2000): *Media entertainment. The psychology of its appeal*. Mahwah, NJ: Lawrence Erlbaum Associates.
Zillmann, D., Bryant, J. & Sapolsky, B. S. (1989): Enjoyment from sports spectatorship. In: Goldstein, J. H. (Hrsg.), *Sports, games, and play: social and psychological viewpoints*. Hillsdale: Lawrence Erlbaum Associates, 241-278.

Höchste Zeit für Mr. Hitchcock.
Spiel als Wissenstechnik zwischen Zeitmanagement und Game-Engine

Karin Bruns

„Von nun an wurde gemessen"
(Lars von Trier, Prolog zur Fernsehserie Geister/Riget, DK 1994)

Seit einigen Jahren werden Computerspiele im populären Mediendiskurs gern in Verengung auf das Genre des Shooters als Hochgeschwindigkeitsformate verhandelt, die primär auf Reiz-Reaktion- bzw. Fire-and-Effect-Parameter ausgerichtet sind. Daran anknüpfend präsentieren Journalismus und Medienpädagogik immer wieder Überlegungen dazu, wie Computer Games Wahrnehmungs- und Handlungsoptionen der Aggressivität bei Jugendlichen konfigurieren (vgl. Fromm, bes. 12-23). Funktionalität und Effekte digitaler Spiele sind jedoch weitaus vielschichtiger. Nahezu unverzichtbar sind Games z.b. für Wissensproduktion und (Selbst-) Management in den informationstechnologischen Kulturen und Staaten fast auf der ganzen Welt. In Spielen oder in digitalen Lernumgebungen, die ans Spiel angelehnt sind, erwirbt man heute ab dem Vorschulalter Kompetenzen in Rechtschreibung (*Lauras Stern: Laura geht zur Schule*, Multimediamanufaktur 2008) oder Physik (*Physikus*, Braingame Publishing 2007), im Aufbau urbaner und/oder merkantiler Strukturen (*Die Sims*, Maxis 2000, *Hanse*, Ariolasoft 1986) oder im Sportmanagement (*Bundesliga Manager Professional*, Software 2000, 1991). Man erhält Lektionen in Filmgeschichte (*The Final Cut*, Arxel Tribe 2001) und der fantastischen Literatur (*Silent Hill 1-4*, Konami Corporation, 1999-2004) oder eine Einführung in komplexe vormoderne Sozialgefüge (*World of Warcraft*, Blizzard Entertainment, 2004, vgl. Orth). Die meisten dieser Spiele und digitalen Simulationen operieren zeitkritisch, d.h. Wissenserwerb, Lern- und Spielerfolg sind im Rahmen einer strikten Timeline zu bewältigen. Zeiteffizienz ist jedoch nicht das einzige Kriterium im Verhältnis von Spielverlauf und Zeitmanagement. Games wie *Silent Hill* rekurrieren darüber hinaus beispielsweise auf temporale Wiederholungsstrukturen, denn sie offerieren bei einem zweiten Parcour durch das Spiel andere narrative Ausgänge als beim ersten Spieldurchgang.[1] Was also hat das Computerspiel mit Wissenstechniken, Zeitmanagement und Technologien des Selbst zu tun? Dieser Fragestellung möchte ich im Folgenden unter medienkulturwissenschaftlicher Perspektive nachgehen. Dazu soll zunächst die Differenz zwischen dem Wahrnehmbarmachen von Zeit, kultureller Zeitökonomie und Implikationen der Software auf ihre Relevanz befragt werden für wissensgesteuerte Technologien des Selbst (vgl. Foucault).

Als Technologien des Selbst versteht Foucault spezifische kulturell codierte Verfahren der Formierung von Subjekt und Wahrnehmung, zu denen auch Chronometrie, zeiteffizientes Planen und Abwickeln von Handlungen und Handlungsfolgen zu rechnen sind. Kulturelle, nationale und regionale Temporalkulturen rahmen jene Zeitstrukturen, die in den verschiedenen Medien und Formaten Film, Fernsehen und Computerspiel vorliegen und darauf abzielen, das Publikum durch Spannungsdramaturgien und temporalisiertes Erzählen zu binden. Innerhalb dieser komplexen Medien-Zeit-Ordnung nimmt das Game mit seinen vielfältigen Sparten und Genres eine besondere Rolle ein, da es neben zeitbasierten auch interaktive Komponenten besitzt, in denen User/innen Zeitabläufe selbst steuern. Daher ist nicht nur die Frage wichtig, was geschieht im virtuellen System während die User warten, sondern auch die Wechselwirkung von temporalisierten Aktionen im Spiel und den Zeitroutinen des Alltags.

Das Format Computerspiel sampelt, wie Claus Pias (2000) in seiner Untersuchung zur Genese des Videospiels gezeigt hat, vier diskursive Linien, die auf Wissens-, Zeit- oder Selbstmanagement-Techniken verweisen:
1. die Vermessung und Optimierung sensomotorischer Leistungen, die in Experimental- und Militärpsychologie im Kontext des Ersten Weltkriegs entwickelt wurde,
2. die Erforschung, Erprobung und das Training von Lernprozessen und Verhaltensmodulationen, die aus der behavioristischen Psychobiologie stammen,
3. die Standardisierung und Optimierung von Handlungsoptionen, die forciert seit Anfang des 20. Jahrhunderts in den Arbeitswissenschaften und dem Scientific Management betrieben wird, und
4. die technische Entwicklung von Testszenarien und Interfaces, welche die

---

[1] *Silent Hill 2* bietet mindestens eine weitere narrative Schlussvariante für Spieler mit Vorwissen aus einem vorherigen Durchgang: „Bedingung für dieses Ende ist, dass man das Spiel bereits einmal ganz durchgespielt hat und dass man beim zweiten Durchgang vier neue Items eingesammelt hat. Diese Items erlauben es James, in direktem Kontakt mit den dunklen Mächten zu treten" (Schmidt, 38).

Ausbildung und das Training spezifischer „Skills" in beliebige hermetische und künstliche Räume zu verlagern erlauben, d.h. die Pilotin aus dem Cockpit holen, den Straßenbahnschaffner aus dem fahrenden Vehikel und den Scharfschützen vom Schlachtfeld.

Diese in den verschiedenen Spezialdiskursen und gesellschaftlichen Anwendungsbereichen verorteten Optimierungsmodelle, die dem elektronischen Spiel zugrunde liegen, machen sie einerseits zu idealen Entertainment-Formaten von ‚Leistungsgesellschaften' und zu geeigneten Werkzeugen des Managements[2] wie auch des Selbstmanagements.

Das Computerspiel als Optimierungsformat der Wissensgesellschaft

Damit Computerspiele zu einem Optimierungsformat der Wissens- und Informationsgesellschaft werden konnten, war es notwendig, komplexe Wechselwirkungsprozesse in ihnen zu verankern. Diese lassen sich als Interdependenz von Spielen (d.h. Handeln im Rahmen von Navigationsoptionen), narrativem Setting und Temporalstrukturen verstehen, denn Leistungsoptimierung bedeutet fast immer auch Zeitoptimierung oder, anders formuliert, perfektes ‚Timing' und ‚Agenda Setting'.[3] Zugleich ist es genau diese Zeiteffizienz, die uns an das Spiel fesselt. Und atemlose Spannung, so kann man mit Alfred Hitchcock behaupten, ist immer auch ein Spiel mit der Zeit (vgl. Truffaut, bes. 12f.).[4] Bevor aber das Verhältnis von durch Medien konfigurierter Zeit und Publikum, also Spannung oder Thrill, von Eigenzeit des Spiels und Zeitmanagement als Kulturtechnik des Spielens, diskutiert werden kann, müssen einige grundsätzliche Überlegungen zum Verhältnis von Computerspiel und Temporalität angestellt werden.

Schon 1984, lange Zeit vor Entstehen des Formats Alternate Reality Game (ARG), warb ein Computer-Echtzeit-Spiel der Firma Infocom mit der Schlagzeile

---

2 Vorläufer des digitalen Spiels sind in diesem Bereich auch Konfliktmanagement- und Teambildungsspiele wie das „Astronauten-„ bzw. „NASA-Spiel" oder das „Xing-Obelisk"; vgl. arbeitsblaetter.stangl-taller.at/KOMMUNIKATION/NASASpiel.shtml.

3 Insbesondere das Agenda Setting wurde als Public Relations-Instrument in den USA nach dem Zweiten Weltkrieg im Kontext politischer Wahlpropaganda entwickelt.

4 Hitchcock merkt in dem Interview mit Truffaut mehrfach an, dass einer „Rasanz der Bilder" eine forcierte „Dringlichkeit des Geschehens" entsprechen müsse, um Spannung zu erzeugen (Truffaut, 12). Mein Titel, „Höchste Zeit für Mr. Hitchcock", ist eine Referenz nicht nur an Alfred Hitchcock, sondern auch an das TV-Video Höchste Zeit (BRD 1986) von Manfred Waffender und Stefan Fehl, das wiederum ausschließlich Found Footage aus den Filmen Alfred Hitchcocks verarbeitet.

„Finden Sie heraus, wie es ist, in einer Geschichte aufzuwachen", die das Faszinosum Spiel treffend bezeichnet. In diesem Werbeslogan, der wie eine Definition des Alternate Reality Games avant la lettre klingt, artikulieren sich bereits jene Parameter, die für das Format Computerspiel charakteristisch sind: Zeitmodulationen, die uns das Versprechen einer ‚anderen' Zeiterfahrung jenseits der Zeitrationalität des Alltags geben. Dieses Versprechen, das auch den Verlust der individuellen Zeitwahrnehmung in der Medienrezeption einschließt, scheint zunächst und vordergründig an das Konzept einer visuellen und/oder dramaturgischen Akzeleration gebunden, wie es auch in den Statements von Alfred Hitchcock zu Thrill und Suspense auftaucht.

Schon in den 1920er Jahren gelten, wie später beim Game, Akkumulation und Akzeleration von Handlungsverläufen und visuellen Effekten als das Charakteristikum zeitverkürzender Suspense schlechthin. „Tempo! Tempo", so schreibt der Filmregisseur Fritz Lang 1927, „Tempo heißt Raffen, Straffen, Steigern, Hochreißen und Zum-Gipfel-Führen" (Lang 4). Tatsächlich lehrt bereits die Alltagserfahrung, dass die Zeit am Bildschirm oder/und im World Wide Web rascher und unmerklicher vergeht als bei vielen anderen Alltagsvorgängen. Anfang der 1990er Jahre sprach Sherry Turkle vom „Life on the Screen" als einem weitestgehend autoreferenziellen Kosmos. Die daraus ableitbare Annahme einer temporalen Eigenbezüglichkeit digitaler Spiele und Online-Formate ist seit 10 Jahren auch juristisch abgesichert. Ende der 1990er Jahre sprach ein Gericht einen Firmenangestellten frei, der sich während seiner Arbeitszeit viele Stunden lang zeitvergessen mit einem Computerspiel beschäftigt hatte. Die Schadensersatzklage seiner Firma wies das Gericht mit dem Hinweis darauf zurück, dass die Zeit beim Surfen im Internet generell in Vergessenheit gerate. Der Verlust jeglichen Zeitmanagements am Bildschirm und im Internet wurde damit erstmals in einem Präzedenzurteil fixiert.

Was aber ist Zeiterfahrung und wie stellt sich der Konnex zum digitalen Spiel her? Ganz offensichtlich ist das als Zeitmanagement bekannte zielgerichtete und effiziente Operieren mit dem Faktor Zeit eine Kulturtechnik wie das Lesen und Schreiben, das Benutzen von Verkehrsmitteln, das Bedienen von Handy oder TV-Gerät, das Kopfrechnen und das Telefonieren.[5] Der Soziologe Robert Levine hat in seinem 1997 publizierten Buch „A Geography of Time" Kulturtechniken der Temporalität untersucht und mit der Diversität verschiedener Länder, Kontinente und Mentalitäten in Beziehung gesetzt. Von Untersuchungen zur Pünktlichkeit und Zeitgenauigkeit ausgehend, kommt er zu einer Erforschung des allgemeinen

---

5 Herbert Marshall McLuhan zählte Uhren bezeichnender Weise zu den Medien.

Lebenstempos, einzelner Tempoelemente und ihrer Folgen für das körperliche und psychische Wohlbefinden von Menschen. Die Studie trifft die Feststellung, dass die Art und Weise, wie Menschen in ihrem Leben mit der Zeit umgehen, eine außerordentlich große Vielfalt aufweist. Sie illustriert zudem eindrucksvoll die Forschungsschwierigkeiten, zeitbasierte Tätigkeiten zu messen und zu vergleichen. So bestand ein basales methodisches Problem beispielsweise darin Prozesse, Arbeits- und Alltagsvorgänge zu finden, die in allen Städten verschiedener Territorien vorkommen. Als Fehlschlag etwa

> „erwies sich (...) die Idee, das Tempo von Tankwarten zu messen. Tankstellen haben, wie ich bald erkannte, keineswegs in allen Ländern eine vergleichbare Funktion. Tankstellen bedienen einen sehr unterschiedlichen Kundenkreis und ziehen in Ländern wie Indonesien und Brasilien eine ganz andere Art von Arbeitskräften an als in den Vereinigten Staaten und Japan" (Levine, 178).

Schließlich analysierten Levine und sein Forschungsteam drei korrelierbare Parameter des Lebenstempos: die durchschnittliche Gehgeschwindigkeit beliebiger Passanten auf 20 Metern, die durchschnittliche Zeit, die ein Postbeamter am Schalter benötigt, um eine Standardbriefmarke zu verkaufen, und die Genauigkeit von 15 zufällig ausgewählten Uhren an Bankgebäuden in wichtigen Geschäftsvierteln.

Land	Platz	Gehtempo	Bedienzeit	Uhrgenauigkeit
Schweiz	1	3	2	1
Irland	2	1	3	3
Deutschland	3	5	1	8
Japan	4	7	4	6
Italien	5	10	12	2
England	6	4	9	13
Schweden	7	13	5	7
Österreich	8	23	8	3
(....)				
USA	16	6	23	20
Kenia	22	9	30	24
Bulgarien	24	7	22	17
Mexiko	31	17	31	26

Tab. 1: Platzierung einzelner Länder nach Höhe des Lebenstempos (aus: Levine, 180)

Lebenstempo, so hält die auf 31 ausgewählten Städten der Welt basierende empirische Untersuchungsreihe fest, ist insbesondere ein Effekt der Technologie- und Wirtschaftsstruktur. Je ausgeprägter die Industrialisierung, desto weniger freie Zeit bleibt den Menschen pro Tag, je größer Technisierung und Standardisierung der Arbeitswelt, desto zeiteffizienter ist auch der Alltag. In dem von Levine erstellten Ranking der temporalen Effizienz (s. Tab. 1) werden mit Ausnahme von Japan und Hongkong (Platz 4 und 9) die ersten Ränge im Tempodrom durch die Staaten Westeuropas belegt. Die USA – Messort war das als äußerst hektisch geltende New York – liegt mit Platz 16 im Mittelfeld und zählt damit schon zu den eher langsamen ‚Welten'.[6] Offensichtlich weisen also selbst große Metropolen der Welt langsamere und schnellere Lebenssphären auf. Dauer und Zeitstruktur des Aufeinander-Wartens, Phasen des Nichtstuns oder der Ruhepausen zählen zu den wichtigen zeittechnologischen Kulturdifferenzen. „Vor allem", so ein weiteres folgenreiches Resümé Levines, „habe ich gelernt, daß die Uhrzeit nicht die ganze Geschichte, sondern lediglich der Anfang ist." (Levine, 21).

Abb. 1: Fernsehpausenbild – Warten am Bildschirm in den 1980er Jahren

---

6 „Die New Yorker erreichten zwar einen respektablen sechsten Platz bei der Gehgeschwindigkeit, kamen aber bei der Arbeitsgeschwindigkeit der Postangestellten auf Platz dreiundzwanzig und bei der Genauigkeit der Uhren auf Platz zwanzig" (Levine, 183).

Chronometrie und Zeitkulturen – temporale Technologien des Selbst

Sonnenuhren, Zeitkarten, Pausenbilder (s. Abb. 1), Metronome, Ladebalken, mechanische und digitale Uhren oder Gläser, durch die der Sand rinnt, bilden seit vielen hundert Jahren das Vergehen der Zeit ab und sind zu Elementen öffentlichen Ordnungsdesigns geworden. Erst die durch sie realisierte Verwaltung von Zeit, ihre Vermessung und Sichtbarmachung in Form von Chronometern, Zahlenkolonnen, Karten, Fahr- oder Stundenplänen (vgl. Gallison) eröffnen Handlungsoptionen, die wir Zeitmanagement nennen und beständig zu optimieren versuchen. Uhren, aber auch Medien wie Radio und Fernsehen und die Nutzeroberfläche des Personal Computers, machen es möglich, das Verrinnen von Zeit wahrzunehmen, zu lesen und zu interpretieren. Die Chronometrie, das Messen, Zählen, Vergleichen und Visualisieren von Zeitläufen, erzeugt dadurch in den westlichen Kulturen die Evidenz, dass die Zeit selbst, einschließlich der Lebenszeit, grundsätzlich global messbar sei. Andere Kulturen der Welt operieren mit anderen Zeitmodellen und Temporalstrukturen in der Organisation des öffentlichen Lebens und der elementaren Soziokultur. Die Aborigines Australiens z.B. denken und leben (oder: dachten und lebten) in der so genannten Traumzeit, die u.a. durch Zyklik und Denkfiguren der Wiederholung oder der Wiederkehr gekennzeichnet ist. Ihr Anschauungsmodell temporaler Wahrnehmung und Erinnerung ist der Modus variierender Repetition: das Wiedererkennen und Wiedererleben (vgl. Duerr).

Bereits das Überqueren der „Zeitzonen", deren Positionierung des Null-Meridians über Europa temporale Dominanzkultur zum Ausdruck bringt, verlangt den Reisenden eine Leistung ab. Auch die Anpassung an ein fremdes Lebenstempo kann langwierig sein wie das Erlernen einer fremden Sprache oder die Umstellung auf ungewohnte Esskonventionen. Zeitökonomien wie Messen, Takten und Visualisieren von Zeit durch Uhren oder Pausenbilder (s. Abb. 1) sind über die Dichotomie von chronometrisch und anti-chronometrisch hinaus mit kultureller Hegemonie verknüpft. Nur vor diesem Hintergrund einer kolonialen Temporalordnung und einer Dominanz von Kulturtechniken der Zeit ist die hohe kollektivsymbolische Wirkung verständlich, die etwa von dem Akt des lateinamerikanischen Staatspräsidenten Hugo Chavez ausging, im Dezember 2007 die Zuordnung zur US-amerikanischen Zeitzone rückgängig zu machen und in Venezuela eine neue Temporalordnung mit einer Zeitdifferenz von einer halben Stunde einzuführen (vgl. Eigene Zeitzone). Doch nicht nur von geographischen Orten, der Struktur von Lebensräumen (wie Stadt/Land) und einer kulturalisierten Ordnung der Zeit hängt die individuelle Wahrnehmung von Zeitverlauf und Dauer ab, sondern auch von physischen und psychischen Rahmenbedingungen der einzelnen Subjekte. Experimente in so genannten Isolationskammern haben seit den 1950er Jahren immer wieder die innere Uhr, das ‚innere Metronom', untersucht. Sie legen die Vermutung nahe, dass erlebte Zeitdauer und Zeiterinnerung erst bei einer chronometrischen Zeiteinheit von ein paar Millisekunden in Erscheinung treten. Sehr kurze Zeitspannen werden gar nicht wahrgenommen. Das individuelle Registrieren von Zeit und die Zeitmessung können punktuell extrem stark differieren: In Grenzsituationen wie Unfall- oder Gewalterlebnissen scheint Zeit beispielsweise ‚wie in Zeitlupe' abzulaufen. Auch die Körpertemperatur nimmt offenbar Einfluss auf das Erleben von Zeit. Niedrige Körpertemperatur lässt Zeitintervalle kürzer, hohes Fieber lässt sie hingegen länger erscheinen (vgl. Orme). Letzteres gab Anlass zu der Hypothese, dass klimatische Bedingungen die Wahrnehmung von Zeit beeinflussen, und so könnte man vermuten, das Zeiterleben in heißen Regionen sei langsamer als in kalten. Lokalitäten, geographische, klimatische und territoriale Bedingungen stehen also in einem hoch komplexen Kausalverhältnis zu den historisch und politisch geformten Kulturtechniken der Zeit und dem medialen Zeiterleben.

Zeit als Raum, Raum als Zeit: Optische Perspektive als Zeitperspektive

Wie stehen nun Zeit und Erzählung, Zeit und Aktion/Navigation in den Medien und in den digitalen Spielen der chronometrischen Kulturen zueinander? Narratologische Theorien benennen zwei interdependente Zeitebenen. Erzählzeit bezeichnet traditionell jene Zeitspanne der sprachlichen, visuellen und auditiven Realisierung, die bei der Lektüre eines Textes, beim Hören eines Radio-Beitrags oder bei der Filmbetrachtung vergeht. Erzählte Zeit, manchmal auch ‚Zeit des Inhalts', meint in Opposition dazu die Zeitspanne, die die fiktionalen Geschehnisse in Anspruch nehmen. Diese beiden Zeitmodi (vgl. Barthes) können wiederum in den zeitbasierten Medien Film, Video und Fernsehen mindestens drei unterschiedliche temporale Relationen ins Spiel bringen: zeitdeckendes Erzählen (z.B. bei einer Live Performance oder in der „Echtzeit"-Fernsehserie 24, USA 2001, Joel Surnow, Robert Cochran), zeitdehnendes Erzählen, wenn sich z.B. in einem Thriller das mit 5 Minuten bezeichnete Zeitintervall bis zur Detonation einer Bombe über fast 20 Minuten erstreckt, und zeitraffendes Erzählen, wenn wie etwa in dem Horrorfilm *The Haunting* (GB 1963, Robert Wise) in der 8-minütigen Eröffnungssequenz mehrere Jahrzehnte erzählt werden.

Viele digitale Spiele beginnen in der Temporalordnung der zeitbasierten Medien und bedienen sich daher zunächst auch der Mittel zeitbasierten Erzählens. Sie remediatisieren also Film und Fernsehen (vgl. Bolter, bes. 44-50, 55f.) und tun dies auch hinsichtlich der zeitlichen Strukturierung der Narration. Doch ist das Terrain der Spielhandlung erreicht, wird der Zeitlauf steuerbar, unabhängig davon, ob die erzählte Zeit, d.h. die Eigenzeit des Games, stehen bleibt oder fortschreitet. In den meisten Spielformaten gehen die Koordinaten von Raum und Zeit dabei unmerklich ineinander über. Zeit erleben wir im Game mit Ausnahme textbasierter Spiele vor allem im Begehen oder Befahren eines virtuellen meist dreidimensionalen Terrains. Die Spieldauer, das Sammeln von Punkten, Gegenständen, das Lösen von Rätseln oder Niederstrecken von Gegnern, ergibt sich meist unmittelbar aus der Ordnung und dem Abschreiten des Raumes und der dabei vergehenden Zeit. Virtuelle Orte, d.h. Oberflächentexturen einer Screen, konstituieren Spielfelder, Parcours und/oder Spielniveaus (z.B. Levels) und jedes solche Terrain kann eine eigene dramaturgische Zeitstruktur besitzen (vgl. McCloud). Wir spielen buchstäblich auf Zeit.

Das Spiel *XIII* (Ubisoft 2003) verdeutlicht, wie komplex die Zeitstruktur selbst in filmischen Teilen eines Computerspiels, dem Intro oder den Cutscenes, sein kann und wie stark Raum als Zeit und Zeit als Raum codiert ist. Das *XIII*-Intro nutzt primär Visualisierungsverfahren der Computer Generated Images: sich öffnende Fenster, das ‚Eintauchen' in ein stehendes Bild etc. Diese vom PC bekannte Optik verbindet es jedoch mit Wechseln von Farbe zu Schwarz-Weiß und umgekehrt, mit Einstellungstypen des Animationsfilms (z.B. extreme Aufsichten) und Medientechniken des Realfilms wie gezielte Unschärfe. Während *XIII* auf diese Weise seine Exposition erzählt und ein erstes Rätsel platziert (wir werden angegriffen und wissen nicht warum), organisiert es seine Erzähl- und Zeigestruktur zugleich als Reise durch die raum-zeitliche Ordnungsstruktur des Comic. Einzelbilder und Panels werden in Bewegung versetzt, vergrößert oder verkleinert, mit der virtuellen Kamera durchfahren und schließlich in die First-Person-Perspektive des Ego-Shooters überführt.[7]

Auch in den interaktiven Passagen digitaler Spiele finden sich hoch artifizielle Zeitstrukturen. Akzelerations- oder Blitzdramaturgien, plötzlich ablaufende Routinen mit vorgegebener Taktung, Loops und Wiederholungen, Sprünge durch Warp Zones, Echtzeit-Abläufe, Szenen in Bullet-Time oder gar Stillstand von Narration und Handlung modulieren das Zeitempfinden der Spielenden beständig neu.

---

7 Die Anlehnung dieses Games an die Zeichensprache des Comics ist insofern naheliegend, als es in Figuren und Narration auf eine Comic-Serie der 1980er Jahre zurückgreift.

Es gibt im Medienspiel also nicht nur verschiedenste Erzähl-, Zeige- und Interaktivitätstypen sondern auch entsprechende Temporalstrukturen und Visualisierungen von Zeit. Die fortlaufenden Änderungen in der temporalen Organisation des Spiels sind innerhalb der narrativen Ordnung situiert, stellen aber zugleich auch Eingriffe in die Betrachter/innenordnung dar (vgl. Schmidt, bes. 38). Digitale Verfahren zur Visualisierung von Raumansichten wie Time Slice- oder Bullet Time-Technik, die in Werbung, Musikvideoclip, Spielfilm und Game eingesetzt werden, ermöglichen neue virtuelle Lokalisierungspunkte und optische Perspektiven für den Spiel-Avatar mit diversifizierten zeitlichen Abläufen. Sie eröffnen etwa eine weitgehende Entkopplung von Schaulust und Narration, von Narration und Aktion. In der Bullet Time und dem dadurch darstellbaren rotierenden Point of View werden Handlungsabläufe (nicht steuerbar, eingespielt) oder Aktionen (steuerbar) extrem gedehnt oder vorübergehend ganz zum Stillstand gebracht. Durch dieses Verfahren

> „(...) werden Zeit und Raum voneinander getrennt; während die Objekte am Nullpunkt der Zeit verharren, ihnen also lediglich eine Existenz im Raum zukommt, können wir uns bewegen, so dass der Betrachter die Zeit mit sich führt und sein Zeiterleben sich intensiviert. Wo normalerweise mit Interrelationen von Zeit gearbeitet wird, wie in der Montage, der Betrachter also fortwährend dazu aufgefordert wird, die vergehende Zeit im Film mit seiner eigenen in Bezug zu setzen, zieht das Time Slice-Verfahren eine klare Trennlinie. Im Film gibt es keine Veränderung, der filmische Raum ist in sich mortifiziert, außerhalb desselben allerdings projizieren wir Zeit in diesen stillstehenden Raum permanent hinein" (Becker, 21).

Übertragen auf das Computerspiel bedeutet dies eine ständige Neukalibrierung der Erzählzeit an der erzählten Zeit. Da Zeiterfahrung im Computerspiel in erster Linie im scheinbaren Überwinden von Räumen, im Wahrnehmen virtueller Fahrten oder dem Springen von Level zu Level erfolgt, gilt in doppeltem Sinne: wir erFahren Zeit. Gerade in diese ErFahrung aber greifen die neuen digitalen Visualisierungsmodalitäten signifikant ein: Es wird „der Eindruck erweckt, als bewegten wir uns im Raum, obwohl doch keine Zeit vergeht. Ein plastischer, dreidimensionaler Schnappschuss entwickelt sich vor unseren Augen, der auf eine merkwürdige Weise von der Zeit entbunden ist" (Becker, 19). Sequenzen, die die Zeitwahrnehmung und -erinnerung des Publikums gegen die Chronologie modellieren wie der Modus der Bullet Time, Impact Time oder des Magic Eye[8],

---

8 Mit dem Magic Eye ist z.B. in einigen Fantasy-Spielen eine Erkundung der Räume möglich, bei der Raum-Befahrungen fliegend und optisch verlangsamt, wie in extremer Zeitlupe gedehnt, erscheinen. Meinrenken (2007) beschreibt in seiner Untersuchung zur strukturellen Verwandtschaft von Film und Computerspiel in raumzeitlicher Perspektive weitere solcher Optiken, u.a. das „Shootdodging" (247) und den „Dolch der Zeit" (250).

benutzte und benutzt bereits das Kino. Sowohl der Spielfilm als auch der dokumentarische und experimentelle Film bedien(t)en sich über die prototypischen und historischen Zeitverkürzungsverfahren des Thrill und der Suspense hinaus komplexer anti-chronologischer Zeitdramaturgien, die zumeist durch Schnitt und Montage realisiert werden. Das Echtzeit-Prinzip als dominierender Modus der Zeiterfahrung im Computerspiel und die systemische Eigenzeit des digitalen Spiels fügen dieser ausdifferenzierten narrativ-visuellen Struktur noch eine weitere kombinatorische Option hinzu, welche wiederum Effekte auf die narrativ-temporale Ordnung ausübt.

> „Es gibt über 70 Charaktere im Spiel. Jeder einzelne von ihnen verfügt über seine eigene künstliche Intelligenz und verfolgt in jedem neuen Spiel etwas andere Ziele. (...) Lassen Sie all Ihre Erwartungen daheim. Wenn Sie einen Zettel lesen, einen Verdächtigen befragen oder auf einen Flüchtenden schießen, verändert sich der Verlauf der Handlung und führt sie in unerwartete Richtungen. Spielen in Echtzeit bedeutet, daß Sie niemals dasselbe Spiel zweimal spielen werden und daß es bis zum Ende immer wieder neue Überraschungen gibt" (Handbuch zu *Blade Runner*, Virgin Interactive 1997, vgl. Bruns 2003).

Kleine Verschiebungen von Aktion oder Navigation produzieren unter Umständen große Transformationen und völlig neue Koinzidenzen im Ereignisfeld desselben Spiels, da auch Non Player Characters einer eigenen (Zufalls-)Taktung gehorchen und dem entsprechend Räume durchschreiten und Aktionen ausführen.[9] Durch die räumlich-temporale Koordination stellt sich so eine neue Form der Zeiterfahrung ein. Neben Akzeleration und Zeiteffizienz wie im Genre des Shooter kennzeichnet phasenweise auch das genaue Gegenteil die Erzählzeit: das Festhängen in Warte- oder Zeitschleifen, Riten der Wiederholung, des Spielabbruchs, ständigen Reloading oder scheinbaren Stillstands der Zeit.[10] Computerspiele können daher zu Recht als Systeme temporalisierter Komplexität gelten und dies sowohl hinsichtlich der zeitbasierten als auch der interaktiven Passagen des Game. Zeitverläufe, Zeitwahrnehmung und -erinnerung sind in ihnen disparat und inkonsistent.

---

9 Im zeitbasierten Medium Film verdeutlichen dies Filme wie Lola rennt (D 1998, Tom Tykwer), die ein und dieselbe Handlung in konkurrierenden Zeitperspektiven erzählen.
10 In dem Game Le petit prince (2000 Tivola) das sich an Kinder richtet, gilt es z.B. immer wieder an denselben Handlungsort zurückzukehren und sich geduldig dem Fuchs zu präsentieren, bis dieser zahm ist.

Abb. 2: Loading – Warten als Zeiterfahrung im digitalen Spiel

Ereigniszeit und Eigenzeit des Spiels

In den performativen und interaktiven Passagen des Spiels artikuliert sich ein anderer Typus zeitlicher Ordnung. Dieser Zeitmodus des Spiels ist in der Regel nicht chronometrisch strukturiert, sondern Aktions- und Ereignis-orientiert. Zeitwahrnehmung in Form der Erzählzeit und chronometrische Prozesse treten in den Hintergrund und werden abgelöst von einem Zeitmodus, der nicht auf Messung und Taktung basiert. Alan Lightman nennt diesen Typus temporaler Strukturierung „Ereigniszeit".

> „In einer Welt, in der die Zeit nicht gemessen werden kann, gibt es keine Uhren, keine Kalender, keine eindeutigen Verabredungen. Ereignisse werden durch andere Ereignisse ausgelöst, nicht durch den Fortgang der Zeit. Man beginnt mit dem Hausbau, wenn das Bauholz und die Steine eintreffen. (...) Züge fahren aus dem Bahnhof, wenn sämtliche Plätze besetzt sind" (Lightman, 122).

Der Psychologe Mihaly Csikszentimihalyi charakterisiert einen dem entsprechenden nicht zeitkritischen Bewusstseinszustand, in dem man völlig in der gerade ausgeführten Tätigkeit und dem ihr zugehörigen Zustand aufgeht, als „Flow".[11] Auch in chronometrischen Kulturen existieren Residuen ereigniszeitlicher Prozesse. Diverse Alltagsabläufe aber auch Spiele folgen mit ihrer Sukzessionsdramaturgie dieser Temporalstruktur. Flow-Zeit kennzeichnet auch den Zustand, den die Spielenden zu den Ereignissen des Computerspiels über lange Zeiträume hinweg einnehmen (vgl. Fromm, 113-115). Trotz höchster Zeiteffizienz in Aktion und Navigation (z.B. beim Shoot Out) suggerieren viele Spielformate daher ewi-

---

11 Zum Transfer der Kategorie des „Flow" auf das televisuelle Dispositiv durch Jameson und auf Neue Medien durch Bolter und Grusin vgl. Bolter, bes. 57, Anm. 5.

ge Gegenwärtigkeit,[12] ‚reine' Ereignishaftigkeit, in der der Zeitlauf selbst nicht mehr zur Kenntnis genommen wird.

Die Temporalstruktur des digitalen Spiels rekurriert auf mehrere zeittechnologische Typen: die chronometrische Zeit, die Ereigniszeit in der Performanz des Spiels, Erzählzeit und erzählte Zeit in den zeitbasierten Phasen (mit ihren Inszenierungsmodi der Zeitdehnung, Zeitraffung und Echtzeit), Point of View als „Zeitperspektive" (Becker) und schließlich die eigenzeitliche Struktur des Game selbst (oft nur sichtbar im Pausenbild des „Reloading", s. Abb. 2).[13] Diese Strukturkomponenten sorgen mit ihren wechselseitigen Bezügen für das Paradoxon, in dem wir uns beim Spielen ständig bewegen: eine Optimierung des Zeitmanagements innerhalb der Logik der Ereigniszeit (töte möglichst viele Gegner in möglichst kurzer Zeit) bei gleichzeitiger Eliminierung der Zeitwahrnehmung und der Zeiterinnerung.[14] Mit den Faktoren der Partizipation und Navigierbarkeit tritt nun also nicht nur eine partielle Steuerbarkeit temporaler Strukturen ein, es kommen darüber hinaus auch die eigenzeitlichen digitalen Temporalstrukturen ins Spiel.

Mit der Eigenzeit oder Systemzeit des Spiels operieren die verschiedenen Game-Formate und -Genres unterschiedlich. Während bei vielen Mystery- oder Adventure-Spielen vom Typus *Myst* (Brøderbund 1995) die Systemzeit des Game keine Auswirkung auf den Aktionsradius der Spielenden hat, nötigen andere Spieltypen seit den 1990er Jahren den User/innen eine Reflexion der digitalen Eigenzeitlichkeit des Spiels. In *Blade Runner* galt es Mitte der 1990er Jahre beispielsweise, den Spiel-Avatar in regelmäßigen Abständen in die eigene Wohnung zurückkehren zu lassen, um dort das Haustier zu versorgen. Andere Spiele bestraften ein Ignorieren von Schlafpausen der Spiel-Figur, und d.h. Spielunterbrechungen bzw. ein Aussetzen der Erzählzeit, mit dem ‚Tod' des Avatars. Online-Games wie *World of Warcraft* oder Online-Plattformen wie *Second Life* (LindenLab 2003) besitzen eine eigene Tag- und Nachtlänge (bei *Second Life* 7 Stunden) sowie eine distinkte Wochenstruktur, in der der Sonntag z.B. auf jenen Tag im Kalendarium verlegt ist, an dem das technische System der Plattform überprüft und gewartet wird. Computerspiele bringen also durch die narrationslogische Referenz auf die Temporalstrukturen des Spiels selbst ein weiteres Wech-

---
12 Gelegentlich wird auch in Anschluss an Harold Innis von medialer „Presentmindedness" gesprochen.
13 Bei der Installation des Betriebssystems Windows Vista wurde 2007 das Vergehen von Zeit anstelle durch Ladebalken durch das Aufscheinen zeitphilosophischer Phrasen auf dem Bildschirm visualisiert bzw. überspielt.
14 Eine solche ereigniszeitliche Struktur und Erzähllogik ist auch in anderen Spielformaten gegeben z.B. in Form von Sammeln der Informationen und Gegenstände in Adventure Games.

selwirkungsverhältnis in die ohnehin komplexe Erzählstruktur von Erzählzeit, Flow-Zeit und erzählter Zeit ein.

Selbstmanagement und Zeiteffizienz:
Das Alternate Reality Game *Majestic*

Wie ist nun das Spielformat Alternate Reality Game in diesem komplexem Feld zu positionieren? Gerade diesem Spieltypus schrieben Medienkritik und Spiel-Community bei seinem Erscheinen hochgradig immersive Effekte zu (vgl. Taylor, Kolko). Am Beispiel des prototypischen Alternate Reality Games *Majestic* (Electronic Arts 2001) möchte ich nun zum Schluss der schon mehrfach skizzierten Problematik einer ineffizienten bzw. Zeit vergessenden Zeiteffizienz und den in diesem Spieltypus damit verbundenen Wissens- und Selbstmanagement-Praktiken nachgehen.

Majestic ist 2001 eines der ersten Alternate Reality Games. Die Storyline des Spiels orientiert sich an dem gleichnamigen Science Fiction-Roman, der von einer Verschwörung innerhalb der US-Regierung erzählt, einem Geheimkommittee mit dem Namen „Majestic 12", das 1947 von Harry Truman gegründet worden sein soll. Diese urbane Legende koppelt das Spiel mit anderen verschwörungstheoretischen Sujets der Politik wie Bio-Waffen, UFOs oder Terrorismus. Als Entwickler von *Majestic* tritt eine Firma namens Anim-X aus Oregon auf, die jedoch zugleich als Aktant eine kryptische Rolle innerhalb der Erzähllogik selbst spielt. Das Spiel, an dem bis zur Deaktivierung Ende September 2001 im Kontext der Anschläge auf das World Trade Center über 70.000 User/innen partizipieren (vgl. Kushner), wird mit einer E-Mail-Nachricht eröffnet, die die Spielenden darüber informiert, dass das Spiel aufgrund technischer Probleme vorübergehend eingestellt worden sei.

„Date, Tue, 31 Jul 2001 20:07:54 +0000 (GMT + 00.00)
From: majesticrep@majestic.ea.com
To: user@hostname.com
Subject: Automated Message: Technical difficulties
***** This is an automatically generated message *****
Player account: Username
We are experiencing technical difficulties with the server hosting the game: Majestic.
We are working to determine the cause of the disruption and hope to have service restored soon.

> We will keep you updated on our progress.
> Thank you for your patience.
> Sincerely
> Electronic Arts Operation Group" (zit. nach Taylor/Kolko, 499)

Diese Information wird umgehend mit dem Hinweis auf eine mögliche Verschwörung verknüpft. Aus diesem Szenario heraus entwickelt sich im Folgenden die Aufgabe der Spielenden, das Rätsel um das Spiel selbst aufzudecken. Dazu verwickelt *Majestic* seine User/innen in E-Mail-Austausch, Chat, Fax-Kommunikation und Telefonkorrespondenz.[15] Das Alternate Reality Game bezieht sich dadurch auf jene zeitkritischen Abläufe, die sich in den Arbeitswissenschaften im Bereich des Mental Engineering entwickelt haben (Pias, 32ff) und die das zeiteffiziente Abwickeln von Aufgaben, Setzen von Prioritäten und Optimieren von Handlungs- oder Aktionsabläufen zum Ziel haben. An die Stelle einfacher Reiz-Reaktions-Parameter tritt in *Majestic* und seinen Nachfolgern aber eine komplexe Wechselwirkung von chronometrischer und nicht chronometrischer, zeitkritischer und nicht zeitkritischer Spielmodulation, von narrativen Temporalstrukturen (Erzählzeit/erzählte Zeit) und Sukzessionsdramaturgie (Ereigniszeit). Das Besuchen so genannter „geheimer" Webseiten verwischt in diesem Spielprozess sukzessive und kontinuierlich die Spuren der Fiktionalisierung und der narrativen Konstruktion, um die Beteiligten schließlich in die ‚unermesslichen Weiten' des WWW mit seinen Archiven, Wörterbüchern, Datenbanken und Enzyklopädien zu locken.

> „For the most part, each day presented a series of puzzles and mysteries that the player had to investigate. While the information needed to complete a day's tasks was not particularly difficult to find, it did take research and conversation. Once appropriate information was found or ‚turned in', gameplay for the day ceased. Indeed, within the *Majestic* application, it would note if you were on ‚standby' or in progress for that day's round of play. Unlike most games in which fast, potentially unlimited, play is the standard, *Majestic* modulated the time users spent on the game and experience, using the game-specified pacing as a way to insinuate the game into the player's regular schedule" (Taylor/Kolko, 502).

Alternate Reality Games intervenieren also innerhalb der von mir beschriebenen diversifizierten Zeitstrukturen des Spiels und des Spielens mehrfach, indem sie bewusst ein *blurring of boundaries*, eine Annullierung bestehender medialer und narrativer Grenzen, betreiben, ohne sich der konventionalisierten optischen (Zeit-)Perspektiven wie 3-Dimensionalität oder Raumerkundung zu bedienen. Ganz im Gegenteil: *Majestic* arbeitet mit der Flächigkeit und dem Standarddesign

---

15 Zu den Täuschungsmannövern des Spiels gehörte auch, dass Chat sowohl mit anderen Mitspielenden erfolgte als auch mit BOTs (z.B. der Figur „Mike").

von Online-Suchmaschinen, -Datenbanken oder -Dokumenten. Es operiert mit der Nicht-Erkennbarkeit der verschiedenen medialen Zeit- und Erzählregister, indem es verundeutlicht, wo das zeitbasierte Erzählen aufhört, wo die interaktiven oder kollaborativen Sequenzen anfangen und wo die erzählte Zeit in die Erzählzeit übergeht: dann nämlich, wenn die User/innen sich z.B. in einem spannenden Artikel der *Encyclopedia Britannica* über Harry Truman festlesen, der natürlich keinen direkten Hinweis zum Majestic-Spiel enthält, und von dort auf weitere Webseiten gelangen, die gleichfalls nicht mehr zur *Majestic*-Spielperipherie zählen.

Alternate Reality Games manipulieren die verschiedenen Zeitebenen primär durch eine temporale Ereignislogik sowie die Ankopplung an die Gebrauchsgewohnheiten verschiedener Online- und Telekommunikationsformate wie Chatten, Telefonieren, E-Mail schreiben oder in Datenbanken recherchieren, die ohnehin zur Tagesroutine der Spieler/innen gehören. Mit den Theoremen Gérard Genettes gesprochen, beruht der immersive Effekt dieses Spielformats darauf, dass sie die Grenzen zwischen spielinternen (intradiegetischen) und spielexternen (extradiegetischen) Operationen durch eine grafische Angleichung an das Webpage-Design etablierter Suchdienste oder durch eine Appropriation von Einträgen renommierter Lexika verwischen. Die Alternate Reality Games geben zwar vor, nicht zu optimieren, sie erteilen dabei aber permanent Lektionen im Informations-, Wissens-, Verifizierungs- und Zeitmanagement.

Im intermedialen Verbund von (Online-) Gaming, Film, Fernsehen, Internet-Suchmaschinen und verschiedenen anderen Ausgabegeräten wie Telefax und Telefon entsteht so ein neues Game-Format, das Wissen und Wissenserwerb als Technologien des Selbst (vgl. Foucault) zum Fundament eines interaktiven politischen Thrillers macht, welcher die User/innen durch eine spezifische temporale Perspektivierung fesselt. Durch die Vermischung von *Majestic*- (sprich: Fake-) Webseiten, Partner-Webseiten[16] und dem übrigen Internetangebot, bei dem die User/innen sämtliche derzeit zur Verfügung stehenden Kommunikationsmedien nutzen müssen, ist *Majestic* insbesondere ein Dauertest in computer- und netzbasierter Wissens- und Informationstechnik. Darüber hinaus aber testet es vor allem eins: Das Unterscheidungsvermögen der Spielenden zwischen Real Life und Simulation, zwischen Fact und Fake, „erstem" und „zweitem Leben". Trotz seiner Einpassung in Alltags- und Arbeitsplan der Spielenden entzieht sich das Alternate Reality Game dadurch schon vom Format her einer möglichen chronometischen Kontrolle der Online-Spielzeit, wie viele Nutzer/innen sie ausüben, indem sie bei-

---

16 Zu diesen Partnerwebseiten zählte u.a. conspiracy-net.com.

spielsweise jeweils nur drei Stunden pro Tag spielen oder im Web surfen. Denn in den Alternate Reality Games kann jeder Vorfall und jeder Telefonanruf potenziell ein Baustein im Erzähl- und Spielverlauf sein. Und auch wenn die Spielenden scheinbar warten, sind sie niemals sicher, ob sie sich wirklich in einer Lücke zwischen zwei Spielphasen befinden, denn *Majestic* fängt ja bereits programmatisch mit einem solchen täuschenden Warte- und Warnhinweis an: „We hope to have restored service soon. Thank you for your patience". Darüber hinaus beziehen sich bei Majestic zahlreiche Erzählelemente, Hinweise und Rätselzeichen auf den Film *The Game*, (USA 1997, Regie: David Fincher), der selbst wiederum ein Spiel im Spiel zu sein vorgibt und bei dem die Hauptfigur lange Zeit gar nicht merkt, dass das Spiel schon längst begonnen hat. Dieses Grundgefühl eines permanenten Im-Spiel-Seins, das auch das Zeitempfinden der User/innen erfasst, ist in gewisser Weise die Essenz des Spielformats Alternate Reality Game. Dieses findet sich präzise im Werbeslogan von *Majestic* wieder: „It plays you"!

Literatur

Barthes, R. (1988): Einführung in die strukturale Analyse von Erzählungen, in: ders., Das *semiologische* Abenteuer. Frankfurt a.M.: Suhrkamp.
Becker, A (2003): „'Eine die Einbildungskraft empörende Vorstellung'. Von Eadweard Muybridges Zeitkonzeption zu Tim Macmillans Time-Slice-Studien". In: Röwekamp, B., Pohl, A., Steinle, M. u.a. *Medien/Interferenzen*, Marburg: Schüren, 14-25.
Bolter, J.D., Grusin, R. (2000): *Remediation. Understanding New Media.* MIT Press Paperback: Cambridge.
Bruns, K. (2002): „Stück-Werk. Zur ästhetischen Funktion von Video-Inserts in Film und Computerspiel". In: Ralf Adelmann, Hilde Hoffmann, Rolf F. Nohr (Hg.) • *REC - Video als mediales Phänomen*. Weimar: Verlag und Datenbank für Geisteswissenschaften VDG, 182-199.
Bruns, K. (2003): *Game over? Narration und Spannung im Computerspiel.* kulturrevolution. zeitschrift für angewandte diskurstheorie, Frühjahr 2003, 85-89.
Csikszentimihalyi, M. (1990): *Flow. The Psychology of Optimal Experience.* New York: Harper & Row.
Duerr, H. P. (1978): *Traumzeit. Über die Grenzen zwischen Wildnis und Zivilisation.* Frankfurt a.M.: Syndikat. Eigene Zeitzone: Uhren ticken in Venezuela anders". Die Presse, 29.11.2007; http://diepresse.com/home/politik/aussenpolitik/346363/index.do.
Foucault, M. (1993): „Technologien des Selbst" (1988). In: Foucault, M. *Technologien des Selbst.* Mit Beiträgen von P.H. Hutton, R. Martin u.a. Frankfurt a.M.: S. Fischer, 24-62.
Fromm, R. (2003): *Digital spielen – real morden? Shooter, Clans und Fragger: Videospiele in der Jugendszene*, Marburg: Schüren.
Gallison, P. (2003): *Einsteins Uhren, Poincarés Karten. Die Arbeit an der Ordnung der Zeit.* Frankfurt a.M.: S. Fischer.
Genette, G. (1994): *Die Erzählung*. München: Fink (Discours du récit, Paris 1972).
Kushner, D. (2002): „*So What, Exactly Do Gamers Want?*" New York Times 7 March.
Lang, F. (1927): „*Moderne Filmregie*". Die Filmbühne. April 1927, H. 1, 4f.

Levine, R. (1998): *Eine Landkarte der Zeit. Wie Kulturen mit der Zeit umgehen*. München, Zürich: Piper (A Geography of Time: On Tempo, Culture and the Pace of Life, London 1997).

Lightman, A.(1994): *Und immer wieder Zeit*. Hamburg: Hoffmann und Campe (Einstein's Dream, 1993).

McCloud, S. (2001): *Comics richtig lesen*, Hamburg: Carlsen (Understanding Comics, New York 1991).

McLuhan, H. M. (1964): Hot media and cold. In: McLuhan, M. *Understanding Media: The Extensions of Man*. New York: McGraw-Hill.

Meinrenken, J. (2007): Bullet Time & Co. Steuerungsutopien von Computerspielen und Filmen als raumzeitliche Fiktion. In: Leschke, R., Venus, J. *Spielformen im Spielfilm. Zur Medienmorphologie des Kinos nach der Postmoderne*. Bielefeld: transcript, 239-270.

Orme, J. E. (1969): Time, Experience and Behavior. London: llife.

Orth, D. (2006): „‚Für die Horde!' Konstruktion von Kollektiven in Computerspielen". In: Jäger, A., Antos , G. Dunn M.H. *Masse Mensch. Das „Wir" – sprachlich behauptet, ästhetisch inszeniert*. Halle (Saale): Mitteldeutscher Verlag, 213-232.

Pias, C. (2000): *Computer Spiel Welten*. Weimar: Sequenzia.

Schmidt, G. (2002): „Zeit des Ereignisses – Zeit der Geschichte". In: Chi, I., Düchting, S. u.a. ephemer_temporär_provisorisch. Essen: Klartext, 175-196.

Schmidt, K. (2005): „Der Archeplot im Game ‚Silent Hill 2' als klassische Heldenreise. In: Neitzel, B., Bopp, M., Nohr, R. F. *See? I'm real... . Multidisziplinäre Zugänge zum Computerspiel am Beispiel von Silent Hill*. Münster: LIT, 20-40.

Taylor, T.L., Kolko, Beth E. (2003): „*Boundary Spaces. Majestic and the uncertain status of knowledge, community and self in a digital age*". Information, Communication & Society (iCS), 4/6, 497-522.

Truffaut, François (2003): *Mr. Hitchcock, wie haben Sie das gemacht?* München: Heyne (1. Aufl. 1973).

Turkle, S. (1997): *Leben im Netz. Identität in Zeiten des Internet*. München: Fink (Life on the Screen. Identity in the Age of the Internet, New York 1995).

Visuelle Kommunikation und Politik in Videospielen: Perspektiven für die politische Bildung?

Tobias Bevc

1 Einleitung

Dieser Artikel stellt den Versuch dar, einen theoretischen Ansatz hinsichtlich der visuellen Dominanz in der heutigen Medienkultur zu entwickeln, mit Hilfe dessen man besser verstehen soll, wie Computerspiele zur Konstruktion von Politik und Gesellschaft bei ihren Rezipienten beitragen. Dabei wird der Fokus auf den politischen Effekten der visuellen Elemente in Unterhaltungsmedien, speziell in Computerspielen, liegen.

TV, Filme und das Internet sind vor allem unter Kindern, Jugendlichen und jungen Erwachsenen sehr populär (JIM 2007, 2006; Shell 2006). Diese Medien verwenden vorwiegend visuelle Formen der Kommunikation. Dies ist jedoch nicht nur für Unterhaltungsformate richtig, sondern zunehmend auch für die Präsentation von Information und Wissen, von Nachrichten und Politik. Dieser Wandel der Kommunikationsparadigmen wird schon seit langer Zeit beobachtet und beschleunigt sich konstant.[1] Diese veränderte Form der Präsentation von Nachrichten und Politik ist die Folge der sich wandelnden Konsumentengewohnheiten (Sarcinelli 1998a, 1998b). Dies korrespondiert mit der Hypothese eines Paradigmenwechsels von einem logozentrischen Weltverstehens hin zu einem ikonozentrischen (Hofmann 1999), oder anders formuliert, korrespondiert dies mit der zunehmenden Dominanz des Visuellen in unserer Kultur (Sturken/Cartwright 2005). Dies heißt nicht die Bedeutung sprachlicher Kommunikation zu leugnen. Visuelle Kommunikation jedoch hat einen zumindest gleich großen Effekt wie sprachliche. Die Visualisierung von Macht bzw. sie unsichtbar zu machen wurde schon von Platon in den Nomoi diskutiert – und diese Diskussion hält bis heute an. Während Demokratie sich selbst zeigt versteckt Autokratie sie (Münkler 1995,

---

1 So verändert sich Beispielsweise das Verhältnis zwischen gesprochener und visuell kommunizierter Nachrichten in Nachrichtensendungen zugunsten der Letzteren (Pfetsch 1991; ALM 1999; ALM 2000).

214).² Macht und ihre Strukturen sind gute Indikatoren für die gesellschaftliche Organisation und die Stellung des Subjekts in ihr (Foucault 1977, 2005; Althusser 1970).

Dieser Aufsatz wird zunächst einen theoretischen Rahmen skizzieren der dabei helfen soll die visuelle Konstruktion des Politischen in Computerspielen nachvollziehbar zu machen. Dann wird auf die Unterschiede der visuellen Kommunikation im Vergleich zur logozentrischen eingegangen sowie die Konsequenzen dieser Unterschiede diskutiert. Drittens sollen Beispiele visueller Kommunikation (Darstellung des Anderen, Religion) in Computerspielen unter besonderer Berücksichtigung der politischen Bildung analysiert werden. Dabei wird deutlich werden, dass die sprachliche Kommunikation weiterhin wichtig ist, um die Geschichte der Spiele zu erzählen. Die visuelle Kommunikation mit ihren Symbolen und assoziativen und kulturell ambivalenten Inhalten ist entsprechend für den Subtext verantwortlich, wie es anhand der Beispiele deutlich werden wird.

2 Einführende Überlegungen

In Bezug auf die Konstruktion von Politik und Gesellschaft in Computerspielen sind es die Elemente der visuellen Kommunikation, die von besonderem Interesse sind, da diese Spiele vor allem mit diesen Elementen arbeiten um ihre Geschichte zu erzählen, die die Basis für das Spielen des Spiels bildet.³ Das Spielen von Computerspielen muss als kulturelle Praxis betrachtet werden. „It is participants in a culture who give meaning to people, objects and events. Things ‚in themselves' rarely have any one, single fixed and unchanging meaning. [...] It is by our use of things, and what we say, think and feel about them – how we represent them – that we give them a meaning" (Hall 1997, 3). Für den Kontext der politischen Bildung im Computerspiel ist Stuart Halls Feststellung entscheidend,

---

2 Vgl. Hofmann 2004, 318-323 für eine hervorragende Darstellung über die Bedeutung von Bildern in Platons politischer Kommunikation.
3 Welche Position man auch immer zu Computerspielen einnimmt so ist festzustellen, dass fast alle eine Story haben – in den meisten Fällen eine schlechte. Diese Storys sind im allgemeinen in ihrem politischen Inhalt und ihrer Aussage sehr ähnlich, so dass man davon ausgehen kann, dass diese Inhalte einen Effekt auf die Vorstellungen ihrer Rezipienten bezüglich Politik und Gesellschaft haben können (vgl. Bevc 2007c, 2008). Empirische Studien müssen die Richtigkeit dieser Hypothese erst noch zeigen. Immerhin gibt es Studien, die zeigen, dass es diese Effekte in bezug auf TV-Unterhaltung existieren (Baum 2006; Holbert 2005; Dörner 2001). Es gibt natürlich auch hier Ausnahmen, wie z.B. im Spiel „Civilisation". Dort spielt die visuelle Komponente keine wichtige Rolle. Dort ist die Ideologie vollkommen in die Erzählung und Struktur des Spieles eingebettet, die zusammen die Handlungen des Spielers stark beeinflussen.

dass durch kulturelle Praktiken gebildete Bedeutungen gleichzeitig dem Versuch durch diejenigen, die regieren und die Macht wollen und die Ideen und Vorstellungen der Menschen beeinflussen möchten, unterliegen, strukturiert und geformt zu werden. Dies gelingt umso besser je mehr sie das Verhalten und die Praktiken des täglichen Lebens organisieren und regulieren, d.h. je mehr Einfluss sie auf die Normen und Konventionen haben, durch die das soziale Leben geordnet und regiert wird (Hall 1997, 4; vgl. Althusser 1970, Foucault 2000, 1994).

Gleichzeitig ist aber mit de Certeau festzustellen, dass die Menschen durch das Verwenden von Dingen ihnen sogleich einen eigenen individuellen Aneignungshorizont geben, der den Intentionen, die ihnen eigentlich beigelegt werden, wiedersprechen kann (de Certeau 1990, 11-30). Insofern existieren immer drei mögliche Rezeptionsmodi Computerspiele als 1. Affirmation des Bestehenden 2. Subversion des Bestehenden, 3. Alternativszenarios zum Bestehenden.

2.1 Visuelle Aspekte

Um die visuellen Aspekte von Computerspielen zu analysieren, ist es wichtig drei unterschiedliche Ebenen zu unterscheiden: Die Ebene der Produktion, die des Produkts selbst und die Ebene der Wirkungen der visuellen Elemente (vgl. Müller 2003, 13-120).

Erstens ist die Ebene der Produktion von Bedeutung um die intendierten gesellschaftlich relevanten Bedeutungen (Kultur, Politik, Religion etc.) der Bilder/Filme/Symbole eines Spiels richtig einzuordnen. Schöne Beispiele hierfür sind das Spiel „Left Behind: Eternal Forces" (Left behind Games, 2005), das seinen Hintergrund in der evangelikalen Bewegung in den USA hat, oder „America's Army" (US Army, 2002-2008), ein Spiel, das eindeutige politische und ideologische Rückendeckung durch seinen Hersteller hat: Die US Armee und das amerikanische Verteidigungsministerium. Weitere Beispiele sind „Special Force", das von der Hisbollah produziert wird, oder aber „Israel Airforce", das das israelische Gegenstück zu „America's Army" ist (Hackensberger 2003). In fast allen Spielen kann man politische Aussagen, die in einem Zusammenhang mit dem Spiel stehen

und daher von dem Spieler – zumindest für das Spielen des Spiels – übernommen werden müssen, finden.[4]
Zweitens muss das Produkt selbst analysiert werden, d.h. sein Inhalt, die Bilder, Filme und Symbolisierungen die es für das „mis en scène" des Spiels sowie das Spiel als Ganzes verwendet (vgl. Bevc 2007d; Eichner 2005). Im Kontext eines Computerspiels ist der Inhalt wichtig für die Interpretation der visuellen Elemente des Spiels, da er den Rahmen für die Interpretation der visuellen Elemente bereitstellt. Insofern sind Computerspiele keine neutralen Medien zur Speicherung Verbreitung von Information. Sie sind vielmehr – vergleichbar mit allen anderen Massenmedien – Instanzen der Selektion und von Sinn, die aktiv die soziale Realität formen (vgl. Schulz 1985, 68). Computerspiele sind eine hybride Medienform mit vielen Eigenschaften von Massenmedien. Insofern kann davon ausgegangen werden, dass auch sie – eben wie die anderen Massenmedien – zur Konstruktion von Realität bei ihren Rezipienten beitragen (Klimmt 2006, Roth 2006, Slater/Rouner 2002, Slater/Rouner/Long 2006).

2.2 Massenmedien und Politik

Massenmedien sind ein integraler Bestandteil moderner Gesellschaften und sie sind Teil einer kollektiven Anstrengung, Realität durch Auswahl, Verarbeitung, Interpretation, und Veröffentlichung von Stimuli und Ereignissen der sozialen Umwelt zu konstruieren (Schulz 1989, 140-142). Unterhaltung durch die Massenmedien trägt zur individuellen Konstruktion von Realität und letztlich auch zur Identitätsbildung bei. Dieser Beitrag besteht in einer „Selbst-Verortung" in der von den – durch das Individuum genutzten – Medien gezeigten Welt (Luhmann 1996, 96-98, 112-116). Insofern kann man von der Realität als einem sozialen Konstrukt sprechen, anstatt einer gegebenen Entität mit der man sich identifizieren muss (Schulz 1989, 135-137)
Gleichzeitig ist festzustellen, dass die mediale Kommunikation eine Schlüsselrolle im fortwährenden Prozess der Realisation und Legitimation von Politik spielt (Jarren und Donges 2006; Sarcinelli 1998a). Die politisch Indifferenten se-

---

[4] Im Zusammenhang mit Filmen ist es eine Binsenweisheit, dass diese oft einen politischen Hintergrund haben, der mit der politischen Einstellung des Herstellers zusammenhängt. Das berühmteste Beispiel ist hier wohl die Robin Hood Verfilmung mit Erol Flynn von 1938 von den Warner Bros. Studios. Die Besitzer dieses Studios unterstützten den demokratischen Kandidaten Franklin D. Roosevelt für die Präsidentschaftswahl 1940, was in dem Film an mehreren Stellen deutlich wird, vor allem in der Galgenbaumrede Robin Hoods (Hofmann 1997, 260-264).

hen mehr Unterhaltungsprogramme als die restliche Bevölkerung. Unterhaltungsmedien helfen ihren Zuschauern sich selbst zu definieren. Diese Zuschauergruppe gibt zu Protokoll, dass TV-Unterhaltung sie nicht nur unterhält, sondern sie auch mit Informationen und Daten zur Selbstverortung in der realen Welt beliefern (Kuhn 2000, 93; Dehm 1984, 643). Die Politainment-Forschung hat entsprechend in Bezug zu Film und TV gezeigt, dass die Rezipienten der Medienunterhaltung ihr Verständnis von politics, policy und polity aus der Medienunterhaltung beziehen (Baum 2006; Holbert 2005; Dörner 2001).

Dörner bewertet das Politainment Phänomen recht positiv. Er sieht Politainment als die Art und Weise wie die Mehrheit der Bevölkerung heutzutage mit der politischen Arena im weitesten Sinne in Kontakt kommt und so den politischen Raum erfährt (Dörner 2001, 31). Er ist der Auffassung, dass dadurch Politik wieder auf die Agenda der Menschen kommt, die durch seriösere Politikformate nicht mehr angesprochen wurden. Außerdem werde durch das Politainment eine Popularisierung politischer Begriffe und Konzepte, Interpretationsmuster und politische Werte befördert. Darüber hinaus bietet Politainment konkrete Modelle für politisches Handeln sowie Motivation für eine aktive Einmischung in die Politik (Dörner 2001, 33f.; vgl. Krause 2004, 92f.; Riegert 2005).

Computerspiele als Unterhaltungsmedien gesehen haben dementsprechend auch ihren Anteil in der Konstruktion des Weltbildes ihrer Rezipienten. Sie verwenden Bilder, Erzählungen und Symbole, die in unserer kulturellen Praktiken und in unserem Alltagsleben bestimmte Bedeutungen besitzen. Diese Bilder, Erzählungen und Symbole und ihre Bedeutung tragen zu den politischen und gesellschaftlichen Vorstellungen bei, die ihre Rezipienten besitzen bzw. formen (cf. Bevc 2007 b, c; de Certeau 1990, 11-30). Im Kontext der visuellen Politik muss die Betonung auf den visuellen Aspekt der kulturellen Praxis, d.h. auf die visuelle Kultur, gelegt werden (Dikovitskaya 2006).

Darüber hinaus kann man feststellen, dass Computerspiele mit Bildern und Symbolen arbeiten, die bereits tief im kulturellen Gedächtnis eingebettet sind und daher immer schon mit bestimmten Bedeutungen assoziiert werden. Daher sind sie nicht unschuldig. Sie sind mit Bedeutung geladen, besonders dann wenn sie in bestimmten Kontexten verwendet werden, die die Bedeutung der Bilder nochmals verstärken und die alternative bzw. abweichende Interpretationen sehr schwer machen.

2.3 Computerspiele als Sonderform der Massenmedien

Luhmann definiert Massenmedien als soziales System, das dazu dient, Produzent und Verteiler von Kommunikation für alle Systeme die mit Sinn operieren, zu sein. Das fundamentale Element dieses Systems ist die Kommunikation, die wiederum durch Information codiert ist. „Die Funktion der Massenmedien liegt in der Bereitstellung einer Öffentlichkeit repräsentierenden formbaren Hintergrundrealität für Kommunikationen bzw. eines entsprechenden Beitrags zur Konstruktion der Realität von Gesellschaft." (Krause 2005, 235; vgl. Luhmann 2000, 303-312; Luhmann 1997, 1096-1108; Luhmann 1996).

Die Rolle der Massenmedien, und ihr Nutzen, muss in der selektiven Normalisierung von Informationen für die Öffentlichkeit bzw. „in der Formung von öffentlicher Meinung" gesehen werden (Krause 2005, 235).

Einige typische Aspekte, durch die Massenmedien charakterisiert sind, sind folgende: Massenmedien sind immer auf Sendung, sie berichten über eine Vielzahl von Themen und für ein breites Publikum (Gerhards 1995, 149-150). Auf der Rezipientenseite gilt es zu beachten, dass das Publikum die Massenmedien gleichzeitig rezipieren, und dass sie kein Feedback geben können. Allerdings sind diese Kriterien seit der Erfindung von „Film on demand", Video und vor allem des Internets („Web 2.0") nicht mehr ohne Vorbehalt gültig. Im Bezug auf Computerspiele muss man zunächst zwischen Einzelspielerspielen (Offline) und Mehrspielerspielen (Online) unterscheiden. Während die Online Mehrspielerspiele zumindest teilweise simultan gespielt werden, trifft dies für die Einzelspielerspiele in keinem Fall zu. Auch stellen sie eher eine gemischte Kommunikationsform dar, da in Computerspielen die Spielinhalte sowie das Spielerlebnis von Spieler zu Spieler variiert, da die Spieler in unterschiedlichem Maße (je nach Genre und Spiel) für den Inhalt des Spiels mitverantwortlich sind. Man kann auf keinen Fall mehr von einer Kommunikation von Abwesenden für Abwesende sprechen.[5] Insgesamt muss man also im Fall von Computerspielen von einer hybriden Medienform sprechen, die die Grenzen der traditionellen Massenmedien in verschiedenen Weisen transzendiert. Dies ändert aber nichts an der Behauptung, dass Computerspiele an der Konstruktion von Politik und Gesellschaft bei ihren Rezipienten beteiligt sind (vgl. Vorderer 2000; Schlütz 2002).

---

5 In Einzelspielerspielen wird der Inhalt nicht durch den Spieler produziert, er wird nur durch ihn ausgeführt. Für eine Diskussion der Frage des Spielers als Produzent des Spiels vgl. Klimmt 2006; Mathez 2006; de Maria 2007; Malaby 2007)

3 Drei Hypothesen zur visuellen Kommunikation

Die Produktion und Rezeption von Bildern ist eine fundamentale Eigenschaft des Menschen, da das Sehen zu den fundamentalen Formen der menschlichen Orientierung gehört, mit der er sich in seiner Welt nicht nur orientiert (Hofmann 2004, 312; vgl. Jonas 1973a, b), sondern mit deren Hilfe er sie auch konstruiert. Insofern ist davon auszugehen, dass die visuellen Massenmedien das fundamentale Bedürfnis der Menschen nach Orientierung befriedigen. Gleichzeitig zeigt die Tatsache, dass das Sehen, die Produktion und Rezeption von Bildern, zu den fundamentalen menschlichen Bedürfnissen und Eigenschaften gehört, wie groß die Bedeutung visueller Medien für den Informations- und Wissensaustausch sind, liefern sie doch häufig die Vorlagen für die Weltwahrnehmung und -konstruktionen ihrer Rezipienten. Wo liegen die Vor- und Nachteile dieser Form der Kommunikation im Vergleich zur sprachlichen Kommunikation? Diese Überlegungen sollen hier insbesondere in bezug auf Ideologie und politische Bildung dargestellt werden.

3.1 Der Zielgruppenbezug

Visuelle Kommunikation ermöglicht es ein viel heterogeneres Publikum anzusprechen als sprachliche Kommunikation, da die Wahrscheinlichkeit der Akzeptanz des kommunizierten viel höher ist. Der Preis, für diese Inklusion eines breiteren Publikums, ist die erhöhte Ambiguität der Inhalte.

Unterstützt wird diese These dadurch, dass im Gegensatz zur sprachlichen Kommunikation die visuelle Kommunikation immer diffus ist. Daher ist keine eindeutige Kodierung von Sinn möglich. Die Konsequenz daraus ist, dass man die Dialogpartner mit der visuellen Kommunikation nicht so unverwechselbar festlegen kann wie mit der sprachlichen Kommunikation und ihren assertorischen Sätzen (vgl. Habermas 1981; 1983). Gleichzeitig ist in den heutigen Gesellschaften mit ihrem gewachsenen Kommunikationsbedürfnis, durch die visuelle Kommunikation, das Risiko eines Scheiterns der Kommunikation, gerade aufgrund ihrer diffusen Bedeutung, geringer als mit der sprachlichen Kommunikation, deren Risiko zu Scheitern deutlich größer ist (Hofmann 2005, 15-17; vgl. Sachs-Hombach 2006). Gerade in politischen Diskursen bietet Kommunikation mit Bildern daher eine Alternative, die häufiger zu einem positiven Kommunikationsergebnis führt. Das Überschreiten von Diskursgrenzen, woran sprachliche Kommunikation oft scheitert, ist mit der visuellen Kommunikation leichter zu erreichen, wie Hofmann, in Anlehnung an Luhmann, erklärt: In der Geschichte haben verschiedene gesellschaftliche Formationen immer die korrespondierende Stufen der vorhandenen Medien verwendet. Der Anfang der sozialen Evolution ist eng verknüpft mit Sprache. Die Sprache ist die Muse der Gesellschaft. In ihr wird die Totalität des Sinns – der immer schon eine kontingente Selektion aus dem Komplexen Ganzen ist – in ein Ja/Nein Schema transferiert. Sprache stellt Erfahrungen in Sequenzen und macht es so möglich über Dinge zu kommunizieren, die nicht mehr oder noch nicht vorhanden sind bzw. die sehr abstrakt sind, wie Freiheit, Herrschaft, Glück etc. Dies ermöglicht es den Horizont der Wahrnehmung des Kommunikationspartners zu transzendieren. Die Kommunikationsmedien, die auf Sprache basieren, wie beispielsweise das Buch, radikalisieren die Möglichkeiten der Sprache (Hofmann 2004, 328-332, hier 328f.).

Heute sind es die audiovisuellen Medien und hochdifferenzierte Gesellschaften in den entwickelten Ländern, die parallel sich entwickelnde Erscheinungen bilden (Hofmann 2004, ebd.; Luhmann 2001, 301). In der massenmedialen und visuellen Kommunikation von Heute wird das Feedback der Adressaten marginalisiert. Diese Art der Kommunikation drängt die Kultur der Schrift zurück und etabliert sich selbst auf einem Niveau einer artifiziell produzierten Kultur der Wahrnehmung in der Bilder die primäre Form der Kommunikation einnehmen (Hofmann 2004, ebd.; Luhmann 1996, 80).[6]

Kommunikation durch Bilder besitzt eine höhere Plausibilität, da alle Mechanismen der alltäglichen Wahrnehmung an sie gebunden sind (Hofmann 2004, ebd.; Luhmann 1997, 306). Gleichzeitig ist diese Kommunikation bezüglich der Information, die für den Rezipienten vorhanden ist, weniger eindeutig kodiert als sprachliche Kommunikation. Der Vorteil davon ist, dass das Risiko des Scheiterns der Kommunikation deutlich geringer ist, da in der Kommunikation durch Bilder keine Ja/Nein Antwort erforderlich ist und dadurch das Risiko des Dissenses viel geringer ist. Kurz: Massenmediale Kommunikation ist in der Lage durch Bilder eine zweite Realität zu bilden in der Konsens nicht obligatorisch ist. Dies gilt weder für die Gesellschaft, noch für weitere Kommunikation, die der massenmedialen Kommunikation folgt (Hofmann 2004, 330, Luhmann 1996, 120). Des Weiteren mangelt es der visuellen Kommunikation an einer Eigenschaft, die

---

6 Wobei „Heute" natürlich relativ zu verstehen ist. Das Internet bietet mittlerweile reichlich Formen des Feedbacks, die ja auch gerne und durchaus einflussreich verwendet werden (Jenkins 2006). Insofern kann man also von einer Rückkehr des Feedbacks sprechen und die Adressaten selbst als Produzenten sehen. Dies steckt allerdings noch arg in den Kinderschuhen, zumindest wenn man nicht jedes Forum oder jeden YouTube Beitrag als Feedback betrachten möchte. Der emanzipatorische Stellenwert des sog. Web 2.0 wird doch häufig arg übertrieben, wie zu Beginn des Internets das Internet als solches.

an der sprachlichen so faszinierend ist: die Möglichkeit und Notwendigkeit zwischen Information und Mitteilung zu unterscheiden. Das Gesamtarrangement der visuellen Kommunikation in Film und Fernsehen entzieht sich somit auch der Ja/Nein-Codierung der sprachlichen Kommunikation. „Man kann durch Filme positiv oder negativ berührt sein, kann sie gut oder schlecht finden, aber es fehlt im Gesamtkomplex des Wahrgenommenen jene Zuspitzung, die eine klare Distinktion von Annahme oder Ablehnung ermöglichen würde" (Luhmann 1997, 307). Die visuellen Medien sind gerade aufgrund dieser Defizite effektiv, ihre Ambiguität ist die angemessene Antwort für die Integration hoch ausdifferenzierter Gesellschaften.

Insofern lässt sich mit Hofmann feststellen, dass moderne Gesellschaften, die dezentralisiert sind und multiple Zentren haben, heterarchisch organisiert sind und kulturell regionalisiert. Sie kommunizieren gleichzeitig global mit Bildern. Politisch gesehen bedeutet das, dass der Rezipient – der ständig unendliche Mengen an bebilderten Medien verarbeiten muss – beständig in einem Stadium der universell informierten Ungewissheit sich befindet. Dieser Zustand bedingt, dass das weitläufige Wissen, dass der Rezipient hat, nur oberflächlich ist und immer der Revision ausgesetzt ist (Hofmann 2004, 331).

Der Vorteil der visuellen Kommunikation bezüglich dieser These ist von einem politischen Standpunkt aus ist, dass sie aufgrund ihrer Verständlichkeit und ihrer Inhalte große Teile der Gesellschaft in den gesellschaftlichen Diskurs einbezieht. Dieser Vorteil ist gleichzeitig ein Nachteil: die Eindeutigkeit der sprachlichen Kommunikation geht verloren und damit auch die Eindeutigkeit ihres (politischen) Gehalts (Hofmann 2005, 15-17).

In Bezug auf Computerspiele und Politik erlaubt uns diese These die Schlussfolgerung, dass Computerspiele die Sprache ihrer Rezipienten sprechen. Die durch die Bilder vermittelten Inhalte lassen unterschiedliche Interpretationen zu; sie sind aber zur gleichen Zeit auch adäquat um die Einstellungen und Stereotype der Rezipienten zu intensivieren, da die von ihnen vermittelten Bilder zur Weltkonstruktion bei ihren Rezipienten beitragen können. Dies gilt vor allem, wenn man bedenkt, dass die Hersteller von Computerspielen ihre Zielgruppen genau kennen und die Spiele entsprechend gestalten.

3.2 Visuelle Identitätsbildung

Die visuelle Identitätsbildung rechnet immer mit der Beobachtung durch andere. Daher ist sie reflexiv. Insofern soll die These lauten, dass diese Form der Identitätsbildung immer schon die Perspektive der Anderen miteinbezieht.

Die visuelle Form der Identitätsbildung geht der sprachlichen immer voran und ist daher die nachhaltigere. Diese These greift zurück auf Lacans Metapher des Spiegelbildes (Lacan 1949, 64-69; vgl. Freud 1947). Lacan postuliert, dass der menschliche Säugling in einem bestimmten Altersabschnitt (6-18 Monate) fähig ist sich selbst im Spiegel zu erkennen (Lacan 1949, 63). Lacan ist der Auffassung, dass dieses Spiegelstadium als Identifikation im vollen Sinne der Psychoanalyse verstanden werden kann: Als eine Transformation des Subjektes, die durch die Rezeption des Bildes ausgelöst wird (ebd., 64).

> „Die jubilatorische Aufnahme des Spiegelbildes durch ein Wesen, das noch eingetaucht ist in motorische Ohnmacht und Abhängigkeit von Pflege, wie es der Säugling in diesem infans-Stadium ist, wird von nun an – wie uns scheint – in einer exemplarischen Situation die symbolische Matrix darstellen, an der das Ich (je) in einer ursprünglichen Form sich niederschlägt, bevor es sich objektiviert in der Dialektik der Identifikation mit dem andern und bevor ihm die Sprache im Allgemeinen die Funktion eines Subjektes wiedergibt." (ebd.).

Zwei Punkte sind hier von besonderer Bedeutung: Erstens, die visuelle Identitätsbildung geht der sprachlichen voran. Bevor also irgendetwas gesprochen, gelesen oder sonstwie kommuniziert wurde, hat der Identitätsbildungsprozess schon durch die Eindrücke des Bildes im Spiegel begonnen. Zweitens, die visuelle Bildung der Identität rechnet immer schon mit der Beobachtung der eigenen Handlungen durch andere. Dies bewirkt die Reflexivität der visuellen Identitätsbildung. Diese Reflexivität ist hier im Sinne von Meads Konzept der Perspektivübernahme im Prozess des Sozialisationsprozesses zu verstehen (Mead 1934).

Die visuelle Identitätsbildung beinhaltet immer auch die Perspektive der anderen in Bezug auf die persönliche Identitätsbildung. Im Kontext der politischen Bildung muss man das als einen positiven und wesentlichen Aspekt betrachten, da die Perspektivübernahme sowohl für ein funktionierendes Gemeinwesen unerlässlich ist, als auch in allen Theorien der deliberativen Demokratie zentral ist (vgl. Berger/Luckmann 2003; Habermas 1981, Benhabib 2002, Bohman 2000).

Der Punkt, dass die visuelle Identitätsbildung der sprachlichen zuvorkommt, lässt in Bezug auf Computerspiele die Vermutung zu, dass – zumindest in Multispielerspielen – die Spieler immer sich ihrer Beobachtung durch andere bewusst sind und daher immer in diesem Bewusstsein agieren. Dies führt zu einem sozial reflektierten und akzeptablen Gruppenverhalten (Gebel/Gurt/Wagner 2005, Wagner 2008).

3.3 Dominanz des Visuellen

Heutzutage existiert nur, was in den visuellen Medien gezeigt wird (Baudrillard).

Diskussion
Die Identitätskonstruktion heute findet unter völlig anderen Kommunikationsbedingungen statt. Heute wird der gleiche Inhalt im selben Stil gleichzeitig überall auf dem Globus ausgestrahlt. Die Ubiquität der visuellen Medien hat die Medien in eine „große planetarische Optik" transformiert (Virilio 2000, 19).[7] In dieser Optik sind die politischen Grenzen verschoben, weg von dem Raum der Geopolitik hin zur Echtzeit der „Chronopolitik", in der alle Bilder überall gleichzeitig zu sehen sind (ebd., 19-20). Mit Baudrillard lässt sich das zugespitzt zusammenfassen: Was in den visuellen Medien nicht präsentiert wird, das existiert nicht. Das „Echte" muss in ein sich „bewegendes Bild" verwandeln um als real wahrgenommen zu werden (Baudrillard 2002; Virilio 2000, 2003).

Dieser Primat des Visuellen wird durch eins der Paradoxe unserer heutigen Gesellschaft unterstützt. Obwohl jeder weiß, dass Bilder und Videos leicht manipuliert werden können und regelmäßig manipuliert werden, werden Bilder nach wie vor als „as objective or trustworthy records of events" angesehen (Sturken and Cartwright 2005, 17). Sturken and Cartwright merken darüber hinaus an, dass unsere „awareness of the subjective nature of imaging is in constant tension with the legacy of objectivity that clings to cameras and machines that produce images today." (ibid, 17).

Kommunikation die bedeutsam sein soll und wahrgenommen werden soll ist heutzutage vorrangig visuelle Kommunikation. Nur dann werden die Menschen diese Kommunikation wahrnehmen und ihr vertrauen. Die Gefahr besteht jedoch darin, dass die visuelle Kommunikation grundsätzlich manipulativer ist als die sprachliche Kommunikation. Diese Behauptung ist darin begründet, dass die Menschen die visuelle Kommunikation glaubhafter erleben, obwohl sie wissen, wie leicht Bilder und Filme zu manipulieren sind.

---
7   Für eine Darstellung der immensen Bedeutung dieser optischen und akustischen Übertragung aller denkbaren Ereignisse zur gleichen Zeit in die ganze Welt: Luhmann 1997, 152; 2000, 220-223.

4 Beispiele politischer visueller Kommunikation in Videospielen

Hier sollen nun zwei Computerspiele im Kontext visueller Politik diskutiert werden. Dabei soll vorrangig auf Stereotype, Bilder und Symbole, die politische, religiöse und/oder kulturelle Konnotationen haben, geachtet werden.

Die Behauptung im Kontext von Computerspielen, die hier untermauert werden soll, ist die, dass die visuellen Elemente in den Computerspielen sehr oft eine politische Bedeutung haben, die häufig expliziter sind als die der Erzählung.

Der Deutlichkeit halber sind hier zwei Kriegsspiele mit aktuellem Bezug zu den Antiterrorkriegen der „westlichen Wertegemeinschaft" ausgewählt.[8] Hier ist nämlich gerade die visuelle Repräsentation der Anderen, also der Muslime, sehr erhellend.

Während in beiden Spielen die Hintergrundgeschichte neutral erzählt wird, sprechen die Bilder eine gänzlich andere Sprache.

Abb. 1: Die Moschee darf im Hintergrund nicht fehlen (Close Combat: First to Fight)

---

8 Es sei hier nur kurz erwähnt, dass auch in Spielen wie den Sims, Civilization, Age of Empires etc. solche Bilder mit explizit politischen Aussagen ohne Probleme angeführt werden könnten. Bei Spielen wie den Sims ist natürlich eine andere Frage die noch interessantere: Was alles NICHT gezeigt wird und daher auch NICHT existiert! Die beiden ausgewählten Spiele haben jedoch den Vorteil der absoluten Eindeutigkeit!

Abb. 2: Die Darstellung des Ereignisses in täuschend echten Nachrichten, in dem der Spieler sich mit seinem Avataren befindet, suggeriert, dass man Teil eines echten Konfliktes auf der Seite des Guten sich befindet (Close Combat. First to Fight).

In diesen Spielen sind alle visuellen Stereotype die man auch aus Hollywoodfilmen kennt, anzutreffen: die Araber sehen wild und grimmig aus, haben Hakennasen, tragen einen Turban und sind über die Maßen gewalttätig und kümmern sich nicht um Kollateralschäden, bzw. schießen sogar absichtlich auf Zivilisten. Dies wird immer wieder während des Spiels präsentiert. Zur gleichen Zeit sind die westlichen Soldaten gutaussehende junge Männer, die wie die perfekten Schwiegersöhne aussehen. Sie achten immer peinlich genau darauf, dass niemand Unschuldiges verletzt wird und retten unter Einsatz des eigenen Lebens die armen Opfer der arabischen Feindseligkeiten. Die arabischen Gegner in diesen Spielen werden immer im Kontext einer Moschee bzw. dem Ruf des Muezzins dargestellt. Die Eigenschaften der Araber in diesen Spielen entsprechen exakt denen, wie sie in Hollywoodfilmen schon seit je zu bestaunen sind.[9]

---

9 Vgl. Shaheens Buch „Reel Bad Arabs. How Hollywood Vilifies a People" zeigt in einem eindrucksvollen Überblick von über 900 Filmen, dass Hollywood seit 1896 dieselben Stereotype verwendet um Araber zu charakterisieren: „Seen through Hollywood's distorted lenses, Arabs look different and threatening. Projected along racial and religious lines, the stereotypes are deeply ingrained in American cinema. From 1896 until today, filmmakers have collectively indicted all Arabs as Public Enemy #1 – brutal, heartless, uncivilized religious fanatics and money-mad cultural ‚others' bent on terrorizing civilized Westerners, especially Christians and Jews." (Shaheen 2001, 2).

Abb. 3: Terrorist auf Moschee, gezeigt von einer der „embedded journalists" (Close Combat. First to Fight).

Darüber hinaus werden die Araber und ihre militärische Ausrüstung als primitiv und unterlegen dargestellt. Es wird sehr schnell sehr deutlich: die zivilisierte westliche Welt ist nicht nur rechtschaffen und demokratisch, sie hat auch noch humanistische Ideale und ihre Handlungen sind altruistisch. Nicht nur ist die westliche Technik überlegen, sondern auch die Moral und Taktik. Nur wenig davon wird durch die Erzählung deutlich – hauptsächlich sind die Bilder für diese Aussagen verantwortlich, vor allem wenn es um die pejorative Darstellung der Araber geht.

Abb. 4: Grimmig aussehende Terroristen (Close Combat. First to Fight).

Visuelle Kommunikation und Politik in Videospielen

Abb. 5: Bevor die Action losgeht, darf ein Schwenk auf die Moschee nicht fehlen (Full Spectrum Warrior: Ten Hammers).

Des Weiteren verwenden diese Spiele eine Reihe von Techniken, um die Fiktion des Spiels mit der Realität verschwimmen zu lassen. Die im Spiel verwendete mediale Darstellung des Spielgeschehens in Form von Nachrichtensendungen, die alle sehr an Sky News oder CNN erinnern, geben dem dargestellten den Eindruck Realität zu vermitteln. Nicht zuletzt die oben gemachten Feststellungen in Bezug auf Politainment, das viele Menschen durch Unterhaltung ihr Weltbild sich basteln, lässt ahnen, was für ein Weltbild dabei herauskommen kann. Die immer wieder gezeigten Journalisten, die an vorderster Front das Kriegsgeschehen dokumentieren, sollen wohl suggerieren, dass auf westlicher Seite ein „sauberer" Krieg geführt wird, in dem alles rechtens ist. Natürlich wird nirgends die Lächerlichkeit des „embedded Journalism" diskutiert.[10]

---

10 Hierin zeigt sich meines Erachtens sehr schön Platons Einsicht, dass Demokratie sich zeigt, während Autokratien sich verstecken, jedoch in erweiterter Form. Denn Plato konnte natürlich nicht ahnen, dass die Demokratie dafür sorgt, dass nur gezeigt wird, was die herrschende Klasse auch will das es gezeigt wird! Insofern stimmt Platons Einsicht nur auf der Oberfläche. Tatsächlich ist es so, dass die Demokratie genau wie die Autokratie die „Realität" nur verzerrt ihren Untertanen zeigt! Auch hier bestätigt sich oben gesagtes: es existiert nur, was gezeigt wird. Kriegsverbrechen und die Tatsache, dass die Rede vom sauberen Krieg eine Schimäre ist, wird in der Öffentlichkeit immer nur dann diskutiert, falls doch mal Bilder davon auftauchen sollten. Ansonsten ist dies kein Thema.

Abb. 6: Unschuldige Zivilisten werden von einem sog. „Technical", d.h. primitiven Kriegswerkzeug der Terroristen, „niedergemäht" aus (Close Combat. First to Fight).

Abb. 7: Stereotype Darstellung eines Arabers in „Full Spectrum Warrior".

Während also die Erzählung in diesen Spielen nur die Mission beschreibt, und aus welchen Gründen sie durchgeführt werden muss, bedienen sich die Bilder aller Vorurteile gegen Araber. Insofern wird der Text der Erzählung durch den Subtext der Bilder ergänzt und erweitert. Natürlich kann dieser Subtext der Bilder von verschiedenen Spielern verschieden gedeutet werden (vgl. These 1). Die kulturelle Kodierung der Araber in den Medien macht die Annahme, dass die Vorurteile übernommen oder für richtig gehalten werden, plausibel. Die dritte These, dass nichts existiert, was nicht gezeigt wird, führt in diesen Spielen zu dem Schluss, dass es keinen schlechten westlichen Soldaten und keinen guten Araber geben kann, da beides nicht gezeigt wird.[11]

Ein weiterer Punkt fällt ins Auge. Der Ruf des Muezzin und ein Kameraschwenk über eine Moschee wird immer im Kontext mit arabischen Terroristen gezeigt, die gerade dabei sind einen Massenmord zu begehen oder ein paar unschuldige Zivilisten abzuschießen.[12] Dies kann bei Spielen, die sich auf den Antiterrorkrieg beziehen, kein Zufall sein, immerhin wird dieser ja von amerikanischer Seite auch immer wieder durch christliche Rhetorik (Gut gegen Böse) gerechtfertigt. Die Bilder in den Spielen suggerieren, dass die muslimische Religion eine Quelle der Gewalt und des Hasses ist.

Eine ähnliche Analyse der Bilder ließe sich ohne weiteres auch für andere Spiele durchführen und es würde sich zeigen, dass oftmals die Bilder den Text der Erzählung durch einen Subtext ergänzen, der durchaus sehr politische Aussagen trifft.

5 Diskussion

Welche Relevanz haben diese Beobachtungen nun für die politische Bildung? Um Computerspiele für die politische Bildung verwenden zu können, müssen die oben diskutierten Thesen berücksichtigt werden. Dabei ist es egal, ob extra ein Spiel diesbezüglich gestaltet werden soll, oder ob man ein existierendes verwendet.

Zunächst einmal muss man sich darüber im Klaren sein, dass die visuellen Elemente in einem Computerspiel die politische Aussage eines Spiels dramatisch verändern können, im Vergleich zur Erzählung des Spiels. Insofern sind die visuellen Elemente stets zur berücksichtigen und in die Inhaltsanalyse mit einzubeziehen. Dies bedeutet, dass in den Bildern häufig drastischere Inhalte vermittelt

---

11 Was nicht ganz stimmt, da zumindest in „Full Spectrum Warrior" ein Araber mit US Soldaten Baseball spielt und amerikanischen Journalisten berichtet, wie nett die Amerikaner sind. Dieser hat aber mit dem Spiel selbst nichts zu tun und greift auch nicht aktiv ins Geschehen ein.
12 Seltsamerweise schneiden in allen Zweite Weltkrieg Spielen selbst deutsche SS Männer humaner ab...

werden, als in der Narration des jeweiligen Spiels. Während die Narration oftmals an Standards der politischen Korrektheit sich orientiert, ist dies auf der Bilderebene nicht mehr notwendigerweise der Fall (Bevc 2008).

Zweitens ist die Frage wer ein Spiel hergestellt hat von Bedeutung. Gibt diese „Autorenschaft" doch schon wertvolle Rückschlüsse auf die zu erwartenden Inhalte. Dies gilt vor allem auch für die vielen kleineren Computerspiele von politischen Parteien/pressure groups, Konzernen, der UN und ihren Unterorganisationen, von religiösen Gemeinschaften etc. pp. Dies ist nicht zu weit hergeholt, da seit einiger Zeit die junge Zielgruppe häufig gezielt mit Computerspielen anzusprechen versucht wird, seien dies nun „educational games", „ad(vertising) games" oder aber auch „politainment games", die oft kostenlos im Internet von den unterschiedlichsten Gruppierungen angeboten werden.

Die grundsätzliche Frage lautet also, welche Rolle die visuellen Elemente in den Computerspielen in Bezug auf die Inhalte der Spiele haben, und wie diese visuellen Elemente und ihre Aussagen bei den Rezipienten ankommen. Im Moment ist es so, dass bei vielen Spielen die Bilder eine andere und deutlichere Sprache sprechen als die bloße Erzählung. Hier wird mit Stereotypen und Vorurteilen gearbeitet die mehr oder weniger latent in breiten Teilen der Bevölkerung sowieso schon vorhanden sind. Solche Subtexte sind für die politische Bildung nicht nur nicht wünschenswert, sondern kontraproduktiv. Chancen sind bezüglich der zweiten These zur visuellen Kommunikation zu sehen. Falls es stimmt, dass die visuelle Kommunikation Aspekte der Perspektivübernahme fördert, ist dies natürlich für ein demokratisches Gemeinwesen positiv. Gerade im Hinblick auf die politische Bildung, deren Ziele in erster Linie ja keine inhaltlichen sondern eher methodische sind, also selbstständige kritische Urteilsbildung, die Perspektivübernahme und der Respekt vor dem Anderen und dessen Anliegen von großer Bedeutung (Benhabib 2002, Bohman 2000). Hier sind natürlich auch Multispielerspiele Einzelspielerspielen vorzuziehen, da in diesen Spielen zum einen mehr Freiheiten bezüglich seiner eigenen Handlungen hat und zum anderen gezwungen ist mit anderen (menschlichen) Spielern zu kooperieren. Hier wird Gruppenverhalten und soziales Verhalten geschult und der Spieler lernt, dass es durchaus sinnvoll sein kann bei den eigenen Entscheidungen die Perspektive der Anderen vorher zu bedenken, um später von diesen auch ins Spiel positiv einbezogen zu werden (vgl. Gebel/Gurt/Wagner 2005, 262).

Schlussendlich lässt sich feststellen, dass Computerspiele als eine hybride Form von Massenmedium durchaus an der Konstruktion von Politik und Gesellschaft ihren Anteil haben, der mit zunehmender Verbreitung und steigender

Spieldauer auch weiter wächst. Computerspiele formen also die Realität ihrer Rezipienten mit. Dies wird vor allem offensichtlich, wenn man sich die eindeutige Codierung arabisch aussehender Menschen in den beiden vorgestellten Spielen vor Augen hält und wenn man die drei Ebenen der Analyse visueller Medien in Erinnerung ruft. Natürlich sind die beiden hier vorgestellten Spiele aus demselben Genre und haben den gleichen Hintergrund. Doch für die Zwecke hier haben sie den Vorteil des Eindeutigen. Vieles, des an diesen Spielen hier verdeutlichten, lässt sich auch auf andere Spiele übertragen.

Literatur

Althusser, L. (1970): Idéologie et appareils idéologiques d'État. Notes pour une recherche, In: *La Pensée. Revue du Rationalisme Moderne*, 151, 3-38.
Baum, M. (2006): *Soft News goes to war: public opinion and American foreign policy in the new media age*, Princeton (NJ).
Benhabib, S. (2002): *The Claims of Culture. Equality and Diversity in the Global Era*, Princeton.
Berger, P. L. & Luckmann, T. (2003): *Die gesellschaftliche Konstruktion von Wirklichkeit. Eine Theorie der Wissenssoziologie*, Frankfurt/Main.
Besand, A. (2005): Mit digitalen Medien lernen – Lernprodukte und Lernumgebungen, In: *Handbuch politische Politiung*, edited by W. Sander, Bonn, 537-546.
Bevc, T. (Hg.) (2007b): *Computerspiele und Politik. Zur Konstruktion von Politik und Gesellschaft in Computerspielen*. Münster.
Bevc, T. (2007c): Konstruktion von Politik und Gesellschaft in Computerspielen? In: Bevc 2007b.
Bevc, T. (2007d): Statt eines Vorwortes: Eine Forschungsagenda zur Analyse von Computerspielen, In: Bevc 2007b, 7-21.
Bevc, T. (2008): Politik und Geschichte in Computerspielen, In: *Einsichten und Perspektiven*, Nr. 1, 2008.
Bohmann, J. (2000): *Public Deliberation. Pluralism, Complexity, and Democracy*, Cambridge (Mass.).
Calleja, G. (2007): Digital Game Involvement: A Conceptual Model, In: *games and culture. a journal of interactive media*, vol. 2, no.3 236-260.
Certeau, M. de (1990): *L'invention du quotidien*. 1. Arts de faire, Paris.
Däwes, Birgit (2007): James Luna, Gerald Vizenor, and the 'Vanishing Race': Native American Performative Responses to Hege(mne)monic Image Construction, In: *Visual Culture Revisited. German and American Perspectives on Visual Culture(s)*, edited by Ralf Adelmann et. al., Köln, 194-214.
Dehm, U. (1984): *'Fernseh-Unterhaltung aus der Sicht der Zuschauer'*, Media Perspektiven, vol. 8, 630-643.
Dörner, A. (2000): *Politische Kultur und Medienunterhaltung. Zur Inszenierung politischer Identitäten in der amerikanischen Film- und Fernsehwelt*, Konstanz.
Dörner, A. (2001): *Politainment. Politik in der medialen Erlebnisgesellschaft*, Frankfurt/Main.
Eichner, S. (2005): Videospielanalyse, In: *Qualitative Medienforschung. Ein Handbuch*, edited by Mikos, L. & Wegener, C., Konstanz, 474-483.
Foucault, M. (1977): *Der Wille zum Wissen. Sexualität und Wahrheit I*, Frankfurt/Main.
Foucault, M. (1994): *Überwachen und Strafen. Die Geburt des Gefängnisses*, Frankfurt/Main.

Foucault, M. (2000): *Die Ordnung des Diskurses*, Frankfurt/Main.
Foucault, M. (2004): *Geschichte der Gouvernementalität I. Sicherheit, Territorium, Bevölkerung*, hrsg. von Michel Sennelart, Frankfurt/Main.
Foucault, M. (2005): Subjekt und Macht, In: Ders., *Analytik der Macht*, hrsg. von Defert, D. & Ewald, F., Frankfurt/Main, 240-263.
Gebel, C., Gurt, M. & Wagner, U. (2005): Kompetenzförderliche potenziale populärer Computerspiele, In: *Quem-Report 92*, Berlin, 241 – 376.
Dikovitskaya, M. (2006): *Visual Culture. The Study of the Visual after the Cultural Turn*, Cambridge (Mass.).
Freud, A. (1947): *The psychoanalytical treatment of children. Technical lectures and Essays*, London.
Gerhards, J. (1995): Welchen Einfluß haben die Massenmedien auf die Demokratie in der Bundesrepublik Deutschland?, In: *Macht der Öffentlichkeit – Öffentlichkeit der Macht*, edited by Göhler, G., Baden-Baden, 149-177.
Hackensberger, A. (2003): Es wird zurückgeschossen, In: *Telepolis*, 19. September 2003, http://www.heise.de/tp/r4/artikel/15/15669/1.html
Hall, S. (1997): Introduction. In: Hall, Stuart (ed.), *Representation. Cultural Representations and Signifying Practices*. London.
Heinen, U. (1999): Peter Paul Rubens' Florentiner Kriegsbild und die Macht des Malers, In: *Die Sichtbarkeit der Macht*, edited by Hofmann, W., Baden-Baden, 165-203.
Hofmann, W. (2005): Politische Identität – visuell. Theoretische Anmerkungen zur visuellen Konstruktion politischer Identität, In: *Politische Identität – visuell*, edited by Hofmann, W. & Lesske, F., Münster, 3-26.
Hofmann, W. (2004): Die politische Kultur des Auges. Der pictorial turn als Aspekt des cultural turn in der Politikwissenschaft. In: Schwelling, B. (ed.), *Politikwissenschaft als Kulturwissenschaft*, Opladen, 309 – 335.
Holbert, R. L. (2005): A typology for the study of entertainment television and politics, In: *American Behavioral Scientist*, 49, 436-453.
Jarren, O. & Donges, P. (Hrsg.). (2002): *Politische Kommunikation in der Mediengesellschaft: Band 1: Verständnis, Rahmen & Strukturen*, Wiesbaden.
Jenkins, H. (2006): *Fans, Gamers, and Bloggers: Exploring Participatory Culture: Essays on Participatory Culture*, New York.
Klimmt, C. (2006): *Computerspielkonsum und Politischer Konservatismus unter Jugendlichen*. Vortrag auf dem Workshop„Konstruktion von Politik und Gesellschaft in Computerspielen?", 19.-20. Oktober 2006, München.
Kuhn, H.-P. (2000): *Mediennutzung und politische Sozialisation*, Wiesbaden.
Lacan, J. (1949): Das Spiegelstadium als Bildner der Ichfunktion, In: Lacan, Jacques (1986): *Schriften I*, edited by Norbert Haas, Weinheim, Berlin, 61-70.
Luhmann, N. (2000): *Die Politik der Gesellschaft*, Frankfurt/Main.
Luhmann, N. (1997): *Die Gesellschaft der Gesellschaft*, 2. Vol., Frankfurt/Main.
Luhmann, N. (1996): *Die Realität der Massenmedien*, Wiesbaden.
Lukács, G. (1923): *Geschichte und Klassenbewußtsein*, Reprint des Originals, London 2000.
Malaby, T. M. (2007): A New Approach to Games, In: *games and culture. a journal of interactive media*, vol. 2, no. 2, 95-113.
Maria, R. de (2007): *Reset. Changing the View at Video Games*, San Francisco.
Müller, M. G. (2003): *Grundlagen der visuellen Kommunikation*, Konstanz.
Münkler, H. (1995): Die Visibilität der Macht und die Strategien der Machtvisualisierung, In: *Macht der Öffentlichkeit – Öffentlichkeit der Macht*, edited by Göhler, H., Baden-Baden, 213-230.
Pfetsch, B. (1991): *Politische Folgen der Dualisierung des Rundfunksystems in der Bundesrepublik Deutschland. Konzepte und Analysen zum Fernsehangebot und zum Publikumsverhalten,*

Baden-Baden.

Riegert, K. (2005): Introduction, In: *Politicotainment. Television's Take on the Real*, edited by Riegert, K., New York et. al., 1-19.

Roth, C. (2006): *Experimentelle Untersuchung zu Transfereffekten bei Bildschirmspielen. Unveröffentlichte Diplomarbeit in Psychologie*, Otto-von-Guericke-Universität Magdeburg.

Sachs-Hombach, K. (2006): Illokutionäre Kraft und kommunikative Verbindlichkeit. Anmerkungen zur Differenz sprachlicher und visueller Kommunikation, In: *Bildpolitik – Sprachpolitik*, edited by Hofmann, W., Münster, 181-196.

Sarcinelli, U. (1998a): Parteien und Politikvermittlung: Von der Parteien- zur Mediendemokratie? In: *Politikvermittlung und Demokratie in der Mediengesellschaft*, edited by Sarcinelli, U., Bonn 273-296.

Sarcinelli, U. (1998b): Mediatisierung, In: *Politische Kommunikation in der demokratischen Gesellschaft. Ein Hanbuch mit Lexikonteil*, Opladen, Wiesbaden, 678-679.

Schlütz, D. (2002): *Bildschirmspiele und ihre Faszination. Zuwendungsmotive, Gratifikationen und Erleben interaktiver Medienangebote*, München.

Schulz, W. (1985): 'Fortschritte der Medienwirkungsforschung', In: Mahle, W. A. (ed.), *Fortschritte der Medienwirkungsforschung*, Berlin: Wissenschafts-Verlag Spiess.

Schulz, W. (1989): 'Massenmedien und Realität: Die ptolemäische und kopernikanische Auffassung', In: Kaase, M. & Schulz, W. (ed.), *Massenkommunikation. Theorien, Methoden, Befunde*, Opladen, 135-149.

Slater, M. D. & Rouner, D. (2002): Entertainment-Education and elaboration likelihood: Understanding the processing of narrative persuasion. Communication Theory, 12(2), 173-191.

Slater, M. D., Rouner, D. & Long, M. (2006): Television dramas and support for controversial public policies: Effects and mechanisms. Journal of Communication, 56 (2), 235-254.

Sturken, M. & Cartwright, L. (2005): *Practices of looking. An introduction to visual culture*, Oxford, New York.

Virilio, P. (2000): *Information und Apokalypse*, München/Wien.

Virilio, P. (2003): *Unknown Quantity*, Paris.

Vorderer, P. (2000): Interactive entertainment and beyond, In: *Media entertainment: The psychology of its appeal*, hrsg. von Zillmann, D. & P. Vorderer, Mahwah (NJ), 21-36.

Wagner, U. (2008): *Medienhandeln in Hauptschulmilieus: Mediale Interaktion und Produktion als Bildungsressource*, München.

Spiel oder virtueller Gesellschaftsentwurf?
Der Fall Second Life

Caja Thimm/Sebastian Klement

> *„Ihr Partner ist langweilig? Ihre Kinder nerven? Ihr Chef quält Sie? Dann sind Sie reif für Second Life. In diesem Online-Spiel konstruieren sich Menschen eine neue Welt mit traumhaften Inseln, attraktiven Sexpartnern und der Möglichkeit, reales Geld zu verdienen."*
>
> *(Focus 2006,(4) 128)*

Einleitung

Es waren Schlagzeilen wie diese, die Ende 2006 Sehnsüchte weckten: dem Alltag zu entfliehen, ein Traumleben zu führen und dabei auch noch Geld zu verdienen. Es erschien verlockend, in diese neue virtuelle Welt von Second Life (SL) einzutauchen und sein Leben um ein „Zweitleben" zu erweitern.

Im Vordergrund der Berichterstattung vieler Printmedien stand jedoch weniger die Möglichkeit zur Persönlichkeitsentfaltung oder zur spielerischen Unterhaltung, sondern vielmehr die Möglichkeit, in SL reales Geld verdienen zu können: Mit Schlagzeilen wie „Reichtum aus dem Nichts" (Spiegel (3) 2006), „Im zweiten Leben reich geworden" (Zeit (2) 2007), „Die besseren Geschäfte im zweiten Leben" (FAZ (46) 2006) oder „Goldrausch im zweiten Leben" (SZ 2007) vermittelten selbst seriöse Medien den Rezipienten die Hoffnung, in SL eine wahre Goldgrube vorzufinden.

Nach hohen Zuwachszahlen und der Erkenntnis, dass Geldverdienen sich nicht so leicht realisieren lassen würde wie massenmedial verkündet, fand in der virtuellen Gemeinschaft von SL eine langsame, aber deutliche Verlagerung der Interessen statt. Nicht so sehr das Geldverdienen war das Hauptmotiv der Nutzergemeinde, sondern der soziale Austausch. Nicht der Kommerz, sondern die soziale Gemeinschaft wurde das zentrale Interesse zum Verweilen im zweiten Leben. Damit folgte SL dem übergreifenden Trend der Web 2.0 bzw. „Social Media" Nutzung – frei nach Bill Clinton könnte man formulieren „It's the community, stupid!".

Während ab Mitte 2007 große und kleine Unternehmen SL den Rücken kehrten, fanden neue, auf interpersonaler Kommunikation begründete Aktivitäten vermehrten Zuspruch. Die Plattform SL wurde zum Interaktionsort für Schulen und Universitäten, es fanden und finden politische Demonstrationen und Wahlkämpfe statt (wie der von Barack Obama, s.u.), Städte und ganze Länder gründeten virtuelle Niederlassungen und Museen zeigten ihre Exponate in digitaler Anschaulichkeit. Und besonders das Leben der Avatare wurde „sozialer" – sie unterhielten sich nun über Sprach- und Kulturgrenzen hinweg über Leben, Liebe und Hobbies. Dabei veränderten sich auch Haltung und Aktivitäten der Nutzergemeinde – was als spielerisches Erpoben und Zeitvertreib begonnen hatte, wurde mehr und mehr zu einer komplexen Begegnungsplattform sozialer Gruppen, die allerdings zunehmend auch die Stärken und Konflikte ihrer „realen" Counterparts widerspiegelten: Gewalt und Zerstörung, Übergriffe und Verletzungen, Kriminalität und Vertrauensbruch: die Realität hielt Einzug in die schöne bunte digitale Welt von SL.

Mit der Veränderung dieser Strukturen und Nutzungsmotive – so die These dieses Beitrages – befindet sich SL auf dem Weg zu einer virtuellen Gesellschaft, in der zunehmend sozialenStrukturen der Konstitution von Gemeinschaft im Sinne einer Zivilgesellschaft nachweisbar werden. Dabei verschwimmen die Grenzen des Spiels und der spielerischen Freiheit, denn die persönlichen und politischen Interessen und (menschlichen) Befindlichkeiten der Bürgerinnen und Bürger (=Avatare) bestimmen zunehmend die Aktivitäten und Strukturen dieser virtuellen Welt. Damit würde, nimmt man diese vorgängigen Beobachtungen als Ausgangspunkt, sich als Konsequenz eine wichtige Aussage treffen lassen: Auch in virtuellen Gemeinschaften bleiben die Grundkonstanten des menschlichen Zusammenlebens erhalten.

In unserem Beitrag wollen wir exemplarisch dieser These nachgehen – dass nämlich SL als (erster) Versuch zu sehen ist, über das spielerische Ausprobieren einzelner Onlinestrukturen und Entertainment-Angebote hin zur allmählichen Verfertigung einer komplexen gesellschaftlichen Organisiertheit zu gelangen. Damit ließe sich der Prozess der ständigen Restrukturierung und Erweiterung dieser virtuellen Plattform durch die ganz persönlichen Motive ihrer User und dem daraus resultierenden Content als eine Art weltweit sichtbares Experiment zur Schaffung einer (besseren?) Welt konzipieren.

1 Virtuelle Welten

Mit der Berichterstattung über Second Life (SL) gelangte ab Ende 2006 in Deutschland der Begriff der „virtuellen Welt" in den öffentlichen Diskurs, der heute häufig synonym für SL verwendet wird. Bereits seit Ende der 1980er Jahre sind virtuelle Umgebungen oder „virtuelle Realität" Gegenstand wissenschaftlicher Forschung. Lanier (1991, 69) definierte „Virtual Reality" als eine vom Computer synthetisierte Reproduktion der Wirklichkeit, in die man sich mit Hilfe eines computerisierten Anzuges hineinversetzen kann". Diese Definition macht deutlich, dass die VR-Forschung zunächst das Eintauchen in eine virtuelle Umgebung mittels technischen Hilfsmitteln wie Cyberbrille, Datenhandschuh und Ganzkörperanzug ermöglichen wollte. Der Nutzer sollte zum Beispiel mit Head-Mounted-Displays (HMD) mit allen Sinnen in eine synthetisierte 360-Grad-Umwelt eintauchen und diese erkunden können (Fisher 1991, 105). Die Erwartungen der VR-Forschung an virtuelle Realitäten schienen jedoch unerfüllbar: „Etwas so Vielschichtiges, Detailliertes und Lebendiges wie unsere Welt nachzuahmen, wird Virtueller Realität wohl nie ganz gelingen" (Aukstakalnis & Blatner 1994, 33).

Die Anzahl an virtuellen Welten hat in den letzten Jahren stark zugenommen: Mittlerweile gibt es über 40 verschiedene Formen im Angebot (vgl. virtualwordsnews.com, November 2007).[1] Trotz dieser vielfältigen Konkurrenz erhielt SL im Vergleich mit anderen virtuellen Welten eine deutlich größere Aufmerksamkeit in den Medien und hat mit mittlerweile über 15 Millionen Anmeldungen (secondlife.com, März 2009) einen besonders starken Zuwachs verzeichnen können.

Bei der Analyse der wichtigsten virtuellen Umgebungen lassen sich einige kategoriale Gemeinsamkeiten und Unterschiede feststellen. Sie liegen sowohl auf der Ebene der visuell-ästhetischen Gestaltung, als auch auf der Ebene von Funktionsangeboten und in den Zugangsbedingungen.

---
1 Es wurden bei der Aufzählung nur soziale virtuelle Welten berücksichtigt.

	There	Second Life	Entropia Universe
Online seit	2003	2003	2003
Setting	Abbild reale Welt	Abbild reale Welt	Zukunftsszenario
Primäre Gestaltung der v. Welt durch Nutzer	Nein	Ja	Nein
Grafische Darstellung	3-D/comic	3-D/realistisch	3-D/realistisch
Systemanforderungen	gering	Mittel	Hoch
Kostenloser Zugang	Ja	Ja	Ja
Kostenlose Nutzung aller Basisfunktionen/-werkzeuge	Nein	Ja	Nein
Programmieren	Nein	Ja	Nein
Bauen	Ja	Ja	Ja
Chat/Voice-Chat	Ja	Ja	Ja
Währung	Ja	Ja	Ja
Copyright auf eigene Produkte	Nein	Ja	Nein
Handel mit virtuellem Gut	Ja	Ja	Ja
Offener Quellcode	Nein	Ja	Nein
Altersbeschränkung	Ab 13	ab 18	Keine

Tab. 1: Vergleich virtueller Welten (Quellen: there.com 2007, secondlife.com 2007, entropia-universe.com 2007)

Die wichtigsten Unterscheidungsmerkmale von SL gegenüber *There* und *Entropia Universe* liegen im Setting der virtuellen Welt, der uneingeschränkten Nutzung und bei den Freiheiten der Gestaltung von virtuellen Gütern.

Betrachtet man die Rolle von virtuellen Welten im Freizeitverhalten von vielen Erwachsenen und Jugendlichen, so lassen sich deutliche Veränderungen nachweisen. Nach der Schätzung von Balkin & Noveck (2006) besuchen 20 bis 30 Millionen Menschen regelmäßig virtuelle Welten und verbringen dabei im Schnitt fast zwanzig Stunden in der Woche dort. Diese Welten umfassen nicht nur SL, sondern auch World of Warcraft, Kaneva, Entropia Universe, Google Earth, Webkinz, Neopets, Club Penguin, Habbo, Whyville, TyGirlz, and RuneScape, ActiveWorlds, There und Forterra Systems. "Indeed, virtual worlds are believed to have implications that go beyond how we play, to also include how we buy, work, and learn" (Bartle 2006, Balkin/Noveck 2006). Dabei fallen die Zukunftsprognosen noch deutlicher aus: "By the end of 2011, 80 percent of active Internet users (and Fortune 500 enterprises) will have a 'second life'" (i.e., an avatar or presence in a virtual community like Second Life)" (Gartner 2007).

Als zentraler Anreiz der User für diese weitreichenden Annahmen gilt die intensive Erfahrung der Immersion in virtuelle Welten und die daraus resultierende Distanz zum nicht-digitalen Alltagsleben. Während sich das grundlegende Verständnis vom Begriff Immersion als „Eintauchen in die Computerwelt und Abkopplung von der physikalischen Welt" (Bente 2002, 1) bis heute nicht geändert hat, haben sich für die Erforschung von virtuellen Welten andere Kriterien als relevant erwiesen. Eine virtuelle Welt ist eine künstlich erschaffene, dreidimensionale synthetische Welt (Castronova 2005, 11). Bezeichnend für eine virtuelle Welt sind die drei Merkmale Interaktivität, Physikalität und Persistenz (Castronova 2001, 5ff):

- Interactivity: it exists on one computer but can be accessed remotely (i.e. by an internet connection) and simultaneously by a large number of people, with the command inputs of one person affecting the command results of other people.
- Physicality: people access the program through an interface that simulates a first-person physical environment on their computer screen; the environment is generally ruled by the natural laws of Earth and is characterized by scarcity of resources.
- Persistence: the program continues to run whether anyone is using it or not; it remembers the location of people and things, as well as the ownership of objects.

Der Begriff virtuelle Welt wird damit zur allumfassenden Bezeichnung für künstliche Welten, die sowohl als massentauglich als auch als realitätsnah („natural laws of Earth") konzipiert sind. Eine differenziertere Typologie schlagen Messenger et al (2008, 6f.) vor. Sie unterscheiden in Anlehnung an Porter (2004) fünf Elemente einer Typologie von virtuellen Welten vor:

1. Purpose (Content of Interaction): Diese Ebene erfasst den Informationstyp bzw. den Inhalt der virtuellen Umgebung. Dabei wird unterschieden zwischen (a) einem strategischen, taktischen oder thematischen Anreiz (b), ob das Network thematisch gebunden ist, also mit einem spezifischen Zweck verbunden oder offen gestaltet ist, und (c), ob es einen Altersfokus gibt oder eine offene Plattform ist.
2. Place (Location of Interaction): Unterschieden wird zwischen völliger oder partieller Virtualität. Hier wird noch einbezogen, ob die Teilnehmergruppen geographisch organisiert oder dispers verteilt sind.
3. Platform (Design of Interaction): Unterschieden wird zwischen synchroner Kommunikation, asynchroner Kommunikation, bzw. dem Vorliegen beider Optionen.
4. Population (Pattern of Interaction): Die entscheidenden Kriterien sind hier die Gruppengröße sowie die Formen sozialer Bindungen.
5. Profit Model (Return on Interaction): Die Frage der Finanzierung bestimmt eine Vielzahl von Kenngrößen der digitalen Umgebung. Unterschieden wird zwischen profit- und nicht profiorientierten Plattformen. Genauer lässt sich unterscheiden zwischen (1) einer Einzelgebühr/Registrierungsgebühr, (2) Gebühr pro Nutzung, (3) Abonnement-System, (4) werbebasiert, (5) Bezahlung für einzelne Dienste inkl. virtuelle Güter (Land, Kleidung, Software) oder (6) Finanzierung durch Zweitprodukte (z.B. Accessoires).

Wendet man diese Zuordnung an, so erscheint SL in einigen Kategorien doppelt. Zwar ist SL beispielsweise nicht thematisch gebunden, allerdings haben sich einzelne Orte entwickelt, die z.b. rein auf Bildung oder Erotik spezialisiert sind und damit einen klaren thematischen Fokus vorgeben. Auch die Kommunikationsformen sind variabel. Zwar erlaubt die Chatfunktion nur begrenzte Simultanität, ermöglicht dafür aber die Kommunikation mit einer dispersen Gruppe. Die Finanzierung ist dagegen klar auf Herstellung und Konsum von virtuellen Gütern ausgerichtet – nicht nur der Landkauf, sondern auch die Ausstattung der Avatare beruht auf dem Warenhausprinzip.

SL bietet bezüglich der immersiven Prozesse einen unkomplizierten Weg an. Es wird nicht mehr explizit versucht, den Eintritt in die virtuelle Welt mit Hilfe von technischen Mitteln zu simulieren – Immersion findet rein kognitiv statt. Weder Cyberbrille noch Datenhandschuh sind notwendig, um sich in die virtuelle Welt SL einzuloggen. Lediglich die basistechnischen Hilfsmittel, der Bildschirm als Schnittstelle zwischen Realität und Virtualität und der Computer als Bereitsteller der Software, sind geblieben und auch weiterhin notwendig. Immersion wird damit zu einem nutzerzentrierten Begriff, indem das Erleben gespiegelt wird, sich tatsächlich in einer virtuellen Welt zu befinden. SL lässt sich somit als „soziale virtuelle Welt" bezeichnen oder aber als „Life Simulation".

SL ist diesem Verständnis nach kein Spiel. Es gibt keinen spielerischen Handlungsrahmen, kein Spielziel und weder Sieger noch Verlierer. Die Nutzer/innen müssen weder Aufgaben bewältigen noch Ziele erreichen, um in dieser virtuellen Welt zu bestehen. Die kreative Erschaffung und Mitgestaltung der virtuellen Umwelt, das Handeln und Verkaufen von virtuellen Gütern sowie die Nutzung eines breiten Bildungsangebots werden in SL durch verschiedene und reichhaltige Software-Funktionen gewährleistet und sind bedeutungsvolles Merkmal dieser virtuellen Welt.

Es bleibt festzustellen, dass, um in die virtuelle Welt SL eintauchen zu können, die Nutzerin heute keine technischen Hilfsmittel mehr benötigt, die an den Körper angeschlossen werden. Soziale Faktoren wie die Kommunikation mit anderen Mitspielern oder das gemeinsame Erleben und Entdecken der virtuellen Welt stehen im Vordergrund. Sie und nicht technische Geräte wie Cyberbrillen oder Datenhandschuhe führen dazu, dass der Nutzer in die virtuelle Welt eintaucht, seine physische Umwelt vergisst und sich „tatsächlich dort fühlt".

2 Grundkonzeption und Entstehungsgeschichte von Second Life

Als Erschaffer der virtuellen Welt Second Life (SL) gilt der Amerikaner Philip Rosedale. Nachdem Rosedale zunächst Erfahrung als technischer Leiter im Unternehmen Real Networks gesammelt hatte, gründete er 1999 in San Francisco sein eigenes Unternehmen Linden Lab, in dem SL zunächst als Plattform zur Erforschung von virtueller Realität und neuen Internet-Technologien entwickelt wurde. Nach einer zweijährigen Testphase startete SL im Jahr 2003 als kommerzielle virtuelle Welt und wurde öffentlich zugänglich. Statt einer monatlichen Nutzungsgebühr, wie zu jener Zeit für Online-Computerspiele üblich, verkaufte Linden Lab virtuelle Orte in Form von Grundstücken („grids") und eröffnete damit eine neue Phase der Bewertung von virtuellen Gütern (Kaumanns, Siegenheim & Neus 2007, 33). Mit der Intention, die Kundschaft dauerhaft an die Plattform zu binden, gewährte Linden Lab den Nutzern, die mit Hilfe der SL Software digitale Güter selbstständig hergestellt hatten, das Recht an geistigem Eigentum. Somit wurden Erschaffer in SL zu rechtmäßigen Besitzern ihrer eigenen digitalen Güter. Es wurden Handelsaktivitäten zugelassen und dafür eine virtuelle Währung eingeführt, der Linden Dollar (Linden$). Durch diese Neuerungen wurde schließlich der Handel mit virtuellen Gütern ermöglicht (Au 2007, 285). Da die Währung Linden$ bei Linden Lab für reales Geld gekauft und auch wieder zurückgetauscht werden konnte, verzeichnete Linden Lab erstmals bedeutendere Umsätze. Die vermehrte Berichterstattung weckte das Interesse der Öffentlichkeit und die Teilnehmerzahlen von SL stiegen stark an.

Erst diese Grundkonzeption (in-world Währung, Rechte an den digitalen Produkten, eigenständige Verfügung über die erworbenen virtuellen Räume) öffnete den Weg zur ersten Nutzungswelle – der „SL-Marketing Phase". In dieser ersten Phase eröffneten namhafte Unternehmen aus der realen Welt in SL virtuelle Filialen. Sie entdeckten SL als Marketing- und Testplattform für eigene Produkte und Dienstleistungen und nutzten die virtuelle Welt vornehmlich als Testplattform für neue Marktmodelle und Zielgruppenanalysen.

Die seit Mitte 2008 zu beobachtenden Veränderungen lassen sich als zweite Nutzungsphase charakterisieren. Die Unternehmen verlassen die Plattform, denn außer deren Imagegewinn, als internetaffin und jugendorientiert zu gelten, haben sich die Erwartungen an die SL-Präsenz nicht erfüllt – die aufwendige Pflege der digitalen Verkaufsflächen stand keinem entsprechenden Zugewinn gegenüber. Diese Reaktion ist zwar betriebswirtschaftlich nachvollziehbar, aber u.U. verfrüht – die Ausgestaltung der virtuellen Umgebung von SL als soziales Netzwerk ist in vollem Gange und hat ihr Potential noch keineswegs ausgeschöpft. Welche Rolle der digitale Konsument in seiner Gestalt als Avatar dabei spielt, bleibt prozesshaft unscharf und dürfte sich in der nächsten Zeit dynamisch anpassen.

SL bedient sich dabei der Mechanismen des Web 2.0, bei denen die Gestaltung der Inhalte und die Bestimmung des Handlungsspielraumes vom Anbieter an den Nutzer weitergegeben werden (vgl. O`Reilly 2005). Der Anbieter Linden Lab stellt mit der Plattform SL nur Funktionen der Kommunikation und Gestaltung zur Verfügung, mit deren Anwendung der Nutzer dann die Inhalte von SL selbstständig erstellt und weiterentwickelt. Dieses Prinzip der selbstbestimmten Schaffung der virtuellen Welt, bei der die Nutzer in den Aufbau des Inhalts und die Weiterentwicklung miteinbezogen werden, entsprechen dem Grundkonzept des Web 2.0, dem *User-Generated-Content* (Kienitz 2007, 20). Die Nutzer des Webs 2.0 geben sich nicht mehr mit der Rolle des bloßen Konsumenten zufrieden, sondern werden gleichzeitig zu Produzenten, die aktiv gestalten, sich mit anderen Nutzern vernetzen und gemeinsame Erlebnisse austauschen. Die neue Generation der „Prosumer" (Barucca/Forte/Müller 2006, 136) stellt eine Symbiose aus Konsument/in und Produzent/in dar, die das Angebot selbst hervorbringen und verwalten wollen – und mit den Werkzeugen des Web 2.0 auch die Möglichkeit dazu haben.[2]

Im Vergleich zu anderen virtuellen Welten bietet SL gegenüber seinen direkten Konkurrenten mehr Funktionen und nur wenige Einschränkungen. Die Popularität von SL kann jedoch nicht allein auf die besondere Benutzerfreundlichkeit zurückgeführt werden. Der Grund für den explosionsartigen Anstieg der Nutzerzahlen, den SL ab Ende des Jahres 2006 erfuhr, ist zum großen Teil auf die Flut euphorischer Presseberichte zurückzuführen. Virtuelle Welten, die zum Beispiel durch ihr spezielles Fantasy-Setting oder eine monatliche Grundgebühr nur eine vergleichsweise kleine Zielgruppe erreichen, sind für die Presse als soziale Plattform deutlich weniger attraktiv.

3 Zentrale Akteure – die Avatare

Mit der Berichterstattung zu SL etablierte sich auch der bisher im öffentlichen Sprachgebrauch wenig verbreitete Begriff des „Avatars". Die Bezeichnung „Avatar" wurde 1992 von dem amerikanischen Science Fiction Autor Neil Stevenson geprägt, um das körperliche Abbild einer realen Person in der virtuellen Welt zu beschreiben. In dem Roman „Snow Crash" (1992) beschreibt er eine synthetische Welt, in der sich Menschen in Form von Avataren bewegen. Je nach theoretischer Grundkonzeption kann man den Avatar als „virtuellen Stellvertreter", als „Spielfigur" oder als „digitale/n Bürger/in" charakterisieren. Mittels des Avatars erkunden die Nutzer/innen die virtuelle Welt, navigieren durch sie und kommunizieren über Sprach- oder Textchat mit anderen Avataren.

---

2 Um die Erschaffung der virtuellen Welt durch den Nutzer überhaupt erst zu ermöglichen, stellt der Anbieter Linden Lab ein internes 3-D-Programm zur Verfügung. Es gibt acht Grundformen (z.B. Würfel, Kegel oder Zylinder), die mittels Software generiert werden können. Diese Grundformen, genannt Prims, sind die grundlegenden Bausteine, die transformiert oder miteinander verknüpft werden können. Aus der Verknüpfung von mehreren Grundbausteinen entstehen so zum Beispiel Wohnungen, Häuser, Möbel, Fahrzeuge, Schmuck, Schuhe, ganze Landschaften und Fantasieobjekte. Die Möglichkeiten sind unbegrenzt.

Die Gestaltung des Avatars ist der zentrale Schritt zur Teilhabe am virtuellen Geschehen. Zu Beginn der Anmeldung stehen dem Nutzer zwölf Avatar-Grundtypen, jeweils sechs weibliche und sechs männliche zur Auswahl. Die Wahl des Geschlechts und des Aussehens des Avatars ist bei der Erstwahl von geringerer Bedeutung, da in SL der Avatar später in seiner Gestalt modifiziert und beliebig umgewandelt werden kann. Die Grundtypen geben lediglich eine Hilfestellung, wie der eigene Avatar aussehen könnte, während in vielen Detaileinstellungen Geschlecht, Körperform, Haut, Haare und Augen individuell eingestellt und verändert werden können. Ein wichtiges Element bei der Gestaltung des Avatars ist die Bekleidung. Interessantes Aussehen und modische Kleidung gelten in SL, genau wie in der realen Welt, als Statussymbole. Dabei ist „Mode" durchaus kontextspezifisch, gewichtet werden vor allem der Aufwand und die Expertise, die mit der Gestaltung des Avatars verbunden sind.

Abb. 1: Vom Newbie zum fotorealistischen Avatar: der Avatar „Apollo"

Die Abbildung 1 zeigt beispielhaft die Entwicklungsphasen bei der Gestaltung eines Avatars. Erst das Endprodukt, das dem Original ausgesprochen nahe kommt und bei der Kenntnis der Person auch das Erkennen des Avatars ermöglicht, verdeutlicht die hohe Professionalität dieses Users. Da die Grundausstattung, die jeder Nutzer von Beginn an erhält, nur auf das Nötigste begrenzt ist (s. Abb. 1, erste Figur) und die Herstellung digitaler Kleidungsstücke aufwendig ist, hat sich in SL ein reger Kleidungsmarkt entwickelt. So lassen sich auch die erfolgreichen Wirtschaftsgüter, für die sich in SL ein eigener Markt gebildet hat, stark an den modischen Bedürfnissen der Avatarbesitzer/innen kategorisieren. Eine besondere Rolle spielen zudem die Frisuren, anhand derer erfahrene Nutzer die Expertise und den Status des Avatars bzw. dessen „Besitzers" erkennen können Besonders groß ist der Bedarf an Frisuren, die Avatare fotorealistisch erscheinen lassen. Dafür gilt die Regel „je detaillierter, desto besser", so dass die Grundgestaltung eines Avatars einen hohen Useraufwand bedeutet. Es darf vermutet werden, dass dieser hohe Aufwand die Bindung des Nutzers an seinen Avatars verstärkt und damit die Identifikation mit dem digitalen Ich erhöht.

Das hauptsächliche Bewegungsmittel der Avatare ist das *Teleportieren*. Der Avatar wird dabei per Mausklick von einem Ort zum anderen navigiert, physisch-geographische Entfernungen spielen somit in SL keine Rolle. Präziser navigiert der Nutzer seinen Avatar mit Hilfe der Tastatur des Computers durch den lokalen virtuellen Raum. Neben der Möglichkeit mit dem Avatar den virtuellen Raum wie ein Mensch zu beschreiten, kann der Avatar sich auch über das Fliegen fortbewegen. Per Steuerungstasten hebt der Avatar ab, bewältigt fliegend kleinere Strecken innerhalb einer Sim (lokalen Umgebung) und ermöglicht dem Nutzer eine Vogelperspektive über das nicht immer übersichtliche Geschehen. Als weitere Orientierungshilfen dienen Landkarten, die per Hauptmenü abgerufen werden können.

Zentral für die Beliebtheit von SL sind die verschiedenen Formen der interpersonalen Kommunikation. Interaktionsformen basieren auf Text-Chat in Form einer „Bauchbinde" unter dem bewegten Bild, dem Sprach-Chat per Mikrofon und Kopfhörer und dem Versenden und Empfangen von Instant Messages (IM) über das interne Nachrichtensystem von SL.

Die gebräuchlichste Form der Kommunikation stellt der textbasierte Chat dar. Über die Menüfunktion „chat" tippen die Nutzer/innen in der unteren Menüleiste per Keyboardtastatur einen Text ein, der per Klick auf die Returntaste im Dialogfeld auf den Bildschirm erscheint. Diese Kommunikation ist allerdings zumindest semi-öffentlich: Alle im näheren Umkreis befindlichen Avatare können den Chat mitlesen und sich daran beteiligen. Gespräche mit nicht in Reichweite befindlichen Avataren und Privatgespräche werden über den Nachrichtendienst geführt, der wie ein E-Mail-Programm funktioniert. Schickt ein/e Nutzer/in eine IM an jemanden, der sich gerade nicht online in SL befindet, so wird die SL Nachricht an die E-Mail-Adresse des nicht zu erreichenden Nutzers weitergeleitet. So können Nachrichten zwischen virtueller Welt und RL ausgetauscht werden. Diesem crossmedialen Kommunizieren kommt nicht nur praktische, sondern auch systemische Funktion zu – die Kommunikation zwischen Avataren wird ergänzt durch die Kommunikation zwischen Avatar und Mensch, die über das inzwischen völlig in die alltägliche Kommunikation integrierte Medium E-Mail organisiert wird. Es ist also durchaus möglich, dass eine Nutzerin in Zukunft einen Großteil ihrer Mails von Avataren erhält!

Um den Sprach-Chat nutzen zu können, benötigt der Nutzer ein Headset mit Mikrofon und Kopfhörer. Jedoch wird seit der Einführung des Sprach-Chats 2007 in SL auch weiterhin die Methode des textbasierten Chats bevorzugt. Viele Avatare haben den Sprach-Chat deaktiviert und bleiben sprachlich lieber anonym, da Stimmqualitäten sowohl auf Geschlecht als auch auf Nationalität Rückschlüsse zulassen. Schließlich kann der Sprach-Chat für den Nutzer zu einem Identitätsproblem zwischen gespielter Rolle und echter Person werden: „Sie können nicht jemand anderes sein, wenn sie sie selbst sein müssen" (Lober 2007, 113).

Die dreidimensionale face-to-face bzw. „avatar-to-avatar" (Castronova 2005, 135) Kommunikation wird in SL mit Gesten und Animationen für den Avatar unterstützt, die vom Nutzer gesteuert werden können. Erscheinungsbild, Mimik, Gestik und Körperhaltung spielen in der face-to-face Kommunikationsforschung eine zentrale Rolle für die interpersonelle Eindrucksbildung (Argyle 1979). Diesen Anforderungen kann SL gerecht werden, indem Gesten und Animationen per Tastendruck beim Avatar aktiviert werden. So können Avatare sich gestisch und mimisch verständigen. Da diese Gesten jedoch – anders als in face-to-face Gesprächssituationen in der realen Welt – vom Nutzer bewusst gesteuert werden müssen, beschränkt sich die subtile Wirkung nonverbaler Aspekte auf das Äußere des jeweiligen Avatars. Mit dem individuellen Erscheinungsbild bestätigt sich auch in der virtuellen Welt von SL die Aussage von Watzlawick, „dass man, wie immer man es auch versuchen mag, nicht nicht kommunizieren kann" (Watzlawick/Beavin/Jackson 1993, 51).

Abb 2: In einem Café

Neben dem produktorientierten Konsumbereich hat sich in SL auch ein regelrechter Jobmarkt für Avatare gebildet, der sich in Dienstleistungen und Handwerk aufteilt. Während einige Dienstleistungen, wie zum Beispiel Tanzen oder Sicherheitsdienste, auch von Neulingen in SL ausgeübt werden können, erfordern handwerkliche Jobs Spezialkenntnisse. Diejenigen Avatare, die besondere Fähigkeiten beim Erstellen von Gegenständen haben, nehmen Auftragsarbeiten an oder verkaufen selbstständig ihre eigene Ware.

4 Nutzerinnen und Nutzer: Motive und Interessenlagen

Wie erwähnt erfuhr Second Life (SL) in der ersten Hälfte des Jahres 2007 eine enorme mediale Aufmerksamkeit, ein regelrechter „Medienhype" entstand. Innerhalb von zwei Jahren stieg die Zahl der bei SL registrierten Nutzer von 230 000 (Mai 2006) auf über 13,7 Millionen (Mai 2008). Doch sagt die Zahl der

Registrierungen wenig aus über die Zahl der tatsächlich aktiven Nutzer. Dazu ist lediglich jeder Zwanzigste zu rechnen; zu einer gegebenen Stunde sind nur zwischen 30 000 und 65 000 Nutzer weltweit online. Angesichts dieser Zahlen flachte die mediale Erregungskurve ab Mitte des vergangenen Jahres schnell wieder ab, und der Tenor der Berichterstattung spiegelte eine gewisse Ernüchterung und Enttäuschung. Doch wuchs die Zahl der Nutzer trotzdem beständig weiter, wenn auch insgesamt auf niedrigerem Niveau. In Deutschland ist bei Second Life Mitte 2008 von einer Zahl von 40 000 bis 80 000 wirklich aktiven Teilnehmer/innen auszugehen, bei insgesamt rund 1,1 Millionen registrierten deutschen Nutzern.

Bei der Analyse der Nutzertypologie und der Nutzeraktivitäten zeigt sich, dass es offenbar nicht die klassischen „Gamer" sind, die sich von den neueren 3D-Welten angesprochen fühlen, sondern eher spielferne Nutzertypen, insbesondere auch Frauen und Ältere. In ihrer Studie befragten Amann & Martens (2008) deutsche SL-Nutzer zu ihren Motiven und Aktivitäten in Second Life. Einem Engagement in virtuellen Welten wie SL liegen verschiedene Bedürfnisdispositionen zu Grunde: Die bedeutendsten sind dabei Ausleben von Kreativität (Möglichkeit zur freien Gestaltung der virtuellen Welt und auch des eigenen Avatars), soziale Interaktion und Kommunikation.

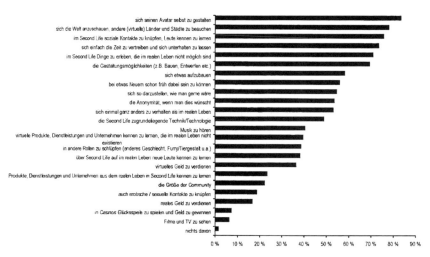

Abb. 3: Nutzer von Second Life: Erwartungen, die sich erfüllt haben

Einmal in der virtuellen Welt engagiert, ist das Involvement der Nutzer beachtlich. Die Nutzungsfrequenz ist hoch, die durchschnittliche Dauer der Besuche beträgt bei den Befragten 3,7 Stunden an Werktagen und 5,1 Stunden am Wochenende. Wöchentliche Nutzungsdauern von über 30 Stunden sind keine Seltenheit. Der Zutritt erfolgt dabei überwiegend allein vom heimischen PC oder Notebook aus. Nach Amann & Martens (2008) stabilisiert sich bei längerer Zugehörigkeit zur virtuellen Welt die Nutzungsdauer auf hohem Niveau, die Nutzung wird von den Befragten in hohem Maße habitualisiert, ein „Wear-out"-Effekt ist kaum festzustellen. Angesichts dieser Nutzungsintensität verändert sich das Zeitbudget für die Nutzung anderer Medien und auch für weitere Freizeitaktivitäten. Werden soziale Aktivitäten (wie Freunde treffen, Zeit mit der Familie verbringen) nur von 10 Prozent der Befragten wegen SL eingeschränkt, gibt rund die Hälfte an, weniger fernzusehen. Die Zahl der wirklich aktiven „Bewohner" dieser Welten bleibt jedoch wohl auf absehbare Zeit eher klein im Vergleich zur Nutzerschaft sowohl von Computer- und Konsolenspielen als auch der traditionellen Medien.

Die neuen, von den Nutzern gestalteten virtuellen Welten, scheinen somit einen eigenen Nutzertypus hervorzubringen oder anzuziehen. Aufschlussreich sind die Motive für diese hohe Verweildauer: die Befragten haben einen konkreten Anlass, wenn sie online gehen: 60 Prozent der Befragten geben an, dass sie sich dann in SL einloggen, wenn sie eine Verabredung mit virtuellen und/oder realen Freunden und Bekannten haben, weitere 47 Prozent wollen eine bestimmte, zumeist soziale Veranstaltung besuchen. Ein Viertel der Männer (Frauen: 17 %) nimmt eine Verabredung mit virtuellen und/oder realen Geschäftspartnern zum Anlass, SL zu besuchen, immerhin 30 Prozent gehen online, weil sie arbeiten müssen, womit zumeist schlecht bezahlte Tätigkeiten innerhalb der virtuellen Welt gemeint sind.

Damit wird empirisch belegbar, was voranstehend konzeptionell mit dem Begriff der „Life Simulation" bezeichnet wurde: SL ist zu einer sozialen Plattform geworden, die maßgeblich der Kontaktaufnahme und -pflege dient und damit dem weltweiten Trend der Social Media Nutzung folgt.

5 SL als Virtuelle Gesellschaft

Virtuelle Welten wie Second Life bieten die Möglichkeit, das Internet und die „reale Welt" mit der 3D-Welt zu verknüpfen: Ersteres durch eine einfache Weiterleitung von Inhalten aus dem Web auf die 3D-Welten, das Zweite nicht zuletzt durch die Existenz eines vollständigen Wirtschaftskreislaufs und einer frei konvertierbaren Währung in SL. Nutzer erwerben Eigentum an von ihnen virtuell erzeugten Produkten, können Handel treiben und solcherart verdientes Geld wieder in reale Währungen umtauschen. Zudem haben zahlreiche „reale" Unternehmen, Institutionen und Organisationen Quartier bezogen in SL. Prinzipiell ist in Online-3D-Welten im Sinne der Medienkonvergenz die Integration anderer medialer Angebote möglich, etwa durch Audio- und Videostreams, Integration von Spieleanwendungen usw. Wenn Spiele dadurch definiert sind, dass sie über ein festgelegtes Szenario und über definierte Spielziele verfügen, dann sind die Online-3D-Welten nicht als Spiele anzusehen, sondern als „synthetische Welten", die viele Aspekte der realen Welt in den virtuellen Raum erweitern (Amann/Martens 2008).

Wenn man SL als eine solche „synthetische Welt" ansieht, so stellt sich die Frage, wie diese Welt gestaltet wird bzw. inwieweit diese Welt auch zu einer virtuellen Gesellschaft wird. Die Entwicklung hin zur „Life Simulation Platform" müsste dann anhand einiger Kategorien nachvollziehbar werden. Diese lassen sich mit Balkin & Noveck (2006, 26) wie folgt zusammenfassen:

„[a]though the development of these virtual worlds has been driven by the game industry, by now these worlds are used for far more than play, and soon they will be widely adopted as spaces for research, education, politics, and work."

5.1 Second Life und virtuelles Wirtschaften

Mit Beginn der breiten Presseberichterstattung prägte eine Vielzahl von Unternehmen das Bild von Second Life (SL) maßgeblich. Barnes (2007) liefert eine Liste von 126 prominenten Real Life Unternehmen in SL, die von IBM, Mercedes-Benz, Pontiac, Nissan, Dell, BMG über die Deutsche Post und diverse Banken reicht. Im Bereich Retailing und Dienstleistungen fanden sich im Februar 2007 25 365 Unternehmen in SL (DMD et al. 2007), davon die meisten Geschäfte, Clubs oder Immobilien. Aber auch 150 Hochschulen haben Grundbesitz in SL und einige von Ihnen nutzen SL aktiv für den Unterricht (Graves 2008).

Durch die Möglichkeiten für den Nutzer, in SL frei zu gestalten und anschließend mit den geschaffenen Kreationen Handel zu betreiben, wurden die Grundlagen für einen bedeutenden Aspekt von SL gelegt: die Nutzer/innen können sich wirtschaftlich betätigen. Geht man davon aus, dass das Ziel einer virtuellen Ökonomie ist „die Regeln der virtuellen Welt dahingehend zu optimieren, dass diese attraktiv für ihre User wird" (Hummel/Jansen 2007, 125f), so wird SL insbesondere dadurch attraktiv, dass die eigenen Kreationen gehandelt und verkauft werden können. Zudem ist SL, wie oben beschrieben, auf die Erschaffung und Mitgestaltung von seinen Nutzern angewiesen und bietet durch die Möglichkeit des Verkaufs eine zusätzliche Motivation, die digitale Umgebung mitzugestalten.

Der virtuelle Einkauf erfolgt in SL mit nur ein paar wenigen Mausklicks. Allgemein liegt die virtuelle Ware in SL nicht dreidimensional aus, sondern wird als Produkt-Abbildung ausgestellt. Der Preis des gewünschten Produkts wird angezeigt, wenn die Abbildung des Produkts mit dem Mauszeiger berührt wird. Es öffnet sich darauf hin ein Pop-Up-Fenster mit einem Bezahlmenü, über das der Kauf getätigt werden kann. Das gekaufte Produkt gelangt anschließend in das Inventar des Avatars.

5.2 Soziale Organisationsformen – Bildung

Parallel zur Vielfalt an Freizeit- und Handelsaktivitäten ist ein reichhaltiges Bildungsangebot in Second Life entstanden. Diese Bildungsangebote, bei denen Nutzer von erfahrenen Avataren unterrichtet werden, sind fast immer kostenlos und werden von privaten Anbietern in SL angeboten. Die bekanntesten Anbieter sind New Citizens Incorporated (NCI), Rockcliffe University Second Life Campus (RUSLC), Technical User interfacing (TUi) und Academy of Second Learning (ASL). Die Kurslehrer nehmen in SL eine Mentorenfunktion wahr, von denen vor allem neue SL-Einwohner profitieren. Jeder kann auf die Hilfe und das Wissen des sozialen Netzwerkes in SL zurückgreifen. Die Struktur von SL ist durch soziales Engagement und eine große Hilfsbereitschaft der Avatare untereinander gekennzeichnet.

Neben dem Bildungsangebot, welches zum Teil von den Nutzern geschaffen wurde, nutzen auch Bildungseinrichtungen aus der realen Welt SL als eine Erweiterung ihres regulären Bildungsangebots. Renommierte amerikanische Universitäten aus Harvard, Stanford oder New York sind mit einer virtuellen Repräsentanz in SL vertreten. Vorteile bei der Nutzung der virtuellen Welt sind die geringen Kosten und, aufgrund der dreidimensionalen Darstellung der Avatare, „ein Gefühl des Beisammenseins" (nytimes.com 2007). Die Veranstaltung von Real Life-Vorlesungen in SL sind allerdings durch technische Probleme (unstabiles System bei Gruppenversammlungen) und komplizierten Steuerungsbedarf geprägt. Somit profitierten die Bildungseinrichtungen, die in der virtuellen Welt vertreten sind, zu Beginn vor allem von der Aufmerksamkeit der Massenmedien.

Durch das Bildungsangebot entsteht zudem eine Vielzahl von sozialen Kontakten. Im Kurs „How to start a Business in Second Life?" erfährt man etwas über die Motivation anderer Teilnehmer, in SL Geld verdienen zu wollen. So beschreibt die Kursleiterin Nancy Villota, dass es weit schwieriger sei, Geld zu verdienen, als das die Presse suggeriere. Wichtiger sei es für Nancy, dass die Teilnehmer in SL Spaß und Freude haben. Dem stimmen die anderen Kursteilnehmer zu. Es herrscht eine wohlwollende und freundschaftliche Stimmung. In anderen Kursen kann erlernt werden, mit den Werkzeugen von SL umzugehen, im Kurs „Basic Land Ownership" erhält man Rat, wie und wo man am günstigsten virtuelles Land kaufen kann.

5.3 Avatare als politische „Bürger"

Ein wichtiges Kriterium für die Abwägung zwischen den Facetten des Spielerischen und der gesellschaftspolitischen Funktion von virtuellen Welten ist das Kriterium der Funktionalität im Kontext der Herausbildung gesellschaftlicher Organisiertheit. Zwar hat SL keine politische Führung im Sinne eines organisierten Gemeinwesens, aber es sind durchaus Grundzüge einer gewissen Politisierung feststellbar. Dabei lassen sich grundsätzlich zwei Aktivitätsbereiche unterscheiden:

- Weltinterne ausgerichtete Aktivitäten („in-world regulationary activities"): z.B. Vorgehen gegen Gewalt und Missbrauch in SL, Einhaltung sozialer Regeln, Ahndung von Regelverstößen.
- Weltexterne ausgerichtete Aktivitäten („extra-world acitivties"): Dabei wird SL als Propaganda- und Aktivitätsplattform für globale real world Themen genutzt (z.B. antifaschistischer Protest, Einsatz für Menschenrechte, Debatte von RL-Themen).

Bezüglich der in-world-Aktivitäten spielen die in-world-Medien eine besonders große Rolle. So hat sich das in-world-Magazin „Avastar", ein vom deutschen Springer Konzern entlang des Bildzeitungskonzeptes publizierte digitale Zeitung, mit einigen Beiträgen bezüglich problematischer Aktivitäten in SL hervorgetan. Herauszustellen ist die Berichterstattung über die Avatar-Protestaktionen anlässlich der kinderpornographischen Aktivitäten einiger Avatare, die zu einem großen Medienecho auch in der realen Welt geführt haben.

Spiel oder virtueller Gesellschaftsentwurf? Der Fall Second Life

Abb. 5: Avastar

Angesichts dieser Aktivitäten ist für die Zukunft die Frage nach der Rolle der Medien insgesamt zu formulieren. Zumindest vordergründig scheinen auch die in-world-Medien eine vergleichbare politik- und öffentlichkeitskritische Funktion zu erfüllen wie im „echten" Leben. Damit ließe sich bestätigen, dass eine kritische Öffentlichkeit in SL existiert, die ihrerseits auf diese Form der Publizität reagiert.

5.4 Soziale Netzwerke

Das Knüpfen von sozialen Kontakten erfolgt in Second Life (SL) kontinuierlich. Je mehr Zeit ein Nutzer durchschnittlich in SL verbringt, desto größer sind die Chancen, sich ein breites soziales Netzwerk bestehend aus Bekanntschaften und Freunden aufzubauen. SL unterstützt das Aufbauen von sozialen Netzwerken mit der Funktion, persönliche Profile zu erstellen oder der Möglichkeit, eigene Gruppen zu gründen. Da es innerhalb von SL keine allgemeine Gebrauchsanweisung gibt, stellt besonders das Wissen der anderen Teilnehmer eine bedeutende Hilfestellung dar. Zusammen lassen sich Probleme lösen und Ziele können gemeinsam erreicht werden.

Der Status Freundschaft ist in SL nicht gleichbedeutend mit einer Freundschaft im realen Leben. In SL können auf einer Freundschaftsliste Kontakte hinzugefügt und gesammelt werden. Diese Kontakte erhalten einen hervorgehobenen Status. Sie sind besonders einfach zu kontaktieren, und es wird angezeigt, ob sich die betreffenden Personen gerade online befinden oder nicht.

Um sich besser zu organisieren, entstehen zunehmend Gruppen in SL. Dazu ein Beispiel. Eine von vielen Gruppen sind die „Bostonians". Diese Gruppe zeichnet sich dadurch aus, dass alle Mitglieder im realen Leben aus Boston stammen und sich regelmäßig in SL verabreden, um zusammen die virtuelle Welt zu entdecken. Damit findet eine reale soziale Bindung in der virtuellen Welt eine eigenständige Fortsetzung. In SL haben sich inzwischen tausende von Gruppen zu den verschiedensten Themen gebildet, die sozialen Netzwerkscharakter haben. Fragen, die das Thema einer Gruppe betreffen, werden an alle anderen Mitglieder weitergeleitet und per Kurznachricht von ihnen beantwortet. Zudem dienen Gruppen auch als Identifikationsmerkmal.

Aber auch interpersonale Netzwerke sind weitläufig etabliert, z.B. existieren vielfältige Unterstützernetze, z.B. durch Mentoren. Erfahrene Avatare bieten Neuankömmlingen kostenlos ihre Hilfe an (s. Abb. 6). Ein Beispiel zeigt der folgende Chatausschnitt. Hier erläutert der Avatar „Squee Janitor" einem ratsuchenden Avatar („Apollo") einige Lernangebote:

Abb. 6: Lernangebote

Spiel oder virtueller Gesellschaftsentwurf? Der Fall Second Life

[18:01] Squee Janitor: Howdy Apollo.
[18:02] Apollo McMillan: Well hello Squee
[18:02] Apollo McMillan: Hello, avatar!
[18:02] Apollo McMillan: so you´re a NC Helper
[18:02] Squee Janitor: Gotta let me take the golden chariot for a spin some day; it's totally sweet.
[18:02] Squee Janitor: Yup.
[18:03] Squee Janitor: I'm an officer too, but I use this tag since it's more recognizable as a source of help.
[18:03] Apollo McMillan: I see, so you´re just spending some time here to help today?
[18:04] Squee Janitor: Pretty much; was monkeying around with my toy tanks there in-between, but that's basically what I'm doing yep. :)

Dieser aufwendig gestaltete Avatar steht für ein weit verbreitetes Unterstützungsnetzwerk an Helfern, die ihre Aufgabe in der Verbesserung der Kompetenzen anderer Avatare sehen. Diese Form der „Dienstleistung" wird nicht bezahlt, ist aber essentiell für die Entwicklung des in Teilen ausgeprägten sozialen Zusammenhaltes in SL.

6 Zusammenfassung und Ausblick

Nicht nur der Begriff „Second Life" (SL) suggeriert einen wesentlichen Unterschied zwischen dem „ersten" und dem „zweiten" Leben, sondern auch die Medienberichterstattung verstärkt die Vision zentraler Unterschiede: Begrenzung auf der Seite des „normalen" Lebens und unbegrenzte Möglichkeiten in der Welt des neuen weiten Lebens. Dieses Bild relativiert sich allerdings, denn je mehr SL einer sozialen Plattform ähnelt, desto stärker die Identifikation und die Immersion ins Geschehen.

Es dominieren in SL zentrale Distinktionskriterien der „ersten" Welt, wie z.B. die Unterteilung der Welt in zwei Geschlechter, trotz der vorhandenen Option, geschlechtsneutral zu leben. Die Auswahl der Avatare fällt in aller Regel entweder auf eine weibliche oder eine männliche Version und die Ausgestaltung wird arbeits- und kostenintensiv am Schönheitsideal der „ersten" Welt entlang vorgenommen.

Auch soziale Prämissen gelten sowohl in der realen, als auch in der virtuellen Welt: In SL besteht der Wunsch nach Gesten, die dem Nutzer aus der realen Welt bekannt sind. So wurden zum Beispiel Gesten programmiert, mit denen sich Avatare in SL zur Begrüßung umarmen und küssen können.

Hauptmotor ist, entgegen der Mediendarstellung der letzten Jahre, das Soziale im Sinne einer virtuellen Gemeinschaft. Es werden Freundschaften geschlossen, Gruppen gebildet und gemeinsame Aktivitäten unternommen. Es gibt sogar die Möglichkeit, in SL seine Partnerschaft eintragen zu lassen und zu heiraten. Aber auch korrespondierende negative soziale Effekte, wie Kriminalität und Gewalt, gibt es analog zur „ersten" Welt. Das Fehlen legislativer, exekutiver und judikativer Instanzen wird im Extremfall durch die Ausschlussallmacht der Betreiberfirma Linden Lab ersetzt.

Bisher ist also das Gemeinwesen vor allem selbstorganisiert und selbstreguliert. Das Fehlverhalten einiger Avatare wird entweder direkt durch das soziale Umfeld geahndet oder aber durch die Veröffentlichung in den in-world-Medien allgemeiner bekannt gemacht. Es wird aufschlussreich zu beobachten sein, inwiefern diese Form einer „digitalen Autonomie" auch weiterhin existieren wird.

Literatur

Amann, R. / Martens, D. (2008): *Synthetische Welten: Ein neues Phänomen im Web 2.0.*, Media Perspektiven, 5/2008, 255-270.
Argyle, M. (1979): *Körpersprache und Kommunikation*, Paderborn: Junfermann.
Au, W. J. (2007): A Cultural Timeline. In: Rymaszewski, M. / Au, W. J. / Wallace, M. / Winters, C. / Ondrejka, C. / Batstone-Cunningham, B.: *Second Life*. New Jersey: Wiley, 274-297.
Aukstakalnis, S. & Blatner, D. (1994): *Cyberspace: Die Entdeckung künstlicher Welten*, Köln: VGS Verlagsgesellschaft.
Balkin, J. M. & Noveck, B. S. (Edited) (2006): *The State Of Play: Law, Games And Virtual Worlds*. New York University Press, New York.
Barnes, S. (2007): *Virtual Worlds as a Medium for Advertising*. Database for Advances in Information Systems, 38 (4), 45-55.
Bartle, R. A. (2006): *Why Governments aren't Gods and Gods aren't Governments*. First Monday, URL: http://firstmonday.org/issues/special11_9/bartle, Stand: 01.03.08.
Barucca, M. / Forte, I. / Müller, C. (2006): Second Life – ein Testlabor für die Zukunft des Internets. In: Lober, A.: *Virtuelle Welten werden real*, Hannover: Heise, 137-142.
Bente, G. / Krämer, N. / Petersen, A. (2002): Immersion: Eintauchen in die Computerwelt und Abkopplung von der physikalischen Welt. In: Bente, G. / Krämer, N. / Petersen, A.: *Virtuelle Realitäten*, Göttingen: Hogrefe.
Castronova, E. (2001): *Virtual Worlds: A first-hand account of market and society on the cyberian frontier*, CESifo Working Paper No. 618, URL: http://ssrn.com/abstract=294828, Stand: 26.12.06.
Castronova, E. (2005): *Synthetic Worlds*, Chicago: University of Chicago Press.
DMD (2007): Diversified Media Design, combined storey, and Market Truths Limited. 2007, *The virtual brand footprint: The marketing opportunity in Second Life*.
Fisher, Scott S. (1991): Virtual Environments: Personal Simulations & Telepresence. In: Helsel, S. K. / Roth, J. P. (Hrsg.): *Virtual Reality: theory, practice, and promise*, Westport: Meckler, 101-110.
Gartner, Inc. (2007): *Gartner Says 80 Percent of Active Internet Users Will Have A „Second Life" in the Virtual World by the End of 2011*, http://gartner.com/it/page.jsp?id=503861, Stand: 24.04.07.
Graves, L. (2008): *A Second Life for Higher Ed*, U.S. News & World Report, 144 (2), 49-50.

Hummel, J. / Jansen, C. (2007): Das 1x1 der virtuellen Volkswirtschaft. In: Lober, A.: *Virtuelle Welten werden real*, Hannover: Heise, 123-132.

Kaumanns, R. / Siegenheim, V. A. / Neus, A. (2007): Online-Gaming – Von der Nische zum Massenphänomen. In: *Medien Wirtschaft Magazin*, Ausgabe Nr. 2.

Kienitz, G. W. (2007): *Web 2.0*, Kempen: Moses Verlag.

Lober, A. (2007): *Virtuelle Welten werden real*. Hannover: Heise.

Lanier, J. (1991): Was heißt virtuelle Realität? In: Waffender, M.: *Cyberspace*, Reinbek: Rowohlt, 67-87.

Messinger, P. R. / Stroulia, E. / Lyons, K. (2008): *A Typology of Virtual Worlds: Historical Overview and Future Directions*, Journal of Virtual Worlds Research, Vol. 1. No. 1, ISSN: pp.1941-8477.

O'Reilly, T. (2005): *What Is Web 2.0*, http://www.oreillynet.com/pub/a/oreilly/tim/news/2005/09/30/what-is-web-20.html, Stand: 22.01.08.

Porter, C. E. (2004): *A Typology of Virtual Communities: A Multi-Disciplinary Foundation for Future Research*. Journal of Computer-Mediated Communication. 10 (1), Article 3.

Watzlawick, P. / Beavin, J. H. / Jackson, D. D. (1993): *Menschliche Kommunikation: Formen, Störungen, Paradoxien*, 8. Auflage, Bern: Verlag Hans Huber.

Wenn Computerspiele und Spieler aufeinander treffen. Oder: die Veränderung des Spiels durch die Spieler

Winfred Kaminski

Die Daten der alljährlich veröffentlichten JIM–Studie des Medienpädagogischen Forschungsverbundes Südwest (mpfs) sprechen eine deutliche Sprache. Fast alle Jugendlichen haben daheim Zugang zu Computern und beinahe 3/4 der 12-19jährigen besitzt einen eigenen Rechner (JIM-Studie 2007). Von diesen wiederum spielen bei den Jungen mehr als 60% regelmäßig Computerspiele. Diese sind damit gerade kein Medium einiger weniger Verwirrter, sondern stehen mittendrin im Interessenshorizont der Jungen. Sie sind in zunehmenden Maße auch für Mädchen Kernstücke ihrer Alltagswelt.

1 Wandlungen der Familie

Wir sehen aber zugleich, dass in der Gegenwart die Funktionstüchtigkeit des klassischen Familienmodells, Eltern und zwei Kinder, nicht mehr gewahrt scheint. Die Prozesse der Modernisierung gingen an der Kleinfamilie nicht spurlos vorüber, sie erfährt seit Jahren einen erheblichen Funktionsverlust und mußte ehemals charakteristische Aufgaben an andere Instanzen abgeben.

Das durch die Familie überlieferte Wissen und Können reicht schon längst nicht mehr hin, um im Alltag bestehen zu können: Kindergarten und Schule haben zahlreiche der traditionellen Erziehungsaufgaben des Elternhauses übernommen. Aber auch die dominante Vorbildfunktion, die einmal Eltern, Großeltern und nahe Verwandte innehatten, haben sie an die Konkurrenz verloren, und dann kommen noch die Medien ins Spiel.

Die Elterngeneration hat zwar mit Blick auf die audiovisuellen Medien (TV, Film, Radio) den Anspruch, sich auszukennen und das nötige knowhow an ihre Kinder weiterzugeben zu können. Jedoch auf dem Hintergrund der jüngsten Entwicklungen scheint ihre Vorrangstellung mehr als fraglich.

Die mittlerweile traditionellen elektronischen Medien haben gemeinsam, dass sie zum „normalen" Familienhaushalt dazugehören. Was sich darin zeigt, dass wir eine beinahe 100% Deckung mit TV-Geräten in den Familien haben. Der Hinweis auf eine früher einmal geführte erregte Fernsehdebatte: Schadet es, nützt es, belehrt es oder verdirbt es, wirkt von heute aus merkwürdig obsolet und unwirklich. Die heutigen Eltern und älteren Erwachsenen sehen sich bezogen auf ihre Medien als kompetent an und das bedeutet: sie können auswählen, haben Vorlieben, kennen Sender und Sendeplätze. Mit einem Wort: sie wissen, was sie erwartet.

Ich möchte soweit gehen zu sagen, dass sie auch über einzelne Mediengenres und -gattungen wohlinformiert sind und deren Vor- und Nachteile abwägen und bewerten können. Auch wenn diese Medien passiv rezipiert werden, so wählen die Nutzer doch bewußt aus und entscheiden sich für oder gegen etwas. Es ist eben nicht so, dass die Medien etwas mit ihrem Publikum machen, es macht vielmehr für sich etwas aus den Medien.

2 Herausforderung durch digitale Medien

Ihre Fähigkeiten und ihr Wissen haben die Erwachsenen auch an ihre Kinder weitergegeben. Nun ereignete sich in den gerade zurückliegenden Jahren die digitale Revolution. Diese stellt die Medienkompetenz vor völlig neue Herausforderungen. Denn was bis dahin gültiges Medienwissen und -können war, wurde radikal entwertet. Wer mit der Haltung eines Fernsehnutzers an die Möglichkeiten der virtuellen Welt herangeht, verfehlt deren Dimension.

Das Eindringen des PC seit den 80er Jahren und des Internet seit 1993 in die Familien hat eine neuartige Kluft geschaffen, den digital divide. Diese Kluft existiert nicht zwischen allen Besitzenden und Nichtbesitzenden, digital natives und -non natives, sondern auch zwischen Älteren und Jüngeren, zwischen Eltern und Kindern. Denn schon Jüngste surfen heutzutage versiert in den Weiten des worldwideweb. Ihr aktiver Zugriff auf die Möglichkeiten der digitalen Medien unterscheidet sich gravierend von dem des Fernsehzuschauers, der sitzt und schaut, sie sitzen und (inter-)agieren. Was die Jüngeren an Können den Älteren im Feld der digitalen Medien voraushaben, beeindruckt. Sie sind plötzlich die Spezialisten und geben den Ton an. Sie sind medienkompetent und offenbaren Zugangs- und Verfügungswissen.

Besonders offensichtlich wird der Graben, der Ältere und Jüngere trennt, wenn man sich die digitalen Spielwelten – gestartet 1977 mit dem Atari 2600 anschaut.

Nimmt man die Bildschirmspiele, so haben wir es mit einem Angebot zu tun, daß es seit ca. 30 Jahren gibt. Es wird gerade „erwachsen". Die jungen Eltern unserer Gegenwart sind die erste Generation, die bereits mit digitalen Spielen groß geworden ist und mit Blick auf ihre Kinder bringen sie in dieser Hinsicht spezifisches Medienwissen mit. Denn digitale Spiele waren Teil ihrer Mediensozialisation und ihres Alltags.

Die gleichwohl heute immer noch vorherrschende Diskussion nährt sich aber aus einer Einstellung, die die Bildschirmspiele als unwillkommene Eindringlinge einschätzt und vielfach ablehnt. Denn sie fordern eingefahrene Mediengewohnheiten heraus. Einfach gesagt: „Wenn ich nichts tue, geschieht nichts". Der deutschen Familie liebstes Werkzeug: die Fernbedienung bringt nichts, weil sich ein Bildschirmspiel nicht von allein spielt. Das unterscheidet es grundsätzlich von Film, TV und Video: Videokassette eingelegt und der Film läuft ganz ohne weiteres Zutun. Nicht so beim digitalen Spiel!

Diese Seite der überlieferten Mediengewohnheiten, wie sie lange in den Familien bestimmend war, steht aber nicht allein. Heutige Familien mit Kindern sind zudem mit der Tatsache konfrontiert, dass neue Medien nicht nur neue Handlungsformen erzwingen, sondern auch ihre inhaltlichen Eigenschaften erheischen einen völlig anderen Zugang. Bisher konnte ich mich etwa auf die Fernsehzeitung verlassen und dort alles über Produktion, Stars und Sternchen erfahren. Dies alles läuft nun bezogen auf digitale Medien ganz woanders ab und tritt auch ganz anders auf. Dadurch wird das bisherige Herrschaftswissen irrelevant. Söhne und Töchter verfügen plötzlich über die Expertise und die Eltern entwickeln sich zurück, sie werden zu eher unwilligen Lehrlingen. Titel, angesagte Themen, die wichtigen Hersteller, die Namen der Spieleentwickler, das alles tritt den meisten Erwachsenen als „böhmische Dörfer" entgegen, fremd und unzugänglich; vor allem aber inkompatibel mit ihren Mediengewohnheiten. Gleichwohl zeichnen sich weitere Veränderungen ab, dahingehend, dass sich auch das Mediennutzungsverhalten der Älteren wandelt und Annäherungen stattfinden. Der ARD/ZDF-Online Studie können wir entnehmen, dass der prozentuale Anteil der Internetnutzer bei der älteren Generation sich quantitativ nurmehr geringfügig von dem der Jüngeren unterscheidet. Eine Differenz ergibt sich aus den Interessenrichtungen, die Jüngeren suchen Unterhaltung im Netz, die Älteren vor allem Information (vgl. dazu Eimeren/Frees 2008).

3 Was tun und wie?

Die wohl häufigste Frage in Verbindung mit Medienkompetenz lautet: was denn zu tun wäre? Die einen kommen mit dem Verbotsschild, sie wollen „Schlimmeres" verhindern. Aber ist das eine Erfolg versprechende Strategie? Mir scheint es sinnvoller mit Maria von Salisch (2007, 179) zu fragen, wie wir Geschmack und Präferenzen der Kinder entwickeln können, so dass sie sich nicht einseitig festlegen. Dies muß natürlich – und so kommt die Familie wieder ins Spiel – einhergehen mit der Stärkung der Persönlichkeit der Heranwachsenden. Dann werden sie bei den Bildschirmspielen ebenso sicher wählen können, wie es längst bei TV und Büchern üblich ist. Bekanntlich sind 8-12jährige in ihren Vorlieben für bestimmte Bildschirmspiele noch nicht festgelegt. Ihre Orientierung auf einzelne Genres ist nur moderat stabil.

Das Ende der Kindheit bietet Chancen zu experimentieren und dies gilt auch für den Umgang mit Bildschirmspielen. Zu diesem Zeitpunkt haben die Kinder noch keine klare Erwartung darüber, welche Gratifikationen das PC-Spielen ihnen gewähren kann und welche sie sich erhoffen. Dieses Medium muß sich nämlich auch in Konkurrenz mit anderen Freizeitangeboten bewähren. Erst nachdem das Gratifikationspotential offensichtlich geworden ist, kommt es zur Spezialisierung auf bestimmte Spiele (Salisch, 2007, 180). Denn um erfolgreich an Rechner oder Konsole zu spielen, brauche ich Übung.

Wir sollten – auch aus medienpädagogischen Gründen – die Selektionseffekte (anstelle der vermuteten Wirkungen) in den Vordergrund rücken. In der frühen Phase der Computerspielkarriere finden die Weichenstellungen für Genres und für die Spielmotive statt. Weil nun aber Jugendliche, also über 12jährige, sich nicht mehr gern von Erwachsenen hineinreden lassen wollen in ihre Vorlieben – und auch längst die Gleichaltrigen sowie die angesagten Medien neben und gegen die Familie antreten – müssen wir – so von Salisch et al. – wegen der notwendigen Ablösungsvorgänge früh mit den medienpädagogischen Eingriffen beginnen. Aus entwicklungspsychologischer Sicht können wir uns einiges davon erwarten, Interventionen in der Übergangsperiode vom Kind zum Jugendlichen anzusetzen. Aber in dieser Phase muss zudem der Wechsel vollzogen werden vom zu erziehenden Kind zum allenfalls noch zu begleitenden Jugendlichen.

Allein durch Schützen und Bewahren kann sich Medienkompetenz nicht herausbilden, vielmehr muß die Wahrnehmung geschult und aufgeklärt werden und 3. zu eigenständigem Medienverhalten hingeführt werden. Eine „Zeigefingerpädagogik" steht einer solchen Orientierung, die auf Selbstartikulation und Partizipation aus ist, entgegen; sie läßt die Kinder hilflos in der Medienwelt und verstellt ihnen Perspektiven.

4 Computerspiele als Kultur

Spielen und Spiele gehören zur Kultur. Darüber gibt es kaum Streit. Ob nun die Rede von Kartenspielen ist oder vom Theaterspielen, ob vom Wortspiel oder vom Spiel mit einem Ball, vieles wird darunter versammelt und zum kulturellen Bestand gezählt.

Zusätzlich bietet sich noch an, mit Friedrich Schiller oder Johan Huizinga den spielenden Menschen als den „wahren" Menschen zu bestimmen. Beginnen wir aber die Spieltraditionen und -vorlieben verschiedener Völker und Länder zu betrachten, treten Differenzen auf. Es wird augenfällig, dass das, was die einen zu ihrer Kultur rechnen, von anderen abgelehnt wird und umgekehrt. Und wenn wir dann beginnen, die modernen Spiele und insbesondere die digitalen Spiele für den PC oder die Konsole zu untersuchen, stoßen wir bei Jüngeren auf Begeisterung und bei Älteren auf Missfallen, ja Ablehnung. Dieser Streit liegt darin begründet, dass Computerspiele, obgleich mittlerweile mehrere Jahrzehnte alt, zu neu scheinen, zu unvertraut. Auch die dominant technische Seite lässt sie als nicht zur Tradition gehörig und in den Augen mancher als kulturell nicht hochwertig erscheinen.

Zwei Konflikte überschneiden sich hier, unterschiedliche Vorlieben der Generationen und die Definition dessen, was bedeutsam für eine Gesellschaft ist. Wodurch gehört etwas zur Kultur? Wodurch wird etwas ein Kulturprodukt? Doch wohl dadurch, dass es „gepflegt" wird. Denn nichts anderes meint der ursprüngliche Sinn des Wortes Kultur (Lat.: cultivare). Computerspiele werden weltweit mittlerweile von vielen Millionen Menschen regelmäßig gespielt. Sie gehören zur Freizeitkultur, zur Unterhaltungsindustrie dazu und als solche selbstverständlich zur Populärkultur. Jedoch nicht nur, dass sie regelmäßig gespielt werden, macht Computerspiele zu Teilen unserer Alltagskultur, sondern sie sind längst Elemente unserer und der internationalen Überlieferung mit Einflüssen aus den USA, Asien und Europa. Computerspiele sind Kulturprodukte, denn sie werden von Menschen erfunden und produziert. Sie sind Ergebnisse kreativer Prozesse. Spieleerfinder sind genauso schöpferisch wie Schriftsteller oder Filmregisseure. Computerspiele eignen wir uns genauso produktiv an wie jedes andere gesellschaftlich akzeptierte Kulturprodukt, z.B. die altbekannten Brettspiele oder auch Musik.

Bei Computerspielen wird in der Öffentlichkeit darauf verwiesen, dass sie „wertlos" seien, bloßer Zeitvertreib. Diese Sichtweise kann leicht dadurch korrigiert werden, dass wir darauf verweisen, dass Computerspiele längst eine mehrere Jahrzehnte währende Geschichte hinter sich haben, dass es unterschiedliche Spielformen gibt, dass sie sich beständig ändern und weiterentwickeln. Es handelt sich bei Computerspielen um einen außergewöhnlich kreativen und dynamischen Sektor der Kulturindustrie.

Weiterhin hat auch in der Auseinandersetzung mit Computerspielen ein Prozeß der Vergeschichtlichung eingesetzt und sogar der Musealisierung. Es gibt Ausstellungen über Computerspiele wie „Pong:Mythos" (Berlin) oder „Game on" (London) in renommierten Museen, die große Aufmerksamkeit erregen. Derzeit häufen sich außerdem die Versuche, „alte" Spiele aus der Frühzeit der Computer-Entwicklung zu archivieren und sie zugänglich zu halten. Dies plant etwa die Library of Congress (Washington). Diese Institution und die dahinter stehenden Menschen folgern aus der aktuellen Situation, dass wir mit dem Kulturprodukt Computerspiel genauso sorgfältig umgehen müssen, wie mit alten Spielkarten oder mit historischen Puppenhäusern. Wenn wir sie nicht „pflegen" und bewahren, verliert unsere Gesellschaft wertvolle Dinge, und wir missachten die durch sie erbrachten kulturellen Leistungen.

Der Einwand, Computerspiele seien doch allzu gewalthaltig, verkennt und verleugnet, dass dies genauso gegen Bücher, Theaterstücke, Filme oder Musik vorgebracht werden kann. Selbst kanonische Literatur setzt sich immer wieder, teils fasziniert, teils faszinierend, mit Gewalt auseinander und benutzt sie. Computerheldinnen und -helden wie Lara Croft oder SuperMario sind mittlerweile genauso kulturelle Ikonen wie Micky Maus und Donald Duck. Den „Schmuddelkind"-Charakter haben Computerspiele beinahe mit allen längst etablierten Medien gemeinsam; sei es Film, Radio, Comics etc. So mancher Kinofilm, der früher als „Schund" galt und vehement abgelehnt wurde, gilt heute als Kunst und Teil unserer Kultur. Mancher Comicsammler sucht heute Hefte, die in den 50er Jahren des 20. Jahrhunderts als „Schundliteratur" bekämpft worden sind, und sieht sie als ausdrucksvollen Teil unserer Populärkultur. Dieselbe Wertschätzung sollten wir Spielen wie „Pong", „Tetris" und „Pacman", aber auch – obwohl kontrovers – „Doom" und „CounterStrike" entgegenbringen. Es ist ein gutes Zeichen, dass in den USA unter dem Motto „Preserving Creative America" der Library of Congress ca. 100 Millionen Dollar zugesagt wurden, um die Sicherung dieses digitalen kulturellen Erbes zu garantieren. Auch in Europa, besonders aber in Deutschland, wird es Zeit, die abschätzige Haltung den Computerspielen gegenüber abzulegen und sie als Kulturprodukte zu diskutieren und zu schätzen. Sie ersetzen nicht das traditionelle Spielzeug, weder die Bausteine, noch die Holzeisenbahn. Sie leisten etwas Eigenes und erweitern dabei unsere Spielmöglichkeiten. Wenn zum Spielen das Probehandeln dazugehört, dann bieten sich gerade PCs dafür an, denn sie sind Simulationsmaschinen schlechthin. Auf dem Computer oder mit der Konsole zu spielen, schränkt die Phantasie nicht etwa ein, sondern öffnet virtuelle Räume.

Viele Computerspiele, das wird oft übersehen, basieren und zitieren vielfach altüberkommene Spielmodelle: Strategie-, Rätsel-, Kampf- und Rollenspiele etc. gab es lange vorher. Sie werden durch die Rechner nur in eine neue digitale Form transformiert, insgesamt schließen sie sich an die kulturelle Überlieferung unserer Spiele und unseres Spielzeugs an. Die Form der technischen Darbietung der Spiele auf dem PC oder mithilfe der Konsole mag vielen fremd sein, die Spielinhalte und Spieldynamiken sind aber die längst bekannten.

Vor ein paar Monaten (2007) las ich ein Interview mit einem Spitzenmanager des Lego-Konzerns. Er wurde gefragt, ob nicht die Computerspiele seinem Geschäft zu schaffen machten. Die Antwort von Dirk Engehausen lautete nicht etwa, dass er die anderen Hersteller von Spielen und Spielzeug als die besonderen Herausforderer betrachtet, sondern er lenkte den Blick auf das gesamte kindliche Freizeitverhalten. Seine entscheidende Aussage war: „Die größte Konkurrenz, die wir erleben, rührt allerdings daher, daß die Zeit der Kinder immer mehr verplant wird. Nach der Schule gehen sie ins Ballett, haben Klavierunterricht, Sport und anderes. Am Ende bleibt immer weniger Zeit, in der Kinder frei spielen können." Somit, wäre zu folgern, sind die konkurrierenden Medien nur ein Teil des Problems. Wir müßten als Privatpersonen wie als politisch Handelnde weit mehr ansprechen, wenn wir denn Kinder erziehen wollen, die selbstbewußt ihre Zukunft meistern.

Die verplante Lebenszeit der Kinder und ihre sozialräumliche Isolation – man spricht ja auch von Verinselung ihrer Lebenswelt – verursachen weit mehr Folgeprobleme als die Medien. Der Medienkonsum, seine Art und Weise sowie sein Umfang sind schon reaktiv – sind Symptom, aber nicht Ursache – auf veränderte Lebensbedingungen. Wenn ich nicht selbst in die reale Welt aufbrechen kann, dann doch zumindest mit SuperMario oder Lara Croft in spielerisch phantastische Welten. Virtuelle Spiele ersetzen nicht traditionelles Spielzeug, weder die Bausteine, noch die Holzeisenbahn. Sie leisten etwas Eigenes und erweitern unsere Spielmöglichkeiten und bieten Chancen.

5 Auf Umwegen ans Ziel

Mein erster Umweg führt über die allgemeine Reflexion von Medienkompetenz. Denn es ist unzweifelhaft, dass die heute allgegenwärtigen IT-Techniken innovatives Potential bergen im Kontext gesellschaftlicher Modernisierungsprozesse. Wer nicht über sie verfügt, droht ‚abgehängt' zu werden. Sie bieten Möglichkeiten, Jugendliche in die Informationsgesellschaft einzuführen und auf deren Erwartungen vorzubereiten.

Gesellschaftliche Teilhabe kann, ob es uns gefällt oder nicht, heute nicht mehr gedacht werden ohne IT-Technologien, die sie zum Teil vermitteln und realisieren helfen. Partizipation an der Informationsgesellschaft läuft vielerorts nurmehr über digitale Prozesse und resultiert in virtuellen Welten, in denen wir uns orientieren müssen. Dazu aber bedarf es einiger Voraussetzungen, dazu bedarf es der Fähigkeiten und der Fertigkeiten.

Zugleich wandeln sich die gesellschaftlichen Vermittlungsprozesse, denn nicht mehr traditionelle Lehre allein, sondern Betreuung, Coaching und Kooperation im Lernprozess, aufgabenorientiertes Lernen und Arbeiten gewinnen den Vorrang. Die Wissensvermittlung beruht nicht mehr auf der Lehrleistung allein, sondern wesentlich auf der Unterstützung von Lernprozessen. Gesellschaftliche Lern- und Erfahrungsprozesse sind in Kontexte eingebettet, die interaktives, kooperatives und exploratives Vorgehen gestatten, fördern und fordern.

An dieser Stelle treten die Computerspiele auf die Bühne. Zwar werden sie in der Öffentlichkeit, sowohl in der alltäglichen, als auch in der wissenschaftlichen kontrovers diskutiert, aber sie sind aus dem Alltag heutiger Kinder und Jugendlicher nicht mehr wegzudenken. Für diese Altersgruppen sind sie „normal" als Freizeit- und Unterhaltungsmedium.

Den sich entgegenstehenden Positionen wohnt eine unterschiedliche Einschätzung der Computerspiele inne. Die Medienoptimisten sagen, heutige Kinder- und Jugendliche kennen sich aus und sind erfahrene Mediennutzer. Die Medienpessimisten bestreiten dies und betonen stattdessen die Allmacht der Medien und vor allem der digitalen Medien. Diese zweite Gruppe folgert, dass nur dann, wenn gesellschaftliche Aufsichtsgremien verstärkt Einfluß nehmen, Schaden von Kindern und Jugendlichen abgewendet werden könne.

In der Öffentlichkeit spielt seit einiger Zeit die Frage eine Rolle, wie Menschen mit medial vermittelten Rollenbildern und Verhaltensweisen umgehen (vgl. dazu Kaminski 2008a, 152f). Die Diskussion dreht sich vor allem um die sogenannten Killerspiele, bei denen eine Figur gesteuert wird, die sich à la Rambo vor allem mittels Muskelkraft und Bewaffnung durchsetzt. Einige Fachleute unterstellen, dass ein Spieler solche Ego-Shooter als Vorbild nehmen könnte und auch in seiner Realität entsprechend handeln würde.

Meiner Meinung nach muss man hier allerdings berücksichtigen, dass die Gefühle, die wir medial vermittelten Figuren entgegenbringen, immer mindestens zwei Seiten haben – ähnlich wie gegenüber realen Personen auch – zum einen die bewundernde, imitierende, empathische Seite, zum anderen aber immer auch das unterschwellige Gefühl des: „Ich bin aber nicht so" oder: „Der ist anders." In der Rezeption medialer Situationen hat man immer schon mitkalkuliert, dass da etwas getrennt von einem selbst vor sich geht. Das rezipiert man in einer ganz bestimmten Art und Weise, nämlich als Filmhandlung oder als Spiel, und nimmt es nur in diesem Kontext für bare Münze.

Die Bilderwelt ist eine in sich geschlossene Welt, die nur bedingt für die Realität von Bedeutung ist. Wir haben gelernt, diese Bilderwelt als ein selbstbezügliches Zeichenmodell zu sehen – und nicht als eines, das ständig auf etwas außerhalb seiner selbst verweist.

Anders verhält sich das beispielsweise mit der Bedienungsanleitung für einen Videorekorder. Hier soll man genau das tun, was dort steht, wenn es auch bekanntlich nicht immer den gewünschten Effekt hat. Ein Bildschirmspiel ist keine Bedienungsanleitung. Ich bin der Überzeugung, dass jemand, der einen Film oder ein Spiel als Handlungsanleitung auffasst – ob gewollt oder ungewollt – einen kategorialen Fehler begeht, etwas missversteht, weil er in unangemessener Weise aus der Medienverabredung heraustritt.

Zur Erläuterung dient hier das Beispiel eines Kriminalromans à la Dashiell Hammett. Den liest man keinesfalls, um Mörder zu werden. Und auch nicht, um zu lernen, wie man Waffen gebraucht. Immer existiert für den Leser und für die Spieler etwas, was geradezu Distanzierungselemente impliziert, denn er weiß schließlich, dass seine Welt nicht so ist. Er betrachtet das Ganze durch ein umgekehrtes Fernrohr, fern von sich und dadurch scharf, aber eben in diesem Bildrahmen scharf, nicht als Verweiselement eines: „Handle jetzt so!" Das sind Distanzierungen, die wir im Prozess unserer Mediensozialisation erwerben und die trainiert werden müssen.

Läßt man einmal die modernen Medien beiseite und konzentriert sich auf traditionelle Beispiele etwa aus der Literaturwissenschaft, kann man einen Perspektivwechsel vornehmen. Er hilft, gewohnte Dinge in neuem Licht zu sehen und eventuell anders zu gewichten.

Ich beginne mit Umberto Ecos Idee des „offenen Kunstwerks" (1973) und seiner These vom „Lector in fabula" (1987). Beide Vorgaben weisen auf die prinzipielle Offenheit des medialen Produkts hin, ganz gleich ob hochliterarisch oder populär. Es kommt im Kern auf den Rezipienten (Leser oder Spieler) an, was er aus der textlichen und/oder spielerischen Vorgabe macht, wie er sie aktiv aneignet und in der Aneignung verändert.

Unterstützung für diese Position finden wir in den literarästhetischen Ideen der Konstanzer Schule (Wolfgang Iser, 1972, und Hans-R. Jauss, 1970), der wir das Konzept der ‚Leerstellen' in literarischen Kunstwerken verdanken, d.h. derjenigen Bereiche, die jeder Leser auffüllen muß, wenn eine narrative Vorgabe funktionieren soll, um zu seiner Geschichte zu werden.

Die lateinischen Formeln „de tua res agitur" oder „de te fabula narratur" meinen, dass ich meinen Anteil zur Geschichte beitragen muß und sie nicht allein als Geschichte für mich, auch nicht als Geschichte über mich, sondern als Geschichte, die durch mich ersteht, zu begreifen habe. Indem ich mitwirke, fülle ich den vorgegebenen ästhetischen Horizont auf. Denn nicht die Geschichte wirkt einseitig auf mich ein, sondern ich wirke genauso auf sie ein. Erst der Leser macht den Roman, und – es sei vorweg gesagt – erst der Spieler macht das Spiel. Roman wie Spiel sind beide erst ganz da, wenn sie vom Leser oder Spieler realisiert, d.h. gelesen oder gespielt werden.

Ich möchte noch einen vorläufigen Zugriff versuchen. In dem Buch des österreichischen Schriftstellers Karl-Markus Gauß (2002) „Mit mir, ohne mich. Ein Journal" findet sich folgende Beschreibung des Unterschiedes zwischen Erwachsenen und Jugendlichen in Bezug auf Bildschirmspiele:

> „Auch hier in Grado waren die Erwachsenen meist alleine vor den Apparaten gestanden, die Kinder und Jugendlichen hingegen in Gruppen. Es stimmt nicht, daß Computerspiele die Heranwachsenden isoliert; während sie ungerührt die Killertomaten zermantschkern, reden sie miteinander, sie belachen das Ungeschick eines Spielers, sie kommentieren das Geschehen, sie unterhalten sich nebenbei und auch über ganz andere Sachen. Der Computer ist nicht ihr Ziel, nicht der gefräßige Vernichter ihrer Wünsche, sondern bloß ein Anlaß, sich zu treffen, und ein Ort, wo man es tun kann. [...] Einsam, verbissen, ins Stadium der Entseelung hinübergekippt sind vor dem Computer nur die Erwachsenen."

Wir haben anzuerkennen, dass Bildschirmspiele ein intergeneratives Distinktionsangebot und ein altersgruppenbezogenes Identifikationsangebot bereithalten. Daraus ist zweierlei zu folgern.

6 Auf den Rahmen kommt es an

Nach diesem eher phänomenologischen Einstieg, der die Pole andeuten soll, zwischen denen die Diskussionen oszillieren, nehme ich nun die Fachdiskussion in den Blick (vgl. auch Kaminski 2008b, 83ff).

James E. Johnson (2004), ein us-amerikanischer Spielpädagoge, hat sich 2005 während einer internationalen Spielekonferenz mit Vehemenz gegen Computerspiele gewandt. Er geht davon aus, dass die Kinder, das was sie sehen und tun, internalisieren und womöglich vermehrt aggressiv reagieren oder sie übernehmen die Ansicht, dass Gewalt akzeptabel sei. Dabei bezieht er sich auf die Laborstudien von Anderson & Dill (2000), die auch in Deutschland eingehend diskutiert worden sind. J. Jameson wendet sich gegen „violent content, reinforced gender stereotypes, racist images and stereotypes", die er in den Computerspielen am Werke sieht. Zwar spricht er ständig davon, daß diese Spielen Aggression erzeugen oder die Kinder beeinflussen könnten. In der Konsequenz geht er jedoch davon aus, dass sie Einfluß nehmen. Aus der Einwirkungsmöglichkeit wird unter der Hand eine tatsächliche Einwirkung. Seine pädagogische Überlegung führt ihn und etliche andere zu der Annahme, dass wir uns nicht wundern müssen, wenn Kinder ohne Werte sind, weil die Medien ohne Gewissen (2004) agieren.

Die Zahl der Forschungsbeiträge zur Medienwirkung wächst beständig. Eine ältere Studie (1996) ging von ca. 5000 Beiträgen aus. Die Studien sind aber kaum miteinander vergleichbar, sie gehen von unterschiedlichen Prämissen aus und haben zum Teil sehr divergierende Ergebnisse. Auf jeden Fall scheint es fast unmöglich, die Forschungsergebnisse resultathaft zusammenzufassen.

Es ist allerdings möglich, zwei Ansätze hervorzuheben: die Tradition des Medienwirkungsansatzes und die des Nutzenansatzes.

Der Wirkungsansatz ist medienzentriert, sein Modell geht davon aus, dass die Medieninhalte Einfluß auf ein passives Publikum nehmen. Das Publikum ist innerhalb dieses Modells den Wirkungen der Medien ausgesetzt, wie bei dem klassischen Reiz-Reaktionsmodell.

Der zweite weitverbreitete Ansatz ist der sogenannte Nutzenansatz, der sich auf ein Konzept der Informationsverarbeitung seitens der Nutzer einläßt. Als Faktoren von medialen Einflüssen werden nicht mehr die Medienstimuli allein angesehen, sondern auch das aktiv auswählende Publikum. Die zugrundeliegende Annahme lautet, das das Publikum aktiv auswählt, seine Mediennutzung ist zielgerichtet und wird entsprechend dem persönlichen Nutzen gesteuert. Die Zuschauer, Zuhörer und auch die Spieler agieren, sie reagieren nicht nur. Die

Medieninhalte sind allenfalls variable Faktoren, die ein gewisses Wirkpotential besitzen, das sich aber erst durch Auswahl- und Verarbeitungsleistungen der Rezipienten entfalten kann: „Das Publikum und sein nutzenorientiertes Handeln sind die Kardinalpunkte des Medienwirkungsprozesses" (Halff 1998, 20)

Die eben aufgezeigte Pattsituation zwischen Medienwirkungs- und Nutzenansatz zeigt sich genauso in der jüngeren Computerspielforschung. Allerdings war in diesem Forschungsfeld durch die genrebedingte stärkere Involviertheit der Spielerinnen und Spieler bald klar, dass es ohne Nachdenken über den Gebrauch, den diese von den Spielen machen, nicht zu vernünftigen Aussagen hinsichtlich potentieller Wirkungen kommen kann.

In den USA gibt es seit längerem Versuche, die Wirkung speziell von Computerspielen zu untersuchen und die Einflußfaktoren zu benennen. Insbesondere Dave Grossman, ehemals ein hoher Militär, und Gloria de Gaetano haben mit dem Buch „Stop teaching our kids to kill" (1999) Furore gemacht. Sie behaupten:

„(...) experts have found three basic negative effects from exposure to screen violence: increased aggression, fear, and insensitivity to real-life and screen violence" (Grossman 1999, 20).

Die beiden Autoren vertreten die Ansicht, dass Kinder, je häufiger sie der Bildschirmgewalt ausgesetzt seien, desto selbstverständlicher und gerechtfertigter Gewalt empfinden. Für die beiden ist eindeutig, dass die Flut gewalthaltiger Bilder wie eine Art systematischer Konditionierungsprozess auf die geistige und seelische Entwicklung der Kinder einwirkten und so eine Grundlage für gewalttätiges Verhalten schaffen würden.

Grossman und de Gaetano betonen zusätzlich, dass Video- und Computerspiele einen noch stärkeren Einfluß auf Kinder ausüben würden als die Bilderwelten des Fernsehens und des Kinos. Denn bisher waren Kinder nur passive Empfänger von Mediengewalt, durch Computerspiele – so die Autoren – werden sie aktiv: sie drücken die Knöpfe, klicken die Maus und bedienen die Waffen, „um abzuschlachten und zu töten". Insbesondere die sogenannten Ego-Shooter charakterisiert Grosman als „killing simulators" (Grossman 1999, 72). Unterstützung für ihre Thesen finden die beiden Forscher in einer von ihnen behauptet weitgehenden Übereinstimmung des populären Spiels „Duck Hunt" und einer militärisch genutzten Kampfsimulation, sowie zwischen dem Videospiel „Time Crisis", das über weite Strecken identisch sein soll mit einem anderen Waffentrainigs-Simulator.

Grossman steht dafür ein, dass beide Spielarten eines gemeinsam haben: ein Ziel zu treffen und so den Akt des Tötens einzuüben. Wobei er unterstellt, dass beide Typen zu wirksamen Lernwerkzeugen werden, weil sie auf der beständigen Wiederholung der gleichen Bewegungsabläufe basierten und auf der Hand-Auge-Koordination. Grossman behauptet weiter, dass das Verhalten der Spieler späterhin nur noch von konditionierten Reaktionen und nicht mehr von bewußten Entscheidungsprozessen gesteuert würde.

Als Belege für seine Vermutungen führt Grossman die Attentate in amerikanischen Schulen, bei denen die Täter – er nennt sie Computer-Junkies – ihre Schießkenntnisse durch Computerspiel erworben haben sollen. Von den beiden Autoren werden keine weiteren möglichen Verursachungsfaktoren für deren Amoklauf untersucht. Auch fragen sie nicht nach Motiven, nicht nach dem sozialen Umfeld und auch nicht nach den seelischen Dispositionen der Täter und zwar jenseits ihrer Computerspiele. Grossman und de Gaetano vereinfachen und sie übersehen das Naheliegende: virtuelle Handlungsmuster können nur dann in der Realität eine verheerende Wirkkraft entfalten, wenn Kindern und Jugendlichen der Zugang zu realen Schußwaffen ermöglicht wird; etwas laxer gesagt: nicht das Schießen auf dem Jahrmarkt trainiert, sondern das regelmäßige Üben etwa im Schützenverein.

Es muß also die Motivation betrachtet werden, die dazu führt, sich auf Computerspiele einzulassen. Jürgen Fritz (1997), der Kölner Spieleforscher mit intensiven Erfahrungen in der Computerspielforschung, sieht es als wenig wahrscheinlich an, dass sich Jugendliche dem Computerspiel mit der Absicht zuwenden, nun dadurch das Töten von Menschen zu trainieren. Viel wichtiger ist ihnen das Gefühl der Kontrolle, der Spielbeherrschung und des Erfolges im Spiel sowie das „Flow"-Erlebnis. Es geht ihnen gerade nicht um die bloße Einübung reaktiver Handlungsschemata, sondern sie wollen Taktiken entwickeln, aber im Spiel auch flexibel und reaktionsschnell handeln.

Für Tanja Witting (2007) ist es gegeben, dass für Computerspieler ab dem 12. Lebensjahr die Rahmungskompetenz so stabil ist, daß sie unzweideutig unterscheiden können zwischen der virtuellen Welt und der realen. Sie sind durchweg in der Lage, die Welt des Computerspiels als eine eigenständige Welt mit besonderen Verhaltensanforderungen zu begreifen, deren Gültigkeit sich ausschließlich auf diesen Bereich beschränkt.

Diese Annahmen werden durch eine ältere Studie, die die australische Regierung in Auftrag gegeben hatte: „Computer Games and Australians Today" (Durkin/Aisbett 1999), und eine jüngere (Kutner/Olson 2008) bestätigt. Gleich im ersten Kapitel ihres Buches behaupten nämlich Kutner/Olson bezogen auf die bekannten Wirkungsstudien:

> „All of these statements are wrong! Some are misunderstandings; others are outright lies. In fact, much of the information in the popular press about the effects of violent video games is wrong." (Olson/Kutner 2008, Vorwort)

Die australische Forschergruppe hat nun vor einem Jahrzehnt selbstverständlich die Spiele selbst untersucht, aber sie hat vor allem Spieler beobachtet, während sie in Spielhallen spielten und dann anschließend befragt.

Die detaillierte Befragung der Spieler machte klar, dass für sie das Computerspielen nur eine Freizeitmöglichkeit neben anderen darstellt, oft ist es auch nur Pausenfüller. Zwar kommt es bei vielen gerade bei neu eingeführten Spielen zu einer Phase exzessiver Nutzung, das währt aber in der Regel nur ganz kurze Zeit.

Durch die zusätzliche landesweite Telefonumfrage stellte sich dann heraus, dass fast alle 12-17jährigen Computerspiele nutzen und immerhin damals schon ca. 50% der Erwachsenen. Beide Gruppen empfinden dabei die spieltypischen Effekte wie Freude, Entspannung und Herausforderung und sie betonen die soziale Komponente. Die meisten der Befragten gaben an, mindestens einmal im Monat gemeinsam mit anderen zu spielen. Die australischen Spieler erleben die graphische Darstellung, Soundeffekte, Multiplayer-Modus und möglichst viele Spielebenen als Anreiz. Aggressive Spielelemente werden von ihnen nicht als per se interessant gewürdigt.

Als Ergebnis dieser australischen Untersuchung kann festgehalten werden, dass die zentralen Motive, sich einem Computerspiel zuzuwenden, mit denen jeder anderen Freizeitbeschäftigung vergleichbar sind: Es geht zuerst um Spaß, Zerstreuung und Herausforderung. Gewaltförmige Inhalte werden, so stellen es Kevin Durkin und seine Mitarbeiter dar, von Kindern und Jugendlichen nicht als Hauptanziehungspunkt bewertet. Vielmehr erfahren sie diese „Gewalt" als phantastisch und grotesk; sie entwickeln für die Einschätzung virtueller Gewalt spezifische Kriterien, die mit dem Spiel zu tun haben und nicht mit einer davon jenseits existierenden Alltagswirklichkeit.

Durkin/Aisbett und ihre Forschergruppe kommen hinsichtlich der Wirkungen von Computerspielen auf ihre Nutzer zu dem vorsichtigen Resultat:

> „(..) they may have some effects for some people in some circumstances (still to be uncovered) but they do not have pervasive effects on young people in general." (Durkin/Aisbett 1999)

Einige Ergebnisse der australischen Forscher wurden auch in Deutschland bestätigt, so etwa die Funktion der Computerspiele als Lückenfüller und vor allem als eine Möglichkeit des geselligen Zusammenspiels (Fromme 2000).

Jürgen Fritz (2004) hat die Muster der Selbstreflexion der Spielenden schon bei der Beobachtung kindlichen Spielens erkannt. Auch Kinder verhandeln, bevor das Spiel beginnt, was sie miteinander tun wollen und wie sie es tun wollen und was „gilt" und was nicht. Sie kommunizieren, reflektieren und dann entscheiden sie über die spielerische „Als-ob"-Situation; es geht um „mögliche" Situationen, um den Konjunktiv und die Imagination. Und ehe gespielt werden kann, muß deshalb der Spielrahmen abgesteckt sein.

Ohne Rahmungskompetenz, die aber entwickelt werden muß, geht nichts im Spiel. Es werden also Regeln aufgestellt und die Phantasie benutzt (Juul 2005). Jedoch ganz gleich, ob es sich um „games of progression" oder „games of emergence" handelt, die Regeln sind gewöhnlich leicht erlernbar, aber schwierig zu beherrschen; so fasst es Jesper Juul (2005). Das Paradox ist eben die Einfachheit der Regeln und das durch sie angestoßene komplexe „gameplay". Dieser Konnex nun ermöglicht es den Spielern auf der Basis der Regeln in phantasierte Welten einzutreten und diese nach ihren Ideen zu füllen. Das Spezifische des Spiels und auch eines Computerspiels ist es, dass Regeln und Fiktionen interagieren, miteinander konkurrieren und komplementär zueinander stehen (Juul 2005, 163).

Es bleibt ein grundsätzliches Mißverständnis, ein Computerspiel als Ausdruck dafür zu verstehen, dass die Spieler die Spielaktionen wie z.B. des Jagens, des Schießens, des Verfolgens, des Bedrohens tatsächlich in der Alltagswelt durchführen wollten. Spiele funktionieren innerhalb des Spielrahmens, des Spielhorizontes, innerhalb dessen die Spielenden damit experimentieren können, was sie normalerweise tun oder eben auch normalerweise nicht tun würden, weil sie es weder tun dürfen, noch auch je tun wollten: „A game is a frame in which we see things differently" (Juul 2005, 201).

7 Und nun, wie weiter?

Gleichwohl geht es nicht ohne kritisches Weiterdenken; zumal die mediale Entwicklung unaufhörlich weiterschreitet. Die Medienkritik im Sinne von Warnung und Mahnung geht gewiß bis zu Platons Medienschelte zurück. Er beklagte den Verlust des Vermögens der Erinnerung, der durch die Verbreitung der Schrift hervorgerufen worden sein sollte. Jedoch die Entwicklung unserer Prothesen der Erinnerung, seien es graphische, mechanische, elektronische oder heute digitale ließ und lässt sich nicht aufhalten. Wir erleben derzeit einen dramatischen Zuwachs an digitalen Prothesen vom PDA bis zum Navigator im Handy oder elektronischem Geld. Und wir haben keine je individuellen Repräsentationen von Welt in uns so, daß wir angesichts der auf uns eindringenden Informationsmenge überfordert werden. Wir sehen aber zugleich, dass es lächerlich wäre, sich alles selbst merken zu wollen. Die Gleichzeitigkeit des Unterschiedlichsten, dem wir ausgesetzt sind, ließe das gar nicht mehr zu.

Daraus ergibt sich die Aufgabe: Herauszufinden, ob das alles gleichzeitig und gleichwertig und gleichgewichtig ist. Während der noch gar nicht lange zurück liegenden Phase der Pull-Medien, also der vorgegebenen und nur abzurufenden Inhalte (content) war das einfach. Kritisches Vermögen war gefragt und mußte entwickelt werden.

Jedoch in der aktuellen Phase der Push-Medien, eben des user-generated content, schaut das ganz anders aus. Wenn zuvor Interesse und Neugier die Aufmerksamkeit der consumer lenkten, so wird jetzt potentiell jeder zum producer, zum Macher. Lange Jahre ging es ums downloaden, ums Datensaugen, seit dem Web 2.0 und seinen Möglichkeiten bieten sich weitere neue Rollen an, vor allem die des Anbieters.

Zu nennen wären hier Second Life, Youtube, Myspace oder die Weblogs. Die nähere Betrachtung dieser Plattform vermitteln eine Ahnung davon, wie die je individuellen Realisierungen der digitalen Möglichkeiten bei der übergroßen Zahl der neuen „Anbieter" hinter den technischen Stand zurückbleiben. Bis auf Ausnahmen nämlich, und das sind eigentlich schon wieder die Profis, kommt es nicht zu mehr als amateurhaften Umsetzungen und Resultaten.

Wenn man einmal etwas entdeckt, was sich lohnt – etwa bei den Bloggern – offenbart sich schnell, dass viel knowhow dahinter steckt. Hier liegt nun die neue und weiterführende medienpädagogische Aufgabe verborgen, nämlich klar zu sagen, daß auch die digitalen Formen der Selbstrepräsentation, auch wenn sie scheinbar als „Spiel" daherkommen, mit Aufwand, mit Arbeit und mit Mühe verbunden sind.

Andy Warhol hat in den sechziger Jahren des letzten Jahrhunderts darauf vorbereitet, dass jeder einmal für 15 Minuten berühmt sein würde. Web 2.0 stellt dieses Gefühl auf Dauer. Denn das, was einmal im Netz steht – spielerisch leicht hochgeladen – ist unverloren und kann kaum rückgängig gemacht werden. Es gewinnt ein Eigenleben und überlebt womöglich seinen Urheber. Damit stellen sich ganz neue Probleme hinsichtlich der persönlichen Integrität: wer darf was und wie und über wen ins Netz stellen?

Im ersten Moment mag es lustig sein, den Vater oder einen Lehrer oder einen Freund etc. vor der Netzwelt zum Narren zu machen. Der Spaß endet, wenn das „lustige" Video bei der nächsten Bewerbung um die lange angestrebte neue Arbeitsstelle schon auf dem Bildschirm des Personalchefs zu sehen ist. Kurz und gut, wir sollten darauf aus sein, die gestalterischen Chancen der Netzwelt zu nutzen, aber wir haben auch die Pflicht, dies verantwortlich zu tun. Denn was für den einen Spiel, ist für andere schnell bitterer Ernst.

Die Reichweite der digitalen Medien überschreitet jedes menschliche Maß und umso eindeutiger müssen wir unser Ziel darin sehen, die Achtung vor der Würde des Anderen zum Kern von Medienkompetenz machen. Es bewährt sich, die klassische Kantische Forderung, den anderen Menschen nie zum bloßen Mittel herabzusetzen, sondern ihn immer selbst als Zweck anzusehen, auch in die Medienpädagogik hinein zu nehmen.

Die Schwierigkeiten treten auf, weil das Spielgewand, in dem die neuen Netzaktivitäten auftreten, oftmals täuscht. Auf den digitalen Plattformen wurde von den Beteiligten eben nicht vorab über die Spielregeln, die jeweiligen Rollen und auch die Spielgrenzen verhandelt. Letzteres vor allem macht diese „digitalen Spielplätze" zu Orten, an denen im engsten Sinne des Wortes ein „Spiel ohne Grenzen" stattfindet, das aber ist eben kein Spiel mehr.

8 Spiel verbindet Sensation und Sublimation

Spiel hat mittlerweile als umfassende Dimension gesellschaftlichen Tuns und als Medieninhalt beinahe alle sozialen Bereiche – nicht nur die Freizeit – durchdrungen. In der Schule wird unter anderem das spielerische Lernen probiert, in die Arbeitswelt dringen ebenfalls spielerische Formen ein, man denke an die outdoortrainings für Manager, und in den traditionellen Medien Radio und Fernsehen haben Rätselspiele und spielerische Wettbewerbe Konjunktur. Dabei akzeptiert die Öffentlichkeit den Unernst, das „Also ob", das zum Spiel dazugehört, ganz fraglos. Keiner käme auf die Idee, dass die Spielenden das was sie tun, mit der harten Wirklichkeit verwechseln könnten. Individuell wie gesellschaftlich wird eben Spiel als Spiel „gerahmt". Im Kontext der Mediensozialisation der Einzelnen wie der Gesellschaft hat sich diese Unterscheidungsfähigkeit herausgebildet.

Wenn wir nun fordern, diese Haltung auch für digitale Spiele-, Video-, Konsolen- oder PC-Spiele – gelten zu lassen, erntet man immer noch Erstaunen. Es herrscht die Angst vor, die genannte Unterscheidungsfähigkeit gäbe es bei Bildschirmspielen (noch) nicht.

Würde man aber die Perspektive nur ein klein wenig verschieben von den Spielen auf die Spieler, vom *game* auf die *gamer*, dann erführe man schnell, dass die Nutzer in der Regel wissen, was sie tun und wie sie es zu tun haben. Ihre Einstellung, ihre Haltung dem Bildschirmspiel gegenüber ist keine kontemplative, keine nur betrachtende, sondern eine des spielerischen, regelgeleiteten und zielgerichteten Tuns. Sie wollen gerade keine Bilder sehen, sondern die Herausforderung besteht in der Beherrschung der Spielregeln und dem Erreichen des Spielziels, etwa neue level freizuschalten oder eben die beste Punktzahl oder – auch – einfach ein „gutes Spiel" zu absolvieren, a good game. Erwünscht ist die Spannung – „schaff' ich es, schaff' ich es nicht" – Sensation – und bei Geltung des Regelsystems – Sublimation. Bildschirmspiele bieten Nervenkitzel und dessen Einhegung. Dieses Prinzip haben sie mit jeglicher Form des Spielens gemeinsam.

9 Computerspiele als gesellschaftliches Phänomen

Bildschirmspiele sind in mehrerlei Hinsicht ein gesellschaftliches Phänomen. Zum einen, weil in der Gesellschaft über sie diskutiert wird, zum zweiten, weil sie ein Produkt dieser Gesellschaft sind und zum dritten dadurch, dass sie selbst auf Gesellschaft reagieren.

Die Diskussion über digitale Spiele erhitzt sich oft daran, dass die eine Gruppe medienpessimistisch und kulturkonservativ durch sie den ‚Untergang des Abendlandes' vorbereitet sieht. Wohingegen eine andere Gruppe geradezu euphorisch, medienoptimistisch, behauptet, dass die digitalen Spiele ‚klug' machten. Die eine wie die andere Einstellung scheint mir überzogen, der Generalverdacht genauso wie die Generalentlastung.

Wir gewinnen einen anderen Blick auf die digitalen Spiele, wenn wir sie als Produkt dieser Gesellschaft sehen. Dann können wir nachvollziehen, dass sie mitten drin sind; verteilt auf beide Geschlechter, alle Altersgruppen und in allen sozialen Schichten. Sie sind ein massenkulturelles Angebot neben anderen und stehen im Wettbewerb um Freizeitanteile. Im Wettbewerb mit den Traditionsmedien müssen PC-Spiele zeigen, dass sie mit deren Spiel-, Spaß- und Entspannungsangeboten mithalten können, was ihnen ganz unterschiedlich gut gelingt.

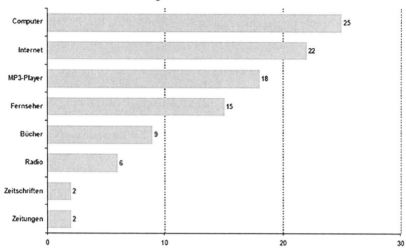

An dritter Stelle möchte ich darauf eingehen, dass diese Spiele auch Reaktion auf gesellschaftliche Vorgänge sind. Das klingt vielleicht überraschend, kann aber begründet werden. Sie nehmen nämlich teil am gesellschaftlichen Diskurs. Darin sind sie nur graduell von der Literatur, vom Film oder vom Theater unterschieden. Leicht erkennbar ist dies bei den kriegsorientierten Spielen, gerade durch ihr Handlungssetting, die Orte und die Atmosphäre. Absehbar ist dies auch am Beispiel von „Bioshock" (2007), das die Spieler mit Folgen und Voraussetzungen genetischer Experimente konfrontiert. Ein Spiel wie „Assassin's Creed" (2008) mit seinen geschichtlichen Anspielungen, Zeit der Kreuzzüge, reagiert unmittelbar auf die politisch aktuellen Konflikte im Nahen Osten. Nicht vergessen sei auch „S.T.A.L.K.E.R. Shadow of Chernobyl" (2007), das als Shooter und RPG direkt auf die Folgen der Reaktorkatastrophe von 1986 zurückgreift und sie anspricht.

Der Augsburger Sozialethiker und katholische Theologe Thomas Hausmanninger hat einmal in einem kleinen Essay darüber nachgedacht, ob nicht Horrorfilme oder gar die viel verspotteten populären Endzeitfilme in der Art von „Independence Day" statt eine ästhetische Katastrophe zu sein, nicht doch eher

Teil des allgemeinen Katastrophendiskurses wären. Ich möchte dies nun für die genannten und weitere digitale Spiele beanspruchen. Dies nicht, weil mir die dort angebotenen Konfliktlinien oder Lösungswege per se behagten. Aber wir sollten sie auch nicht übersehen und unterschätzen. Sie erreichen nämlich viele Menschen. Digitale Spiele tragen zur sozialen Kommunikation bei. Es wird über sie gesprochen und durch sie wird etwas mitgeteilt; d.h. – wie angedeutet – sie geben Gesellschaftliches wieder.

Schauen wir uns diese Kommunikation näher an, so bemerken wir gleich, dass sie in unterschiedliche einander widersprechende und auch sich selbst kontrastierende Diskurse zerfällt. Meine – nicht vollständige Aufzählung – bietet den pädagogischen Diskurs (Spiel als Medium der Selbstwerdung), den medizinischen (Spiel als Krankheit, Sucht, Abhängigkeit), den juristischen (Gefährdung durch den Spieler, Straftatbestände), den ökonomischen (Wirtschaftsfaktor), den politischen (Machtausübung, Einflussnahme über Regulierungen), den kulturellen (schöpferisches Produkt), graphischen (ästhetische Gestalt), informatorischen (Programmierung, Informationstechnik) und den medienwissenschaftlichen (Teil der gesamten Medienentwicklung).

Die Vielzahl dieser Diskurse gäbe es nicht, wenn wir es bei digitalen Spielen allein mit einem informationstechnischen Vorgang zu tun hätten. Der wäre mehr oder weniger neutral und forderte nicht zum Widerspruch und Widerstreit auf. Wie jedoch angedeutet, produzieren digitale Spiele Bedeutungen und gewinnen derart einen genuin gesellschaftlichen Charakter. Über Bedeutungen lässt sich nun trefflich streiten, vor allem wenn es obendrein um die diskursive Macht und die Rangordnung im Diskursfeld geht.

Wie verlaufen nun die Konfliktlinien der Diskussion um die Bildschirmspiele? Um diese Frage zu beantworten, bedarf es eines kleinen Rückblicks auf den Prozeß der Aneignung der Bildschirmspiele durch die Nutzer, d.h. der Diffusionsvorgänge, durch welche digitale Spiele in die Gesellschaft gelangten und zu einem mehr oder weniger alltäglichen Gegenstand wurden. Dazu ein paar Fingerzeige: In der Anfangsphase, die frühen 60er Jahre des 20. Jahrhunderts, waren Computerspiele ein Nebenprodukt wissenschaftlicher Arbeit und ihre Verbreitung beschränkte sich auf wenige IT-gestählte *nerds*. Die Geräte, an denen und mittels derer gespielt wurde, waren wissenschaftliche Großrechner.

In der darauf folgenden Etappe rückten die Bildschirmspiele in das Interessenfeld vieler vorwiegend männlicher Jugendlicher und ihrer Subkultur. Es kam dann, bald nach den Arcade-Spielen, der persönliche Rechner zuhause, der Personal Computer, an die Reihe.

In der Gegenwart nun haben wir es bei Computerspielen (vor allem durch die Konsolen) mit einem alltagskulturell verankerten Genre zu tun. Gespielt wird auf und mittels unterschiedlicher technischer Plattformen und differenter Geräte (mobil, Konsole, PC etc.) Es spielen fast alle; unterschiedslos. Die Verbreitung für alle wurde ermöglicht durch die voranschreitende Miniaturisierung bei wachsender Rechnerleistung.

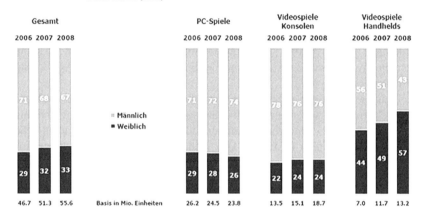

Wir können es auch so formulieren: der Fortschritt der IT-Technik erlaubte es, dass das, was zu Beginn wenigen, dann vielen, heutzutage prinzipiell allen zugänglich geworden ist.

Mit der gesellschaftlichen Verbreitung stellt sich aber sofort die Frage nach der Deutungshoheit und der Interpretationsmacht. Denn selbstverständlich ereignet sich so etwas nicht im luftleeren Raum, sondern in umkämpftem Gebiet. Alle Diskurse und ihre Teilnehmer glauben, dass sie das alleinige Sagen haben und sich von anderen absetzen und sie auch herabsetzen müssen.

Dabei entstehen eigenartige Konstellationen und Koalitionen, von denen ich einige beispielhaft präsentieren möchte. So lange nämlich das Medium nur einem schmalen Ausschnitt der Gesellschaft zugänglich war, herrschte hier die Insidersprache der IT-Techniker und der Programmierer. Diese war/ist für die meisten unverständlich, schien aber nicht bedenklich. Als aber immer mehr Spiele auf den

Markt kamen und die Schar der Spieler wuchs, bildeten sich die Diskurse heraus. Einer der wirkmächtigsten war und ist der juristische Spiele-Diskurs, der stark auf die mögliche Gefährdung und Bedrohung der Gesellschaft durch Spieler setzte (Kriminalisierungs-Diskurs). Ihm trat der Diskurs der Ökonomen entgegen, die – ganz positivistisch – auf das Erfolgsmodell digitale Spiele verwiesen und die Marktfreiheit verteidigten (Wirtschaftsdiskurs). Wenn aber Recht und Ökonomie gefragt sind, dann darf die Politik nicht schweigen. Sie suchte ihre Einflussmöglichkeiten über Regulierungen zu sichern (Macht-Diskurs).

Lange Zeit schien es, als würden die drei dominanten Diskurse ihre Felder allein bestellen können. Dadurch aber, dass Diskurse immer auch in sich konflikthaft sind, sie sind nicht homogen, kam es zu Widersprüchen. Denn so wie mittels des Jugendschutzgesetzes oder des Jugendmedienschutzgesetzes für Restriktionen votiert werden kann, können auf der Grundlage unserer Verfassung auch die Freiheitsrechte verteidigt und der Bürger vor staatlicher Bevormundung geschützt werden.

Auch erkannte die allgemeine Öffentlichkeit, dass die geführten Diskussionen recht einseitig waren und dass die alleinige Akzentuierung des Gefährdungsprofils der PC-Spiele und der Gewaltthematik sich nicht aufrechterhalten ließen. Es gewann ein weiterer Diskurs an Echo und Einfluß, der medizinisch-psychologische: Bildschirmspieler werden als krank, süchtig, abhängig adressiert (Pathologisierungsdiskurs). Ja, man könnte sogar sagen, wenn im juristisch-kriminologischen Diskurs der Spieler als Gefährdung angesehen wurde, so wechselte der medizinisch-psychologische Diskurs die Blickrichtung und blickt auf den durch krankmachende Computerspiele gefährdeten Spieler.

Interessanterweise hat sich beinahe zeitgleich neben den Pathologisierungsdiskurs ein weiterer geschoben: der kulturell-mediale (Kreativitätsdiskurs). Dieser opponiert den Bedrohungslagen, Gewalt und Verbrechen oder Sucht und Krankheit, unvermutet durch die Akzentuierung des ästhetisch-produktiven Elements der Bildschirmspiele.

Wir sehen uns damit vor eine Art Pattsituation gestellt. Auf jeden Fall kann keiner der angesprochenen Diskurse (es sind gewiß nicht alle!) für sich ein prinzipielles Vorrecht mehr behaupten und verlangen. Es ergibt sich eine Relativierung der jeweiligen Position.

Diese gesellschaftliche Relativierung bringt aber jeden Versuch, medienpädagogisch zu arbeiten, in neue Rechtfertigungszwänge. Wenn wir unterstellen, dass Erziehung damit befasst ist, die Entwicklung und Entfaltung von Individuen (Selbstwerdung) zu stärken, dann muß sie sich allen Diskursen und ihrer komplexen Verknüpfung stellen und dann in Hinsicht auf die zu Erziehenden eine Entscheidung fällen. Dazu müssen die Resultate der Fachdiskurse angemessen reflektiert und auch adaptiert werden. Pädagogik geht vom Subjekt aus, von Individuen, von der einzelnen Person, um dieses bestmöglich darauf vorzubereiten, sich als Wesen zu erfassen, das von der Gesellschaft beeinflusst wurde und das selbst auf die Gesellschaft zurückwirkt, um zur Selbstrealisation fähig zu werden; ich knüpfe hier an Werner Veith (2002, 385f) an.

Spieler, die gelernt haben, sich den digitalen Medien ethisch, kognitiv und diskursiv zu stellen, haben die Möglichkeit, sich selbst zu problematisch erscheinenden Spiele-Inhalten analytisch, reflexiv, selektiv und ästhetisch-spielerisch genießend zu verhalten. (Veith 2002, 388f). Daran erweist sich ihre Medienkompetenz als Voraussetzung und als Resultat von Selbstrealisation.

Machtdiskurse sind Mediendiskurse. Deshalb beteiligen sich so viele Politiker an der Auseinandersetzung und der Debatte um die Bildschirmspiele. Diskurse finden zweitens in den Medien statt, sie bedienen sich der Medien zwecks Inszenierung. Und drittens thematisieren sie wiederum die Medien. Daraus resultiert eine mehrfache Überlappung und Verschränkung.

Bei einem so hybriden Medienprodukt wie digitalen Spielen darf es dann nicht verwundern, dass die Diskurswellen hochschlagen. Gerecht werden wir den digitalen Spielen aber nur dann, wenn wir sie als qualitativ wie quantitativ bedeutsamen Teil der sozialen Kommunikation anerkennen und sie vorurteilslos in der gesamten Breite des Angebots annehmen und zur Diskussion stellen.

Die öffentliche Diskussion reicht an die digitalen Spiele nicht heran, wenn sie diese als entweder digitale Spielhölle oder als digitale Paradiese (Rosenfelder 2008) ablehnt oder feiert. Hier scheint eher eine pragmatische Orientierung angemessen, die sich irgendwo zwischen den Extremen positioniert. Dass wir auf dem Weg dahin sind, lässt sich einem Text entnehmen, der Ende April 2008 in der Frankfurter Allgemeinen Zeitung erschienen ist und über Kindheit heute nachdenkt und, darauf kommt es mir an, den Umgang mit Computerspielen zum selbstverständlichen Element heutigen Kinderlebens erklärt, auf gleicher Ebene wie einst die Modelleisenbahn, der Metallbaukasten oder das Puppenhaus: „Kinder erlernen an der Tastatur also eine neue Kulturtechnik, sie haben aber ein Hobby wie jedes andere Kind vor ihnen: genau wie ihre Vorfahren, die Nachtfalter betäubten und auf Stecknadeln stachen.

Eigentlich sind Hobbys aber friedlich. Das Kind auf der Schaukel lässt andere in Ruhe und will nichts von der Welt, als Anlauf zu nehmen, aus eigener Kraft den Fahrtwind zu spüren, um irgendwann über sich hinaus zu wachsen."

(Rüther 2008). Wir haben es sowohl bei den traditionellen wie bei den digitalen mit Spielgeräten und Spielmitteln zu tun, die letztlich keinem außer ihnen liegenden Zweck huldigen, sondern die Erfüllung in sich selbst finden: spielerische Selbstwirksamkeit.

10 Und wo bleibt die Moral?

Die große Frage nach der Moral des Spiels kann exemplarisch an Hand des Ego-Shooters und RPG *Stalker* (2006/2007) gestellt werden (vgl. dazu ausführlich: Kaminski 2008c). Vorweg gesagt sei: *Stalker* ist kein Kinderspiel. Nach USK- (Berlin) und BpjM-Meinung (Bonn) darf es in Deutschland nur an Volljährige verkauft werden. Zudem stellt es sich als ein sperriges Spiel dar, das dem gamer, auch wg. zahlreicher *bugs*, einiges an Geduld abverlangt. Dennoch hat sich eine große Gemeinde entwickelt, die gewiß den Schauder der zum Spiel gehörenden werbeträchtigen Formulierung „Das Tor zur Hölle wurde geöffnet" genießen möchte. Obwohl das Spiel Stalker über die Wirklichkeit der Atomreaktor-Katastrophe in Tschernobyl von 1986 hinauszielt und eine zweite Bedrohung ansetzt und damit bewusst auf Fiktionalisierung abhebt, dürfen wir, gerade wegen der gewaltvollen Handlungen des Spieles „töten und getötet werden", die Frage nach Ethik und Moral nicht ausschließen. Die Richtung, die eine solche Diskussion nimmt, wird aber von dem historischen Ereignis Tschernobyl mitbestimmt. Dazu muß ein wenig ausgeholt werden.

Der Bielefelder Soziologe Niklas Luhmann betonte 1968 in einem Büchlein, dass sowohl Gruppen als auch Gesellschaften nicht ohne selbstverständlich vorausgesetztes Vertrauen existieren könnten. Im Alltag unterstellen wir notwendig, dass das, was ich erwarte, so wie ich es erwarte, für gewöhnlich eintrifft. Dieses ‚blinde' Vertrauen macht gewissermaßen das bindende Kapital unseres Zusammenlebens aus. Nun haben wir aber gelernt und erfahren, dass es außergewöhnliche Ereignisse, Katastrophen technischer, natürlicher und menschlicher Art gibt, die unser Vertrauen korrumpieren können.

Aus modernitätstheoretischer Sicht hat dann Ulrich Beck zeitgleich mit der Katastrophe in Tschernobyl und gut zwanzig Jahre nach Luhmanns statement unsere Gesellschaft als Risikogesellschaft (1986) charakterisiert. Darin gipfelt, was bereits in den 50er Jahren des 20. Jahrhunderts der Technik-Philosoph Günter Anders (1956) als „prometheische Scham" dargelegt hatte. Die besagt, dass die von Menschen geschaffenen Dinge, Geräte und Maschinen sich als den Menschen längst überlegen und nicht mehr beherrschbar erweisen. Das Destruktionspotential des von Menschen Hergestellten bedrohe jegliches menschliche und natürliche Leben.

Im Jahre 1986 nun, obwohl es schon vorher „kleinere" Katastrophen in AKWs gegeben hatte, kam es zum Fanal Tschernobyl. Die Apokalypse schien nah und das „Vertrauen", der soziale Kitt, aufgebraucht. Die Folge war, dass alles was einmal galt, nichts mehr zu gelten schien. Nicht allein in der unmittelbaren Nähe der Katastrophe, sondern überall und jederzeit drohte Gefahr und alles, auch der harmloseste Gegenstand, konnte lebensbedrohlich sein.

Man kann sich nun leicht vorstellen, dass ein derartiges Ereignis dahin führen könnte, den mühseligen zivilisierenden ‚contrat social' wieder aufzukündigen und stattdessen den Rückwärtsgang zu Thomas Hobbes' „homo homini lupus" einzulegen.

Die Politikwissenschaft spricht in diesem Kontext von den „zerfallenden Staaten", den „failing states", und Tschernobyl hätte Auslöser für Derartiges werden können. Zumal mit dem kurz darauf erfolgenden Ende der UdSSR! Die Effekte, die diese Prozesse auf die Menschen haben, können auch mit geringer Phantasie ausgemalt werden: jeder wird sich selbst der nächste und alle Konventionen drohen aufgehoben und ungültig zu werden.

Das Spiel *Stalker* entwirft nun – aufbauend auf einem Katastrophenszenario – eine Dystopie und bedient sich bei der ‚schwarzen Romantik', nutzt Schauer und Horror, „shock and awe". Darüber hinaus zitiert es aus den Weltendephantasien der „Offenbarung des Johannes" und ruft Endzeitideen auf. Die so entstehenden Bilder zeigen das bloße Überleben. Das Alptraumhafte des Spieles Stalker rührt an die Nachtseiten unserer Phantasie, eine Dantesche Hölle.

Der Katastrophendiskurs der populären Medien – so Thomas Hausmanninger (2008) – konfrontiert uns mit dem regellosen, gesetzlosen Zustand und evoziert Anomie und daraus folgende Anarchie. Aber so wie Horrorfilme, -literatur und –spiele den Einbruch des Unheimlichen, des Unerklärlichen, des Unfassbaren in den Alltag thematisieren, erzeugen sie Furcht *und* bearbeiten sie zugleich. Die Phantasie des Spiels, die die Welt in der Todeszone so zeigt, wie sie ist, zielt nicht darauf, dass es so sein soll: die Todeszone ist dystopisch, nicht utopisch.

Die Anziehungskraft, die bis in die Gegenwart vom *plot* des Romans „Picknick am Wegesrand" (1981) der Brüder Strugatzki ausgeht, hat nicht nur zahlreiche Leser sondern auch die Spieleentwickler gepackt, denn sie bauten das Spiel *Stalker* auf dem Roman auf. Die „experimentelle Geschichtsforschung" im Sinne des „was wäre, wenn…" hat durch sie jeweils neue Formungen gefunden. Die Erschütterung, die das unfassbare Ereignis, sei es die Landung Außerirdischer, sei es eine Reaktorkatastrophe, notwendig hervorruft, fordert Leser, Zuschauer und Spieler auf, sich die Konsequenzen zu vergegenwärtigen und den Fragen nicht auszuweichen. Die Bedrohung des Alltäglichen, der Angriff auf die lebensweltliche Geborgenheit, erlaubt es nicht, wegzusehen. Die Rezipienten, ob eher passivisch als Leser und Betrachter oder (inter-) aktiv als Spieler, müssen weiterdenken. Das bloße Navigieren in der *„open world"* des Bildschirmspiels enthebt nicht der Frage nach dem Wozu und dem Wohin, nach den Zwecken und Zielen. Dazu gesellt sich sofort die nach den erlaubten und/oder verbotenen Mitteln.

In den traditionellen und den digitalen Medien haben wir es mit einem ethisch definierten Handlungshorizont zu tun. Und selbst der enthusiastischste *gamer* kann nicht wünschen, dass die Wirklichkeit, wie sie im Spiel erscheint, zu seiner Alltagsrealität würde. Spielregeln eignen sich gewöhnlich nicht zur Regelung des Alltags. Denn um zu spielen, trete ich aus dem Alltag heraus und ersetze die Konventionen des Alltäglichen durch die verabredeten anderen der Spielwelt; ohne das eine mit dem anderen zu verwechseln. Das Wissen, um den Ernst des historischen Tatbestandes, lässt die Spieler um so deutlicher die „Als ob"-Situation des Spieles erkennen und sensibilisiert sie.

Die medialen Wandlungen, die die Erzählung der Brüder Strugatzkij durchlaufen hat, führen zu der Einsicht, dass Medien – Buch, Film, Computerspiel – mehr als selber Wirkungen auszuüben, selber Ergebnis von Wirkungen sind. Sie sind zum Beispiel Folge eines ihnen vorauf und zu Grunde liegenden historisch-politischen Ereignisses, hier des Reaktorunglücks von Tschernobyl, einer technischen Katastrophe und einer Grenzsituation, von etwas ‚Noch nie Dagewesenem'. Vielleicht darf man daher vorsichtig verallgemeinern, dass den Medien zwar unterstellt wird, Effekte zu zeitigen, sie jedoch im selben Maße selbst Effekt sind. Sie zeigen ein Janusgesicht, denn sie antworten einerseits auf etwas, das Atomunglück, andererseits werfen sie neue Fragen auf, im Falle der *Stalker*-Medien die nach der Beherrschbarkeit unserer technisch-industriellen Möglichkeiten und den Wegen zur Verhinderung des Schreckens.

Literatur

Anders, G. (1956): *Die Antiquiertheit des Menschen*. München: Beck Verlag.
Anderson, C & Dill, K. (2000): „Video games and aggressive thoughts, feelings, and behavior in the laboratory and in life" In: *Journal of Personality and Social Psychology 78 Nr. 4*, S.772-790.
Anonym (2004): „Medien ohne Gewissen – Kinder ohne Werte" lautet der Titel einer Podiumsdis-

kussion der Stiftung Ravensburger Verlag am 5.11. 2004 in Ravensburg (www.stiftung.ravensburger.de).
Anonym (2007):Unsere Stärke liegt im Stein. In: *Mobil Nr. 10*, S.80ff.
Beck, U. (1986): Die Risikogesellschaft. Frankfurt: Suhrkamp Verlag
Durkin, K. and K. Aisbett (1999). Computer Games and Australians Today . Sydney: Office of Film and Literature Classification.
Eco, U. (1973): *Das offene Kunstwerk*. Frankfurt (am Main):Suhrkamp Verlag.
Eco, U. (1987): *Lector in fabula*. München: Hanser Verlag.
Eimeren, B. von & B. Frees (2007): Internetnutzung zwischen Pragmatismus und YouTube-Euphorie. In: *Media Perspektiven Nr. 8.2007*, S.362-378.
Fritz, J. (1997): Zwischen Transfer und Transformation. Überlegungen zu einem Wirkungsmodell der virtuellen Welt. In: Fritz, J. und J. Fehr: *Handbuch Medien: Computerspiele*. Bonn: Bundeszentrale für politische Bildung.
Fritz, J. (2004): *Das Spiel verstehen*. München, Weinheim: Juventa.
Fromme, J. et. al (2000): *Computerspiele in der Kinderkultur*. Opladen: Leske und Budrich.
Gauß, K.-M. (2002): *Mit mir, ohne mich. Ein Journal*. Wien: Zsolnay Verlag.
Gottberg, J. von und Prommer, E. (Hrsg.) (2008): *Verlorene Werte? : Medien und die Entwicklung von Ethik und Moral*. Konstanz : UVK.
Grossman, D. und de Daetano, Gl. (1999): *Stop teaching our kids to kill. A call to action against TV, movie & videogame violence*. New York: Crown Publishers.
Halff, G. (1998): *Die Malaise der Medienwirkungsforschung*. Opladen/Wiesbaden: Westdeutscher Verlag.
Hausmanninger, Th. (2008): *Horrorfilme: Katastrophendiskurs oder Katastrophe? Ein Plädoyer gegen herkömmliche Ansichten zum Umgang mit einem umstrittenen Genre*. Zit. nach http://www.kthf.uni-augsburg.de/de/prof_doz/sys_theol/hausmanninger/online_bib/medienethik/horrorfilme (Abruf 16.5.2008).
Hausmanninger, Th. und Th. Bohrmann (Hrsg) (2002): *Mediale Gewalt*. München: utb.
Iser, W. (1972): *Der implizite Leser*. München: Fink Verlag.
JIM-Studie (2007): zit. nach: http://www.mpfs.de/index.php?id=105 (eingesehen am 14.9.2008).
Jauß, H.-R. (1970): *Literaturgeschichte als Provokation*. Frankfurt a.M.: Suhrkamp Verlag.
James E. Johnson (2004): *Violent Interactive Video games as Play Poison. Paper presented at the 23rd ICCP World Play Conference „Play and education"* (Kracow, Poland 15-17. 9. 2004.) (Mspt.).
Juul, J. (2005): *Half-Real. Video Games between Real Rules and Fictional Worlds*. Cambridge: MIT-Press.
Kaminski, W. (2008a): Empathie beim Medienerleben. In: Dittler, U. & Hoyer, M. (Hrsg.), *Aufwachsen in virtuellen Medienwelten*. München: kopaed Verlag.
Kaminski, W. (2008b): Computerspiele zwischen Verbot und Vergnügen. In: Mitgutsch, K. und Rosenstingl, H. (Hrsg.), *Faszination Computerspielen*. Wien: Braumüller Verlag.
Kaminski, W. (2008c): Computerspiele ohne Moral oder: Was wir durch S.T.A.L.K.E.R. lernen? In: Gottberg, J. von und Prommer, E. (Hrsg.): *Verlorene Werte? Medien und die Entwicklung von Ethik und Moral*. Konstanz : UVK .
Kunczik, W. (1996): *Medien und Gewalt*. Köln et. al.: Böhlau.
Kutner, L. and C. Olson (2008): *Grand Theft Childhood. The Surprising Truth About Violent Video Games and What Parents Can Do*. New York: Simon&Schuster Verlag.
Luhmann, N. (1968): *Vertrauen*. Stuttgart: Enke Verlag.
Olson, Ch. & L.Kutner (2008): zit. nach: http://www.grandtheftchildhood.com/GTC/Home.html (eingesehen am 2.4.2009).
Rosenfelder, A (2008): *Digitale Paradiese*. Köln: Kiepenheuer und Witsch.
Rüther, Th. (2008): Lasst euch nicht verschaukeln, Kinder In: *Frankfurter Allgemeine Zeitung 26.4.2008 Z3*.

Salisch, M. von et al. (2007): *Computerspiele mit und ohne Gewalt.* Stuttgart: Kohlhammer Verlag.
Strugatzkij, A.und B. (1981): *Picknick am Wegesrand. Mit einem Nachwort von Stanislaw Lem.* Frankfurt: Suhrkamp Verlag.
Veith, W. (2002): Ethik der Rezeption In: Hausmanninger, Thomas und Thomas Bohrmann (Hrsg.), *Mediale Gewalt.* München: utb.
Witting, T. (2007): *Wie Computerspiele uns beeinflussen. Transferprozesse beim Bildschirmspiel im Erleben der User.* München: kopaed Verlag.

Verzeichnis der Autorinnen und Autoren

Tobias Bevc, Dr., ist Hochschuldozent für Politische Theorie und Ideengeschichte an der Goethe-Universität Frankfurt. Er promovierte 2004 mit einer Arbeit zu Ernst Cassirer und der Kritischen Theorie. Neben der Politischen Theorie und Ideengeschichte arbeitet er zum Thema Computerspiele und Politik sowie visuelle Politik. Seine neuesten Veröffentlichung sind „Politische Theorie", Konstanz 2007,und, gemeinsam mit Holger Zapf, das Buch „Wie wir spielen, was wir werden. Computerspiele in unserer Gesellschaft", Konstanz 2009.

Karin Bruns, Univ. Prof. Dr., ist seit 2003 Professorin für Medientheorie und Leiterin des Instituts für Medien an der Universität für künstlerische und industrielle Gestaltung Linz (A); Arbeitsschwerpunkte: Theorien der Neuen Medien & der Intermedialität; Medienformate des Gerüchts. Aktuelle Publikationen: Das widerspenstige Publikum: Vier Thesen zu einer Theorie multikursaler Formate. In: Joachim Paech, Jens Schröter (Hg.): Intermedialität – Analog/Digital. München 2008; Reader neue Medien. Texte zur digitalen Kultur und Kommunikation (zus. mit Ramón Reichert). Bielefeld 2007.

Winfred Kaminski, Dr. phil., 1948, studierte Philosophie, Sozialwissenschaften und Germanistik in Düsseldorf und Frankfurt/Main. Er arbeitete anschließend seit 1976 am Institut für Jugendbuchforschung der J.W. Goethe –Universität. Habilitation 1991. Seit 1990 ist er Professor an der Fakultät für Angewandte Sozialwissenschaften der Fachhochschule Köln und leitet seit 2004 das Institut für Medienforschung und Medienpädagogik.

Sebastian Klement, M.A., geb. 1978, studierte nach einer Ausbildung zum Gestaltungstechnischen Assistenten für Medien und Kommunikation am Berufskolleg Rheinbach an der Universität zu Bonn Medienwissenschaften, Psychologie und Pädagogik. Zur Zeit promoviert Sebastian Klement im Fach Medienwissenschaften, arbeitet als Dozent und als freiberuflicher Mediendesigner. Forschungsschwerpunkt: Virtuelle Welten.

Christoph Klimmt, Dr. phil., Dipl.-Medienwiss., Studium Medienmanagement an der Hochschule für Musik und Theater Hannover, Institut für Journalistik und Kommunikationsforschung (IJK). 2000-2006 wissenschaftlicher Mitarbeiter in diversen Forschungsprojekten unter Leitung von Peter Vorderer am IJK Hannover. 2006-2009 Teamleiter im EU-Projekt „Fun of Gaming" (FUGA), 2006-2007 Vertretung einer C3-Professur für Medienwissenschaft am IJK. Seit 2007 Juniorprofessor am Institut für Publizistik der Universität Mainz. Hauptarbeitsgebiete: Unterhaltungsforschung, Computer- und Videospiele, Rezeptions- und Wirkungsforschung, Neue Medientechnologien.

Leonhard Korbel, M.A., geb. 1981, studierte Medienwissenschaft, Psychologie und Germanistik an der Rheinischen Friedrich Wilhelms Universität Bonn. Abschlussarbeit zum Thema „Raum und Zeit im Computerspiel – ein narratologischer Ansatz". Mehrere Jahre Arbeit als SHK für Allgemeine Psychologie am Psychologischen Institut Bonn und für Methoden am Institut für Kommunikationsforschung Bonn. Momentan Lehrbeauftragter für Statistik und freiberuflicher Gamedesigner. Forschungsschwerpunkte: Computerspielnutzung weiblicher Spieler, Gamedesign, Crossmediale Erzähltheorie, Medienpsychologie, Methoden der Online-Forschung, Statistik.

Britta Neitzel, Dr., Wissenschaftliche Mitarbeiterin im Bereich Mediengeschichte/Visuelle Kultur an der Universität Siegen, Studium der Theater- Film-, und Fernsehwissenschaft, Germanistischen Linguistik und Philosophie. Forschungsschwerpunkte: Computerspiele, Mediengeschichte, Räumlichkeiten des Medialen, http://britta-neitzel.de.

Martin Sallge, M.A., geb. 1982, Doktorand und Lehrkraft in der Abteilung Medienwissenschaft am Institut für Kommunikationswissenschaften, Universität Bonn. Forschungssschwerpunkte: Kommunikation und Interaktion in Neuen Medien, sozialen Netzwerken und Computerspielen.

Heidemarie Schumacher, Dr. phil. habil., Wissenschaftliche Mitarbeiterin im DFG-Sonderforschungsbereich „Geschichte, Ästhetik und Pragmatik der Bildschirmmedien" an den Universitäten Siegen und Marburg; stellvertr. Geschäftsführerin des Kölner Instituts für qualitative Sozialforschung; habilitierte sich 1997 mit einer Arbeit über Medien- und Fernsehtheorien an der Universität Marburg. 1996 – 2000 Professur für Medienwissenschaft an der Universität Erlangen-Nürnberg. Seit 2001 Lehrbeauftragte für Medienwissenschaft am Institut für Neuere Deutsche Literaturwissenschaft sowie Vertretungsprofessorin am Institut für Kommunikationswissenschaft (Abteilung Medienwissenschaft) der Universität Bonn.

Udo Thiedeke, Dr. phil. habil., lehrt und forscht als Privatdozent am Institut für Soziologie der Johannes Gutenberg Universität in Mainz. Arbeitsschwerpunkte: Allgemein Soziologie unter besonderer Berücksichtigung der Soziologie der Medien und der virtualisierten Vergesellschaftung, Soziologie der Politik und Soziologie der Bildung. Kontakt: thiedeke@uni-mainz.de

Caja Thimm, Dr. phil., geb. 1958, Professsorin für Medienwissenschaft, geschäftsführende Direktorin des IfK an der Universität Bonn. Studium in München, Heidelberg und Berkley (USA). Wissenschaftliche Mitarbeiterin im Sonderforschungsbereich „Sprache und Situation" in Heidelberg, Forschungsstipendiantin des Landes Baden-Württemberg. Forschungsschwerpunkte: Sprache und Öffentlichkeit, Kommunikation im Alter, Geschlechterforschung, linguistische Medienforschung. Vielfältige Publikationen zu Unternehmenskommunikation, digitale Medien, E-learning.

Lukas Wosnitza, M.A., geb. 1983, studierte Medienwissenschaft, Politische Wissenschaft und Neuere englische Literatur an der Rheinischen Friedrich-Wilhelms-Universität Bonn. In seiner Abschlussarbeit befasste er sich mit dem Thema „Dramaturgie in digitalen Spielen". Zurzeit arbeitet er bei der RTL Television GmbH in der Abteilung Copyright Affairs und als freier Videojournalist für uni-bonn.tv.

Cultural Studies

Andreas Hepp / Friedrich Krotz /
Tanja Thomas (Hrsg.)
**Schlüsselwerke der
Cultural Studies**
2009. 338 S. (Medien - Kultur -
Kommunikation) Geb. EUR 34,90
ISBN 978-3-531-15221-9

Andreas Hepp / Veronika Krönert
Medien – Event – Religion
Die Mediatisierung des Religiösen
2009. 296 S. (Medien - Kultur -
Kommunikation) Br. EUR 29,90
ISBN 978-3-531-15544-9

Uwe Hunger / Kathrin Kissau (Hrsg.)
Internet und Migration
Theoretische Zugänge und empirische
Befunde
2009. 342 S. (Medien - Kultur - Kommu-
nikation) Br. EUR 29,90
ISBN 978-3-531-16857-9

Jutta Röser / Tanja Thomas /
Corinna Peil (Hrsg.)
**Alltag in den Medien –
Medien im Alltag**
2010. ca. 270 S. (Medien - Kultur -
Kommunikation) Br. ca. EUR 24,90
ISBN 978-3-531-15916-4

Paddy Scannell
Medien und Kommunikation
2010. 400 S. (Medien - Kultur -
Kommunikation) Br. ca. EUR 29,90
ISBN 978-3-531-16594-3

Martina Thiele / Tanja Thomas /
Fabian Virchow (Hrsg.)
Medien – Krieg – Geschlecht
Affirmationen und Irritationen
sozialer Ordnungen
2010. ca. 330 S. (Medien - Kultur -
Kommunikation) Br. ca. EUR 29,90
ISBN 978-3-531-16730-5

Erhältlich im Buchhandel oder beim Verlag.
Änderungen vorbehalten. Stand: Juli 2009.

www.vs-verlag.de

VS VERLAG FÜR SOZIALWISSENSCHAFTEN

Abraham-Lincoln-Straße 46
65189 Wiesbaden
Tel. 0611.7878-722
Fax 0611.7878-400

Medien

Dagmar Hoffmann / Lothar Mikos (Hrsg.)
Mediensozialisationstheorien
Neue Modelle und Ansätze in der Diskussion
2., überarb. Aufl. 2010. ca. 230 S.
Br. ca. EUR 29,90
ISBN 978-3-531-16585-1

Katja Lantzsch / Andreas Will / Klaus-Dieter Altmeppen (Hrsg.)
Handbuch Unterhaltungsproduktion
Beschaffung und Produktion von Fernsehunterhaltung
2010. ca. 400 S. (The Business of Entertainment. Medien, Märkte, Management)
Br. ca. EUR 39,90
ISBN 978-3-531-16001-6

Juliana Raupp / Jens Vogelgesang
Medienresonanzanalyse
Eine Einführung in Theorie und Praxis
2009. 210 S. Br. EUR 19,90
ISBN 978-3-531-16000-9

Gebhard Rusch
Mit Medien Dinge tun
Kognitions- und systemtheoretische Konzepte für den Umgang mit Medien
2010. ca. 210 S. Br. ca. EUR 19,90
ISBN 978-3-531-16577-6

Christian Schicha / Carsten Brosda (Hrsg.)
Handbuch Medienethik
2010. ca. 500 S. Br. ca. EUR 34,90
ISBN 978-3-531-15822-8

Bernd Schorb / Anja Hartung / Wolfgang Reißmann (Hrsg.)
Medien und höheres Lebensalter
Theorie - Forschung - Praxis
2010. ca. 414 S. Br. EUR 39,90
ISBN 978-3-531-16218-8

Daniel Süss / Claudia Lampert / Christine W. Wijnen
Studienbuch Medienpädagogik
Eine Einführung
2010. ca. 250 S. (Studienbücher zur Kommunikations- und Medienwissenschaft)
Br. ca. EUR 19,90
ISBN 978-3-531-13894-7

Ralf Vollbrecht / Claudia Wegener (Hrsg.)
Handbuch Mediensozialisation
2010. ca. 550 S. Geb. ca. EUR 34,90
ISBN 978-3-531-15912-6

Erhältlich im Buchhandel oder beim Verlag.
Änderungen vorbehalten. Stand: Juli 2009.

www.vs-verlag.de

VS VERLAG FÜR SOZIALWISSENSCHAFTEN

Abraham-Lincoln-Straße 46
65189 Wiesbaden
Tel. 0611.7878-722
Fax 0611.7878-400